陕西横山历史地理学研究
——10—11世纪鄂尔多斯南缘白于山区的历史地理学研究

[日]前田正名◎著
杨蕤 尹燕燕◎译

北方民族大学文史学院文库

北方民族大学双一流建设经费资助

历史地理

中国社会科学出版社

图书在版编目(CIP)数据

陕西横山历史地理学研究：10—11世纪鄂尔多斯南缘白于山区的历史地理学研究 /（日）前田正名著；杨蕤，尹燕燕译. —2版. —北京：中国社会科学出版社，2018.8
ISBN 978-7-5203-3015-2

Ⅰ.①陕⋯　Ⅱ.①前⋯②杨⋯③尹⋯　Ⅲ.①历史地理-研究-横山县-10-11世纪　Ⅳ.①K924.14

中国版本图书馆 CIP 数据核字（2018）第 205708 号

出 版 人	赵剑英
责任编辑	任　明
责任校对	周　昊
责任印制	李寡寡

出　　版	中国社会科学出版社
社　　址	北京鼓楼西大街甲 158 号
邮　　编	100720
网　　址	http://www.csspw.cn
发 行 部	010-84083685
门 市 部	010-84029450
经　　销	新华书店及其他书店

印刷装订	北京君升印刷有限公司
版　　次	2018 年 8 月第 1 版
印　　次	2018 年 8 月第 1 次印刷

开　　本	880×1230　1/32
印　　张	8
插　　页	2
字　　数	192 千字
定　　价	75.00 元

凡购买中国社会科学出版社图书，如有质量问题请与本社营销中心联系调换
电话：010-84083683
版权所有　侵权必究

代　　序

此次亡父前田正名的著作，1962年8月由教育出版社出版的《陕西横山地理历史学研究：10、11世纪鄂尔多斯沙漠南缘白于山一带山地的历史地理学研究》，翻译成中文，作为遗属，我们深感荣幸。

在亡父的著作中，相继已有两部中文译著，这是第三部。自东京文理科大学毕业，在长子正史出生后，进入当时的东京教育大学大学院学习博士课程。于次子泰出生后，完成了博士学位论文。其后，东京教育大学成为筑波大学，而父亲在大学的新旧交替之际，获得了文学博士学位。

在攻读博士学位期间，父亲一直在夜间高中部担任教师，一边工作一边进行学术研究，可以想象其艰辛程度。博士学位论文的誊写是由我的母亲美代子完成的。据说誊写大量汉字对于在大学里学习国文学专业的母亲来说难度相当大。

本次翻译的"横山历史地理学研究"和过去译成中文的"河西历史地理学研究""平城历史地理学研究"，都是由当时的博士学位论文延伸出来的研究成果。

对于亡父来说，如果本书能够对这一领域的研究发展起到些许作用，应该是意外之喜。当初一直遥想着丝绸之路，从事学术研究的亡父如果健在的话，应该也会喜出望外的。

希望本书能够对诸位的研究有所助益。

东京大学　教授　博士（工学）　前田正史
群马大学　教授　博士（法学）　前田泰

序に代えて

　このたび亡父、前田正名の著書『陝西横山の歴史地理学的研究：十世紀，十一世紀におけるオルドス沙漠南縁の白干山付近山地に関する歴史地理学的研究』（1962.8）教育書籍が、中国において翻訳されることになり、遺族として誠に名誉に思います。

　この書は、これまで翻訳された二書に続く書籍で三冊目となります。亡父は、東京文理科大学を卒業後、長男正史が生まれてから当時の東京教育大学の大学院博士課程に進学し、次男泰が生まれてから博士論文を完成しました。該大学はその後、筑波大学となり廃校されましたので、父は最初で最後の博士課程による文学博士となりました。

　この間、夜間高校の教員として働きながらの学術研究で有り、大変な作業であったと想像いたします。博士論文の清書は私の母（つまり父の妻）、美代子の役割で、きわめて難しい漢字の清書は大学で国文学を専攻した母にとっても容易ではなかったと聞いております。

　このたび翻訳された書籍は、これまでに翻訳された、二書、「河西の歴史地理学の研究」、「平城の歴史地理学研究」、と同様に、この博士論文の延長の研究成果であったかと思います。

今後のこの分野の発展に少しでも寄与できたとすれば、亡父にとって望外の喜びかと思います。シルクロードに思いを馳せて研究を続けてきた父が生きていたらさぞかし喜んだことではないかと思います。

　本書が皆様の研究のお役に立つことを念じます。

東京大学　教授　博士（工学）　前田　正史
群馬大学　教授　博士（法学）　前田　泰

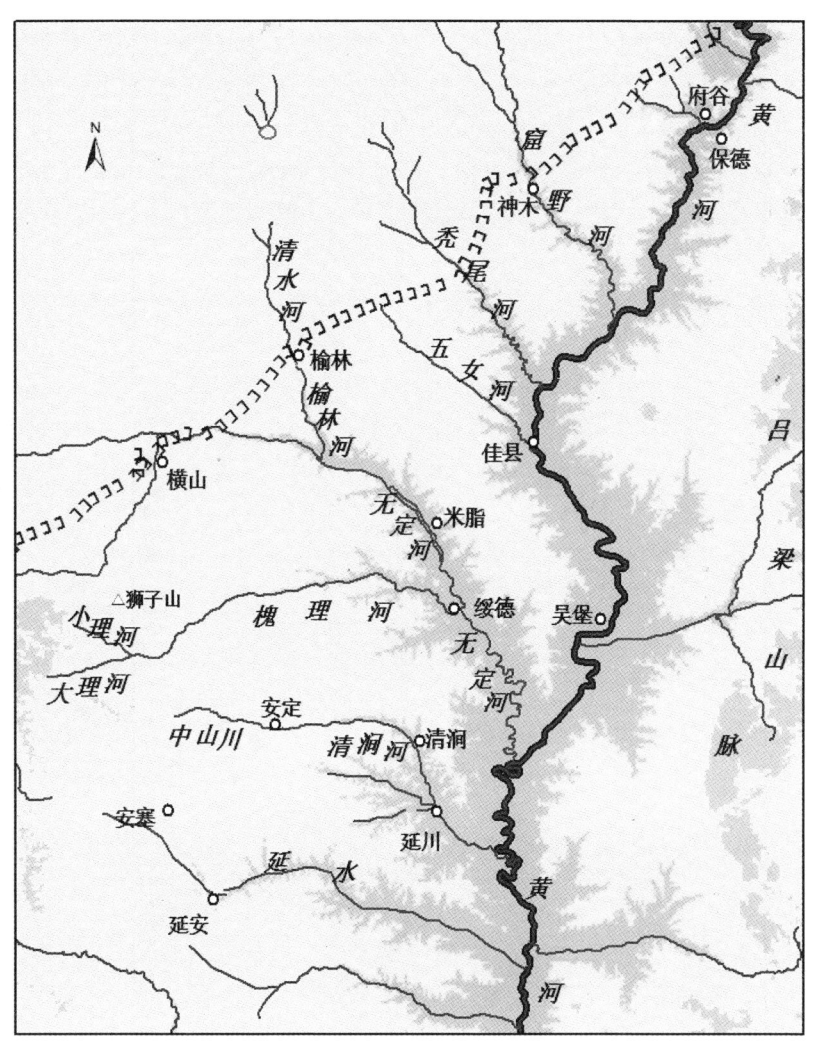

地图一　陕北地区河流水系

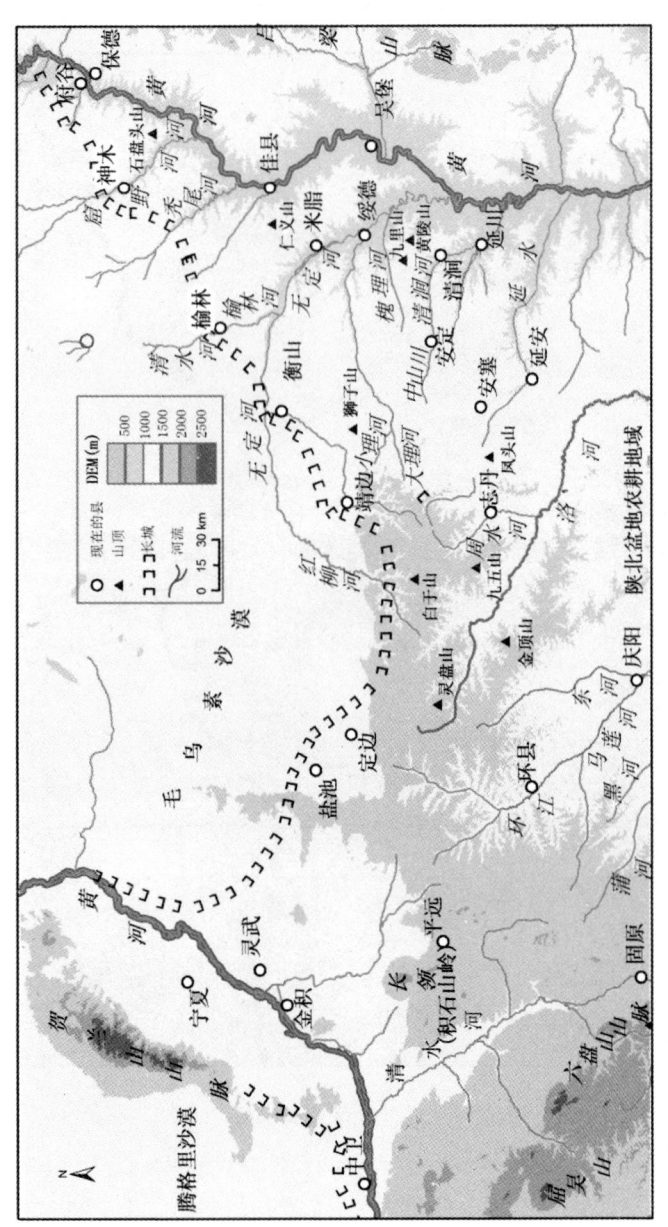

地图二 陕北盆地地貌

前　言

沿着鄂尔多斯沙漠南缘，也就是现在的长城沿线一带，有一片绵延起伏的山地，东起黄河西岸，西至六盘山脉北麓，在北宋时期称为横山。这里曾是北宋政权和西夏王朝的接壤地带，也是军事要地。

干旱的鄂尔多斯沙漠的北方是广阔的戈壁沙漠，其南方则是包括陕北盆地①在内的农耕地带，丘陵状的横山山地则成为二者间重要的过渡地带。横山地区杂居着西夏住民和宋朝子民。西夏若要南侵，必先渡黄河占领横山地区②；而宋朝为了防范西夏入侵，在横山地区围城筑寨，保卫山麓的农牧土地，确保"横山蕃众"不去投奔西夏。

游牧民和农耕民的生活圈会在沙漠和农耕地区相接的地带产生交集，因此带来了沿沙漠边缘地区的交通发达、市镇繁荣和贸易兴盛，在北宋时期的横山地区就展现出这一现象。从地

---

① 陕北盆地为陕甘宁盆地的组成部分，在地质学上陕甘宁盆地又称鄂尔多斯盆地：北起阴山一线，南到陇山、桥山一线，西至贺兰山、六盘山，东抵吕梁山、太行山，是我国第二大沉积盆地。人们习惯上称陕北盆地为陕甘宁盆地，鄂尔多斯高原自更新世渭河地堑强烈下沉以来，高原本部不断相对上升，基本上出现了西北高东南低的地势，是一个向东南倾斜的盆地。参见聂树人《陕西自然地理》，陕西人民出版社1981年版，第27页。——译者

② 河套地区是西夏重要势力范围，其东、西、北三面均为黄河包围，因此这里"南渡黄河占领横山地区"的提法疑原文有误。——译者

图上可以看到，屈野河、无定河、山水河①，以及自东北方起呈点状分布的府谷、神木、榆林、横山、定边诸县的绿洲正好沿横山形成一条美丽弧线，包围着鄂尔多斯沙漠的南缘，这与散布于西面的阿拉善沙漠南缘的河西走廊中的那些绿洲正好形成呼应或对比。北宋时期，围绕横山地区形成了发达的贸易和交通。这一地区的物产，北宋以及西夏、西域等地的物资都随着蕃汉人员的流动进而在横山地区流通，使得分布于横山地区中的山谷、山麓的聚落和沙漠绿洲中的聚落有了共同发展的契机，形成了横山地区的人文景观。

在北宋历史上，横山地区总是在宋夏之争的激烈时期作为双方必争的军事地理要地出现。因此，宝元、康定以降，随着西夏进犯活动的日益频繁，有关横山地区的记载也就多了起来。宋初设立于横山各地军马场以及后来的榷场等交通贸易活动也常常受到宋夏间军事政治关系的强烈影响。横山地区人文景观的发展、地域结构的显现和变化都是伴随着宋夏两国关系的情势变化而发展。

本书不局限于参照地理志或者所谓的地理书等文献，以避免受到那些传统地理概念中片面记述的影响，还会关注宋代史书、笔记文集等文献资料，尤其是从那些关于宋夏战争的丰富历史记载中探寻当时"横山"的地域特色及其地域结构。

本书首先分析现在横山地区（白于山）的自然地理状况②，根据自然地理条件假设"横山"的范围界线，然后分析

---

① 山水河又名苦水河，发源于甘肃省环县沙坡子沟脑，向北流入流经宁夏回族自治区盐池县、同心县、吴忠市境内，在灵武市新华桥附近注入黄河。——译者。

② 白于山位于今陕北高原西北部，近东西走向，长120余公里，宽10—30公里，最高峰白于山海拔1970米，在今陕西省定边县南部。白于山也是重要的黄土分布区，黄土厚达50—100米，是洛河、延河、无定河、清涧河、大理河等河流的发源地。——译者。

北宋时期"横山"的地域概念，进而讨论当时横山各地的自然景观和居民状况，再回到开始对"横山"界线的假设，分析确定北宋时期的横山的地理范围。

接下来，对横山地区的物产、交通路线进行考察，对经由横山地区的西夏朝贡使和朝贡贸易进行分析，并从北宋的榷场着手考察双方的贸易状况，从中可以对当时蕃汉往来及物品流通的状态探知一二。在此考察过程中，我一直将地图置于手边，时刻关注着横山周边的河川形胜。一边思考沙漠和农耕区过渡地带人文景观的普遍规律，一边不忘探寻最能体现横山地区的鲜明特点和区域特征。

在这一过程中，我终于明白了为什么学界一直说宋初夏州是宋朝西北大门通往西域交通路线上的要地。

目　录

第一章　横山地区的自然地理状况及边界的假设 …………（1）
第二章　北宋时期"横山"地域概念的分析 ……………（9）
　（一）广义的横山——从麟州、府州至六盘山麓一带的
　　　　广阔山地 ……………………………………（9）
　（二）狭义的横山——白于山东部的山地 …………（13）
第三章　北宋时期横山各地的自然景观、聚落、居民 …（17）
　一　概观 ……………………………………………（17）
　二　延州、鄜州及其北部地带 ……………………（18）
　三　绥州附近 ………………………………………（29）
　四　延州西部 ………………………………………（38）
　五　环州 ……………………………………………（49）
　六　盐州 ……………………………………………（60）
　七　宥州 ……………………………………………（64）
　八　夏州 ……………………………………………（70）
　九　银州 ……………………………………………（84）
　十　鄂尔多斯沙漠中的藏才族（藏擦勒族）………（91）
　十一　麟州 …………………………………………（98）
　十二　横山蕃部 ……………………………………（121）
第四章　从居民情况看北宋时期横山的范围 ……………（129）
第五章　横山的物产 ………………………………………（134）
　一　铁 ………………………………………………（134）

二　盐 ……………………………………………… (139)
三　马 ……………………………………………… (142)
四　农产 …………………………………………… (149)

第六章　横山地区的交通道路 …………………………… (151)
一　纵贯南北的道路 ………………………………… (151)
（一）延州北部地区 ……………………………… (151)
（二）保安军顺宁寨和宥州间的交通道路 ………… (156)
（三）横山西端的南北纵贯道路 ………………… (161)
二　横山北麓的东西交通路——鄂尔多斯沙漠南缘交通
　　路线 ………………………………………………… (163)
三　府州、麟州与河东方面的交通 ………………… (168)
（一）宝元以前的情况 …………………………… (168)
（二）元昊频繁侵寇时期 ………………………… (172)
（三）熙宁以降 …………………………………… (174)
（四）麟州在交通方面的意义 …………………… (174)
四　夏州 ……………………………………………… (177)
五　总结 ……………………………………………… (179)

第七章　横山地区贸易景观的考察 ………………………… (181)
一　西夏朝贡使的贸易活动 ………………………… (181)
（一）西夏的朝贡道路 …………………………… (181)
（二）西夏朝贡使的贸易活动 …………………… (184)
（三）西夏朝贡使的交易品 ……………………… (188)
二　横山所设的榷场 ………………………………… (191)
（一）咸平以前 …………………………………… (191)
（二）景德年间以及景德以降的榷场 …………… (193)
（三）保安军的榷场 ……………………………… (199)
（四）北宋末年的边境私市 ……………………… (201)
三　横山东部地区的物资流通 ……………………… (204)

第八章　结语 …………………………………………（206）
参考文献 …………………………………………（213）
附录：区域研究的若干启示
　　——兼评前田正名《陕西横山历史地理学研究》
　………………………………………（216）
地名索引 …………………………………………（225）
后记 ………………………………………………（234）
译后记 ……………………………………………（236）

插　　图

图1-1：白于山秋景 ………………………………… (3)
图1-2：今宁夏中部干旱带自然景观 ……………… (5)
图1-3：毛乌素沙地 ………………………………… (6)
图2-1：六盘山 ……………………………………… (11)
图2-2：白于山冬景 ………………………………… (13)
图2-3：陕北横山境内的无定河 …………………… (15)
图3-1：延安市景 …………………………………… (21)
图3-2：延安市附近的山地 ………………………… (24)
图3-3：志丹县永宁寨 ……………………………… (27)
图3-4：绥德附近的山地 …………………………… (30)
图3-5：啰兀城址 …………………………………… (32)
图3-6：绥州城址 …………………………………… (36)
图3-7：洛河 ………………………………………… (41)
图3-8：铁边城遗址 ………………………………… (48)
图3-9：马莲河 ……………………………………… (51)
图3-10：今环县以北（瀚海）图景 ……………… (57)
图3-11：今陕西定边境内的盐湖 ………………… (63)
图3-12：宥州古城 ………………………………… (66)
图3-13：芦子关附近景观 ………………………… (68)
图3-14：统万城遗址 ……………………………… (72)

图 3-15：银州古城的西城墙 …………………………（89）
图 3-16：贺兰山 …………………………………………（93）
图 3-17：麟州故城遗址 …………………………………（102）
图 3-18：黄河和窟野河 …………………………………（103）
图 3-19：陕西横山李继迁寨村 …………………………（123）
图 4-1：陕北地区的黄土高原 …………………………（132）
图 5-1：陕北境内的西夏遗存"牛碾子" ………………（135）
图 5-2：陕西横山魏家楼一带发现的铁矿石遗迹 ………（138）
图 5-3：今陕西横山地区的养羊业 ………………………（147）
图 6-1：今塞门寨遗址附近景观 …………………………（154）
图 6-2：今吴忠市及黄河（唐宋时期的灵州即在附近）……………………………………………（162）
图 6-3：毛乌素沙地中的牧场和湖泊 ……………………（165）
图 6-4：结冰的黄河 ………………………………………（170）
图 6-5：高昌古城 …………………………………………（179）
图 7-1：壁画中的回鹘形象 ………………………………（185）
图 7-2：《西夏地形图》 …………………………………（190）
图 7-3：穿越今白于山的道路 ……………………………（199）
图 7-4：黄土高原 …………………………………………（205）

第一章　横山地区的自然地理状况及边界的假设

南山山脉（祁连山脉）位于广阔的戈壁沙漠和青藏高原相接之处，其北麓的河西走廊成为连接塔里木盆地和中国内地的桥梁。戈壁沙漠向东北方一直延伸到大兴安岭，阴山山脉南方隔着黄河大弯，就是鄂尔多斯沙漠。鄂尔多斯沙漠位于中国农耕地区的西北方，现在其南缘基本上到了长城沿线，并与河西走廊绿洲北面的阿拉善沙漠一道，包围了位于黄河西岸南北纵横的贺兰山脉，它还与北方的戈壁沙漠相连，形成了横跨亚洲北部的大沙漠。

东西走向的秦岭山脉位于渭水南岸，是中国南北方的重要分界线。在其东北方，连接着向北、向东北绵延的太行山和吕梁山，这两座山脉在黄河和汾河之间基本呈南北走向，东部是太行山脉，秦岭的西北方就是前面提及的南山山脉。吕梁山包围了鄂尔多斯沙漠的东端，在吕梁山和南山的中间有自秦岭向北延伸的六盘山脉①。以上就是中国西北边境地区较大的山脉了。陕甘高原、陕北盆地、山西高原、渭河盆地等都位于其间，而在南山山脉东南，秦岭和太行山之间，北至长城线一带的区域就是"黄土高原"了。

---

① 参照《中华人民共和国地图》第 15 图—第 23 图，《最新中国分省地图》第 1 图、第 12 图、第 13 图、第 18 图、第 19 图；中华地理志编辑部：《华北区自然地理资料》中各地形图，科学出版社 1957 年版。

黄土高原是因其地表覆盖着厚薄不一的黄土而得名的。石灰质的黄色沙粒和粘粒凝结而成的黄土层，像厚薄不均的毛毯一样覆盖着这片广袤的土地①。众所周知，这里黄土层的厚度并没有像李希霍芬所说的400米以上②。甘肃中部的黄土层厚度大约在100米以上，泾河中上游流域在100—150米之间，而陕北一带则不足50米，到山西高原就成了30米左右，再向东到冀热山地，只有在盆地才看得到黄土的堆积，其厚度还不足20米③。

黄土是由黄灰色的细小颗粒状壤土凝集而成，堆积在一起也不会形成地层，而是纵向形成柱状，在河岸等地往往形成绝壁的样子，这是黄土地带的独特景观。黄土自古以来就是汉族的有利生活条件；还有黄土一般被认为是从西北的大沙漠乘着西北风而来，因而形成堆积于此处的细小沙尘等，这些都无须赘言。据最近的报告分析，对六盘山东麓及陕北盆地北部的黄土进行了调查，自西北向东南，黄土层中的"沙砾"减少，而"粘粒"则呈增加的趋势④。也就是距戈壁沙漠的边缘越远，黄土中的颗粒就变得越小。这里的沙砾指直径在0.5—0.002厘米的颗粒，粘粒是指直径在0.002厘米以下的颗粒。通常黄土颗粒的直径被认定为1/16—1/32毫米之间⑤。总之，距离沙

---

① ［俄］索普：《支那土壤地理学》，［日］伊藤隆吉等译，岩波书店1940年版，第11页。

② ［日］石田龙次郎著：《世界地理》第3卷《支那一》，河出书房1942年版，第206页。

③ 中华地理志编辑部：《华北区自然地理资料——地貌》，科学出版社1957年版。

④ 熊毅、文启孝：《如何改良西北的土壤》，载《科学通报》1953年10月号；《华北区自然地理资料》，第16页。

⑤ ［日］石田龙次郎著：《世界地理》第3卷《支那一》，河出书房1942年版，第208页。

漠越远，黄土层的厚度越薄、颗粒越小这一情况可以更加明确这一判断：黄土是中国西北沙漠里的沙子经过风力作用而堆积形成的。从整个黄土地带来看，可以说位于鄂尔多斯沙漠南部的陕北盆地一带的黄土堆积层是比较厚的[①]。

图 1-1　白于山秋景

那么，鄂尔多斯沙漠南部和农耕区之间有丘陵状的山地，其东部位于黄河西岸的陕西东北部山地和六盘山脉北麓之间。

---

①　关于黄土高原的成因问题，中外学者提出几十种解释，较有影响的是"风成说""水成说""风化残疾说"等。"风成说"认为在蒙古、中亚和我国西北一带的荒漠地区，气候干燥，温差很大，由于热胀冷缩的作用，使岩石、沙砾等被"加工粉碎"成细小的沙子和粉尘。强劲的西北风将以百万吨计的细沙和粉尘旋入天空，随风南下。于是粗粒的先沉降下来聚成沙漠，细粒的则被飘移至秦岭北麓。经过二三百万年的搬运堆积，终于形成了黄土高原。但近年来，科学家发现许多现象是黄土风成学说无法解释的。例如，黄土中粗粉沙含量由西北向东南递减，粘土的含量却从西北向东南递增，这种自西北向东南的有规律的排列呈叠瓦阶梯状的分布过渡，而不是平面模糊过渡。因此，黄土高原的形成机理还在不断的探索之中。前田正名先生显然主张黄土高原"风成说"。——译者。

这些山脉或山地，从东、西、北三个方向包围着陕北盆地。陕北盆地南面隔着渭河止于秦岭山脉，东面和吕梁山脉与黄河隔河相望，而其东北方向就是山西高原。从吕梁山脉渡过黄河向西就是陕西东北部山地。这些山地主要是二叠煤系地层、二叠世、三叠世台地地层构成，向西倾斜。从这里向西，会逐渐变为呈带状的侏罗纪、白垩纪的新地层，到六盘山一带突然变成新的晚第三纪地层。六盘山一带的黄土堆积也比较厚。

六盘山脉北麓标高1500米的等高线向北沿山水河一直到达金积县①，人称"长岭"或称"积石岭"，是几乎草木不生的丘陵。从这里到陕西东北部山地是以白于山为主峰的群山。其标高为1500米山麓以鄂尔多斯沙漠的南缘为边界，绵延于注入黄河的无定河上游、无定河支流和六盘山北麓长岭之间。从详细地形图上来看，发源于白于山主峰一带的河流较多，有无定河、其上游红柳河、支流大理河、小理河、槐理河②，同样注入黄河的清涧河及其支流中山河、麻儿河，还有其南面的延水、西面的洛河、洛河支流周水河、白家河、石劳河，以及流向西南的泾河支流柔远河、东河等。很多大小河流在此流出，这些河流的间隔在白于山主峰东南斜面尤为狭窄，这就是北宋时期的横山地区。作为北方沙漠和陕西农耕区相接的地带，这块山地在黄土地带中也备受关注。

这一带的山地一般呈丘陵状，由于气候干燥，几乎草木不生。在山麓坡度较大与北面沙漠相接的地方，有一些绿洲。而向南则坡度渐缓，农耕景观渐渐展开，逐渐过渡到农耕区。至于从何处开始是农耕地带，并没有明确的分界线。关于地表覆

---

① 金积县为民国时期所设，1960年8月撤销，驻地在今宁夏吴忠市，辖区范围包括今宁夏吴忠市、永宁县、青铜峡市部分区域。——译者。

② 即今陕西淮宁河，发源于陕西省子长县，流经子洲县、绥德县，注入无定河。——译者。

图 1-2　今宁夏中部干旱带自然景观

盖黄土一点无须赘言了，在诸多河流的切割剥蚀下，这里形成峡谷、沟谷、河岸、溪口等地貌，并且出现农牧聚落等。绿地、河流、聚落最为密集的是白于山主峰的东部地区，这里可以看到在黄土丘陵间有很多川地，与其西部的六盘山北麓的地形截然不同①。

黄河围绕着鄂尔多斯沙漠西、北、东三面，蜿蜒曲折，形成曲流。据说在自西向东流的这段，一直到转向南流的大拐弯处，黄河几乎是以 300 英尺/分钟的均匀速度流动。转向南流之后，速度陡增，奔流于峭壁间的峡谷中，并常常成为急流②。自南向北流淌的黄河河岸一带是粘土质，有很多由河流冲刷造成的塌陷，甚至还能看到不少的旧河床。鄂尔多斯地区黄河南

---

①　中华地理志编辑部：《华北区自然地理资料》，科学出版社 1957 年版，第 11—12 页。
②　［俄］普热瓦尔斯基：《蒙古和青海》上卷第 5 章"鄂尔多斯"，田村、高桥共译，生活社 1940 年版；［日］石田龙次郎：《世界地理》第 3 卷《支那一》，河出书房 1942 年版，第 183 页。

岸多为含有盐分的沙砾。在沙漠中，黄河河岸一带是有植物生长的宝贵绿地。马兰属、黍类、荸荠属的植物，柽柳、芦苇等植物生长茂密。在贺兰山东麓、阴山南麓还可以看到规模较大的灌溉渠道。

图1-3　毛乌素沙地

鄂尔多斯沙漠以北没有大的支流注入黄河，但是在其南部，自南向北有山水河注入黄河，自北向南有屈野河、无定河等注入黄河，规模都不小。穿过陕西东北部山地向南流注入黄河的有清涧河、延水，此外还有渭河、洛河、汾河等河流分别从西、北、东北等方向注入黄河。无定河、山水河之间是以白于山为中心的丘陵状山地，其北部则是广阔的鄂尔多斯沙漠。鄂尔多斯沙漠可分为两部分：东部的沙丘地带和西部的荒原地带①。东部沙丘高7—20米，分布着峰顶间距30—100米的新月形沙丘，沙丘之上几乎没有植物，也有部分长有草、灌木等

---

① ［俄］索普：《支那土壤地理学》，［日］伊藤隆吉等译，岩波书店1940年版，第37页。《最新中国分省地图——陕西省》。

植物的沙丘。沙丘呈现半月或新月形状，每年随着风向向东南方移动3米左右。现在在陕西榆林县，也有沙丘正自北向南逐渐逼近城墙。今后沙丘群会像波浪一样，慢慢逼近东起府谷县、榆林县一带，西至定边一带的区域，其余波会变成沙尘一直侵犯到绥德县一带，这里的农田已经受到了威胁。众所周知，自中华人民共和国成立以来，为了防治风沙，已经建设了八条大型防沙林。

鄂尔多斯沙漠西部与黄河西北面的浩瀚戈壁一样，是生长有旱生植物的"荒原"。在有岩石露出的地表上覆盖着碱性粘土质的沙子，呈高原状。含有盐分的粘土质土壤，在沙子里形成了白色喷雾状，一滴水都没有。普热瓦尔斯基在描述经过这里的时候，连蟋蟀的叫声都听不见，能看见的生物只有在沙子上爬行的黄灰色蜥蜴[①]。硫酸盐混杂风化了的硝石堆积而成的盐湖，可以说是鄂尔多斯西部的荒原地域中唯一的绿洲[②]。这一荒原的海拔随着南北流向的黄河呈现南高北低，到磴口的对岸一带形成了多岩石的山地，并沿着黄河向南延伸，连接前文提及的鄂尔多斯沙漠边缘的山地。

鄂尔多斯沙漠南缘的山地，从榆林县附近开始沿着沙漠南缘延伸，连接六盘山脉北麓以及向其北方深入的丘陵地带，海拔为1500米。这一走向基本上和长城线是一致的，沿沙漠形成了弧线状。仔细看1500米的等高线，会发现呈多样的星形形状，范围涉及泾河上游的环县北方山地，以及同在泾河上游的东河[③]、柔远河流域一带的山地，周水河流域的保安县附近，

[①] ［俄］普热瓦尔斯基：《蒙古和青海》上卷，田村、高桥共译，生活社1940年版，第234、233页。

[②] ［法］古伯察：《鞑靼西藏支那旅行记》上卷，［日］后藤富男译，生活社1939年版，第302页。

[③] 此处有误，东河即柔远河。——译者。

清涧河流域的安定县一带，以及无定河流域的横山县一带。六盘山北麓、长岭也包括在这一范围。

在此依据地理条件暂且将上述这些地方都纳入"横山"的假定地理范围。

第二章 北宋时期"横山"地域概念的分析

(一) 广义的横山——从麟州、府州至六盘山麓一带的广阔山地

关于在北宋时期"横山"一词所表示的地域范围，可大致区分为广义和狭义的两种不同界定，广义上是指自鄂尔多斯沙漠南缘的麟州、府州附近山地至六盘山山麓一带的广阔山地，有时甚至包括自六盘山北麓向北延伸的海拔 1500 米的长岭（积石岭）①。狭义上还有专指白于山主峰东部山地的情况。此外，也有其他意指这一区间内各种范围的意思。《续资治通鉴长编》卷 149，庆历四年五月壬戌朔记载韩琦及范仲淹之言："元昊巢穴实在河外。河外之兵，懦而罕战。惟横山一带蕃部。东至麟府，西至原渭，二千余里。人马精劲，惯习战斗之事。"

---

① 《宋史》卷 277《郑文宝传》载："清远据积石岭，在旱海中，去灵、环皆三四百里，素无水泉。文宝发民负水数百里外，留屯数千人，又募民以榆槐杂树及猫狗鸦鸟至者，厚给其直。"第 9427 页。结合自然地理状况，长岭或积石岭是指今甘肃环县、宁夏灵武、盐池一带的南北走向的山地。严格地讲，长岭并不位于六盘山北麓。——译者

横山一带的蕃部是指东起麟州、府州西至六盘山北麓的原州、西麓的渭州①一带，两千余里的区域。《续资治通鉴长编》卷319元丰四年十一月庚子记载："庚子，高遵裕言：清远军正当隘险，可以屯聚兵粮，合依旧置军，增修城垒。其韦州在横山之北，西人恃此为险扼，故立监军司屯聚兵马，防拓兴、灵等州。"②韦州在横山之北，所以显然韦州南方的山地就是横山。而韦州位于环州、原州北方，所以六盘山主峰北麓山地也属横山范围。由此可见，在北宋时期，也有将鄂尔多斯沙漠南缘山地的南倾斜面称为横山的情况③。

在《安阳集》等北宋文集及《续资治通鉴长编》《宋会要辑稿》《宋史》等同时期文献中，"横山"的意义多有不同，但是在地域上基本包括延州、青涧城、麟州、府州、保安军、环州、庆州、原州等区域，六盘山脉北麓的广阔山地都笼统地被称为横山。此外，文献把居于这一区域的蕃部称为"横山蕃部""横山蕃众"等，表达了蕃众居于沙漠和农耕地带间的山地的史实。

在（宋代）横山的地域概念中，以白于山主峰为中心的陕北盆地北部山地和六盘山脉并没有区别开来，能找到的例子都和前例相同，恕不枚举。

前文中提及一个模糊的横山概念——处于鄂尔多斯沙漠南

---

① 渭州为今天的甘肃省平凉市，应该在六盘山的南麓，不应为西麓。——译者。
② 《续资治通鉴长编》卷319，元丰四年十一月庚子，中华书局2004年版，第7717页。
③ 韦州以南的山地可以与横山山脉相连接，并呈现出东西走向。六盘山为南北走向的山，与横山山脉分属两个地质构造体系，六盘山主峰一带也归属于宋代文献中所指的横山地理范围，值得思考。——译者。

图 2-1 六盘山

缘形成边界的广阔山地，当时也称"山界"①。山界意为以山为界。北宋史上"山界"和"山界蕃部"在对西夏政策中有着极为重要的意义。前述《续资治通鉴长编》卷149，庆历四年五月壬戌记述中，即将横山的范围定于麟府州与原渭州之间后，又将该界称为山界。韩琦、范仲淹曾言："惟横山一带蕃部，东至麟府，西至原渭，二千余里，人马精劲，惯习战斗之事。与汉界相附，每大举入寇，必为前锋。故西戎以山界蕃部为强兵，汉家以山界属户及弓箭手为善斗。以此观之，各以边

---

① "山界"一词在宋代文献中表述较多，如《续资治通鉴长编》卷149，庆历四年五月壬戌："故西戎以山界蕃部为强兵，汉家以山界属户及弓箭手为善斗。"第3600页。又《宋史》卷332载："大兵过山界，皆砂碛，乏善水草，又亡险隘可以控扼，切忌之。若乘兵威招诱山界人户，处之生地，当先经画山界控扼之地，然后招降。"第10684页。——译者。

人为强。"①《宋史》卷324《张元传》中也频现"山界"一词，但是几乎都和"横山"同义。对宋朝而言，横山是分隔沙漠和农田的山地，一旦进入沙漠，就是西夏统治的范围了。可以说，宋朝统辖区域最北即以横山山地为界。由此可见，"山界"的语义中渗透着宋夏间地缘政治地理的意识。《宋会要辑稿》方域八"古乌延城"条对这一思想的表述尤为贴切："乌延城，正据山界北垠，旧依山作垒，可屯士马，东望夏州且八十里，西望宥州不过四十里，下瞰平夏，最当要冲。"②

因夏州和宥州之间的古乌延城③位于山界北缘，以白于山主峰为中心的山块无疑也属于山界范围。山界一词也意指六盘山脉北麓地带，有时也广泛地指包括东起黄河西岸的麟、府州，西至六盘山北麓及到长岭间的区域。

《续资治通鉴长编》卷317，元丰四年冬十月乙丑记载，可以看出宋朝是以环州、庆州以横山为对抗西夏的防御地带④。环州以北也被纳入横山的地域概念中，其北方的灵州有时也被纳入这一地理范围。《续资治通鉴长编》卷125，宝元二年闰十二月记载有刘平之语，提到"……当时若止弃灵、夏、绥、银四州，限山为界，……"⑤，可以看出灵州和夏州、绥州、银州同属山界范畴。综上所述，山界所指地域几乎和横山相同。

---

① 《续资治通鉴长编》卷149，庆历四年五月壬戌，第3600页。
② 《宋会要辑稿》方域八之三三，中华书局1957年影印本，第7457页。
③ 一说古乌延城即为今陕西省靖边县镇靖古城。——译者。
④ 《续资治通鉴长编》卷317，元丰四年冬十月乙丑："先是，记泾原兵，听高遵裕节制，仍令环庆与泾原合，兵择便路进讨。夏人之谍者，以谓环庆阻横山，必从泾原取胡卢河大川出寨。"第7677页。——译者。
⑤ 《续资治通鉴长编》卷125，宝元二年闰十二月，第2956页。

（二）狭义的横山——白于山东部的山地

也有将横山的范围限定于白于山主峰东部的情况。《续资治通鉴长编》卷321，元丰四年十二月戊辰载："种谔言：蒙画下所分地内，城垒粗全。旧蜀汉郡。有银、夏、宥州包据横山。今且修筑，次第条一，并地图。"① 因银州、夏州、宥州三州包据横山，所以种谔之言区域应该是自白于山主峰附近至马连河流域山地一带的范围。又《宋史》卷335《种谔传》载："谔言：横山延袤千里，多马宜稼，人物劲悍善战，且有盐铁之利，夏人恃以为生；其城垒皆控险，足以守御。今之兴功，当自银州始。其次迁宥州，又其次修夏州，三郡鼎峙，则横山之地已囊括其中。"②

图2-2　白于山冬景

---

① 《续资治通鉴长编》卷321，元丰四年十二月戊辰，第7745页。
② 《宋史》卷335《种谔传》，第10747页。

银州、宥州和夏州呈围绕横山之势，因银州位于今榆林县南方①，所以可以断定此处横山是指白于山主峰东部的山地。此外，同样的记述也出现在《续资治通鉴长编》卷328，元丰五年秋七月丙戌种谔所言中："兴功赏自银州始，其次，迁宥州于乌延，又其次，修夏州。三郡鼎峙，则横山之地已囊括其中。又修盐州，以据两池之利。"②

　　河南省安阳县的宋神宗《两朝顾命定策元勋之碑》中也记录了种谔夺取绥州之事："公以谓，其城阨冲要据横山界。"碑文中的"其城"指绥州城，属于横山的地域范围。这是治平四年种谔逼降嵬名山部之事。

　　如前所述，在狭义的横山地域概念中，银州、绥州一带自不必说，东部一般覆盖到无定河流域。《宋会要辑稿》食货63以及《续资治通鉴长编》卷347元丰七年秋七月丁未都有记载③。和北方荒漠截然不同，横山是膏腴之地。从这一意义上讲，虽有将白于山主峰向东越过无定河，至麟、府二州一带都称为横山的情况，但是横山的主要地域范围只到无定河流域。在前面的自然地理部分已详尽论述，大大小小的诸多河流随着地势倾斜，剥蚀着黄土覆盖下的陕北盆地北部丘陵，向东南流淌，形成了横山地区河流最为密集之地。

---

　　① 银州城址在今陕西省横山区党岔镇政府所在地。——译者。
　　②《续资治通鉴长编》卷328，元丰五年秋七月丙戌，第7894页。
　　③《续资治通鉴长编》卷347，元丰七年秋七月丁未："麟、府、丰三州两不耕地，可以时出兵开垦，不惟岁入可助边计，兼可诱致西贼蹂践我田苗，设伏掩击，比于深入不测之敌境，劳逸不同。臣已委官相度耕种，伏详横山一带两不耕地，无不膏腴，过此即沙碛不毛。今乘羌人未宾，出兵防拓，广耕疾种，因其蹂践而掩击之，渐移堡铺，向外把截，则不烦深入而拓地日广。并可以招置汉、蕃弓箭手承佃，或营田军以抵戍兵，则边费省矣。愿推之陕西诸路。"第8324页。——译者。

概言之，关于北宋史上横山这一地域概念所指的边界，或

图2-3 陕北横山境内的无定河

曰千里①，或曰二千余里，或曰绵亘数百里，或曰沿边七八百里②，更有包括宥、夏、宥三州的说法③，其范围众说纷纭，并不确定。但是大致可以分两种：一种是在六盘山脉北麓、长岭和麟、府二州之间的广阔山地；另一种范围狭小，指白于山主峰东部山地，至无定河流域。在宋人脑海中留下深刻印象的

---

① 《续资治通鉴长编》卷328，元丰五年秋七月丙戌："横山亘袤，千里沃壤，人物劲悍善战，多马，且有盐铁之利，夏人恃以为生。"第7893页。——译者。

② 《续资治通鉴长编》卷405，元祐二年九月丁巳："横山之地，沿边七八百里中，不敢耕者至二百余里。"第9863页。——译者。

③ 《续资治通鉴长编》卷321，元丰四年十二月戊辰："蒙画下所分地内，城垒粗全，旧属汉郡。有银、夏、宥州包据横山，今且修筑，次第条一，并地图，遣子右班殿直、书写机密文字朴赴阙投进。"第7745页。——译者。

"横山"概念多指后者的狭小范围。这是根据自然地理条件以及宋、夏关系分析得出的结论,也是本书中的主要论旨①。接下来我们将尝试对横山地区的居民和聚落,以及横山各地在北宋时期的自然地理展开阐述。

---

① 现在,中国的"横山"通常指白于山主峰东部山地。来自最新《中国分省地图》陕西省说明文。

第三章　北宋时期横山各地的自然景观、聚落、居民

一　概观

《续资治通鉴长编》卷35淳化五年春正月甲寅、《宋史》卷264《宋琪传》中都记载有宋琪的上书，其中就有关于宋初横山的概观："党项界东自河西银、夏，西至灵、盐，南距鄜、延，北连丰、会。厥土多荒隙，是前汉呼韩邪所处河南之地，幅员千里。从银、夏至青、白两池，地惟沙碛，俗谓平夏；拓拔，盖蕃姓也。自鄜、延以北，多土山柏林，谓之南山；野利，盖羌族之号也。"① 党项的住地东起河西②、银、夏，西至灵、盐，北至丰、会州，土地荒芜，尤其是银州、夏州至青白两池间只有沙碛，俗称平夏。且鄜、延二州以北为土山，可见柏林。据说，这曾被称作南山叶勒。所谓土山意指土积而成、树木不生的山丘。鄂尔多斯沙漠南缘的山地几乎都是这样的土山。灵州南部的丘陵，即六盘山脉北麓向北延伸的山地——长

---

① 《续资治通鉴长编》卷35，淳化五年春正月甲寅，第768页。
② 这里的河西概指河套地区的黄河大拐弯地带，即鄂尔多斯地区。——译者。

岭，也是土山。如前所述①，位于环州至灵州要道上的清远镇一带在当时亦为土山，几乎不见草木，有道路通往清远镇北方的沙漠地带②。

"自鄜、延以北，地多土山柏林，谓之南山野利，盖羌族之号也。"③ 此处提到"南山野利"有可能是羌族的称呼。党项广泛分布在沙漠南缘的山地中，他们将那里称作南山叶勒（南山野利）。据《宋史》卷276《伊宪传》记载，雍熙之初，作为知夏州赴任的伊宪将李继迁驱至地斤泽，当时俘虏其族帐四百有余，但是后来这些被俘获的族帐又再次叛逃，据记载，由此动摇了"南山野利数族"。④

六盘山山麓、泾河流域有诸多吐蕃族帐。到了宋朝初期，在广义的横山西部，吐蕃和党项变得种族不甚分明，呈混杂状态。他们都是横山的住民，和汉族混杂分布在横山四周以及山中各处。接下来，先从延州、鄜州谈起。

二 延州、鄜州及其北部地带

宝元、康定时期，西夏对鄜、延一带开始了猛烈进攻，在这前后（自然环境）的差别很大。在这之前，多少可见一些山林。《续资治通鉴长编》卷35，淳化五年春正月甲寅记载："自鄜、延以北，地多土山柏林。谓之南山、野利，盖羌族之号也"⑤。这里提到了鄜、延以北为"土山"，曾有柏林。同书

---

① ［日］前田正名：《北宋初期灵州的地域构造》，载《东洋史历史地理研究》1。
② 《续资治通鉴长编》卷44，咸平二年六月戊午，第947页。
③ 《续资治通鉴长编》卷35，淳化五年春正月甲寅，第768页。
④ 《宋史》卷276《伊宪传》，第9409页。
⑤ 《续资治通鉴长编》卷35，淳化五年春正月甲寅，第768页。同书

卷83大中祥符七年冬十月辛未条载有知延州吏部员外郎李之言，其中提到"又鄜延界与北界相接，望禁止采伐，并从之"①。

出于边防的需要，禁止鄜、延以北的树木采伐，从这一事实也可在一定程度上看出当时的山林景观。如前所述，宋初西北边境的树木比现在更为繁茂。例如，渭河河岸、六盘山北麓都有参天大树林立、大片灌木丛生的森林，和现在的样子截然不同②。对于位于鄂尔多斯沙漠南缘的这片黄土丘陵——横山，我们也不难想象，北宋时期的景观和现在是不同的。只是和秦州不同的是：在延州、鄜州北方的山地，越靠近干燥沙漠的地方，大概只能看到仅有的柏林了。因为现在，除了防止沙漠南侵的防沙林外，延州一带尽是草木不生的石山。借此说明前引文献表现出了不同时代的景观差异。据展现宋初地理状况的《太平寰宇记》卷36《关西道12 延州》记载，其下原所辖县有十个：肤施、延长、延水、门山、临真、敷政、丰林、甘泉③、金明、延川，管辖主户12119户，客户4272户④。在"肤施县"条下，可见两个山名：五龙山、伏龙山⑤。据载，五龙山有帝原水流出，从北方而来龙尾水、清水，今为延水的濯筋川水流经县北⑥。伏龙山在肤施县西北五里一带，五龙山则位于县北十二里，还有凤凰山延伸至延州城西⑦。同书延水县条下载："五龙泉在县东一里平石缝中涌出，有雄吼之声，

---

① 《续资治通鉴长编》卷83，大中祥符七年冬十月辛未，第1900页。
② [日] 前田正名：《〈续资治通鉴长编〉中记载的宋初秦州》，载《史学杂志》67之6。
③ 《太平寰宇记》卷36《关西道延州》，中华书局2007年版，第753页。
④ 同上。
⑤ 同上书，第754页。
⑥ 同上。
⑦ 同上书，第753页。

其水甘美，可济一方，上有五龙堂，故曰五龙泉。"① 延水县城东有甘美泉水，名为五龙泉。

延州城在天宝年间建五城，但至北宋治平年间仅余二城。延州城原为两城挟河而建，后又在其东、北、南三方增建三城，成为五座城池，直抵凤凰山，且东、北、南三方均为断崖，因此延州城建于四面诸峰环绕之地。据《太平寰宇记》卷36《关西道延州肤施县》载，濯筋川水（延水）在县北二十九里，由此可以断定北宋时代的延州城位于今天的延水南岸。《宋史》卷292《程戡传》中记载了治平年间筑城之事："延州夹河为两城，雉堞颇卑小。敌登九州台，则下瞰城中。戡调兵夫大增筑之。横山酋豪大怨。"② 延州城为两城夹河而建，雉堞矮小。《宋史》卷349《贾逵传》中亦载："延州旧有夹河两城，始，元昊入寇据险，城几不能守。逵相伏龙山、九州台之间可容窥觇，请于其地筑保障，与城相望，延人以为便。"明确提及延州夹河建有两城的情况③。由此可以推断夹于延州两城之间的河流不是延水干流，而是自西注入延水的细流④。《范文正公集——西夏堡塞之城》中记载："在宽州东南四十里，公尝请于朝，乞以延州县为延州城。云彼中人烟不少。更有井泉胜于宽州城。"这里记载延州城中有井泉，文中的"宽州城"是指清涧城。延州城周围诸峰耸立绵延，西夏军队来袭时，可从附近山上俯瞰城中的记载在文献中屡有记载。如《续资治通鉴长编》卷314，元丰四年秋七月丁亥载："鄜延路经略司言：'延州南关城外逼高山，贼乘高发矢石，城上、城中皆不可立，况城内初无库务，止有官私屋五百余区，人百余

---

① 《太平寰宇记》卷36《关西道延州》，中华书局2007年版，第755页。
② 《宋史》卷292《程戡传》，第9756页。
③ 《宋史》卷349《贾逵传》，第11052页。
④ 《中华民国新地图》第23图。译者判断，该河流应为今天的西川河。

户，如卒急遇寇，欲尽令迁人大城，南关城更不守御。'从之。"① 西夏军队从南关城外的高地处向延州城中发射矢石，当时，延州城中有官私之屋舍五百余区，百余居户。南关城是指位于原延州两城南部的城寨。从前文的元丰四年延州城内的人户状况可以看出，与宋初相比这里人口呈激减状态，这显然与元昊军队入侵有关，宝元康定以后居民开始撤出或逃散。

图 3-1　延安市景

清涧县一带，在柔软的黄土堆积层下是坚硬的第三纪岩石层。《续资治通鉴长编》卷128，康定元年九月，《宋史》卷339《种世衡传》，都记载了筑清涧城之事，从中也可以推测到这一地质特征。《续资治通鉴长编》卷128载："世衡言于范仲淹，请营故宥州，州西南直延安二百里，当贼冲，右捍延安，左可致河东粟，北可图银、夏。仲淹为请于朝，诏世衡即废垒兴筑。垒近敌，屡出争，世衡且战且城，初苦无水，凿地百五

---

① 《续资治通鉴长编》卷314，元丰四年秋七月丁亥，第7599页。

十尺，至石而不及泉，工以为不可穿，世衡命屑石一畚酬百钱，卒得泉。城成，赐名青涧，世衡改秩主之。世衡开营田一千顷，募商贾，贷以本钱，使通货得利，城遂富实。"①

《大清一统志》卷196《绥德州清涧故城》中也将当时的清涧故城的位置推定为今清涧县城。宋康定元年九月种世衡筑城之时，苦于无水，掘地150尺深时，遇坚硬岩石。挖掘至岩石层都没有泉水涌出，但是宋军克服困难继续深掘，终获泉水，显然由于黄土层覆盖于坚硬的岩石之上，在上面的黄土层中没有获得泉水，不得已继续挖掘了基岩，从而获得泉水。清涧城西临清涧川，东、北、南三方山峦耸立，其中最高处就是今天南面的钟楼山，并向北倾斜②。清涧县城是为军事要害之地，如《范文正公集·西夏堡寨》"故宽州"条下载："故宽州城在延州东北三程。公言，昨废却承平塞门砦。唯此一处最为控扼。蕃贼牒监修官相度一并下手修筑。后又奏乞以宽州城为清涧城。"

清涧城位于清涧河东岸的高地之上，东临自北方流来的秀延水，当时称为吐延水③，为控扼要地。交通方面，沿清涧河东岸，可北抵绥州。此外，向南经延川城可达延州城。后面还会提及，延川城也在四周环山的高地之上，位于站川和清涧河的合流点附近。此外，甘泉城位于洛河东岸，东面黑龙山，北连劳山④。《太平寰宇记》卷36《关西道12延州甘泉县》载："天宝元年改为甘泉县，以其泉甘美为名。伏陆山在县理东北。故雕阴县，在今县南四十一里。雕阴山，在县南二十里。山夹

---

① 《续资治通鉴长编》卷128，康定元年九月庚午，第3043页。
② 《支那省别全志》卷6《陕西省》，第442页。
③ 秀延水（河）亦称清涧河，发源于陕西省子长县李家岔乡周家崄，向东流经子长县、清涧县、延川县，在延川县苏亚河村注入黄河。——译者。
④ 参见《支那省别全志》卷6《陕西省》，第460页。

土石，为鹰雕之所居，在洛水西二百步。甘泉，在县南谷上，其泉去地一丈，飞流激下，其味甘美。"① 甘泉县东北有伏陆山，南二十里有雕阴山，南部岩谷有甘泉涌出。其味甘美，喷出地上高约一丈，飞流急下。在这片鲜有泉水的区域，这里应该可以称之为谷口聚落②了。

延州城、延川城、清涧城都位于河岸和河川间的高地之上。当地居民的生存依赖流经这里的河水以及城内或附近的泉水。这些位于河岸高地之上的聚落也位于诸河川的合流点附近。和甘泉县一样，在北宋时代，延州城、延川城、清涧城各地的聚落也可以称作谷口聚落。

宋初，延州境内外的熟户蕃部也不少，从《续资治通鉴长编》卷70，大中祥符元年十二月丁酉记载中可以看出分布于延州西北到庆州一带的部族经常为宋军做向导的情况："补延州部道族朗阿为侍禁，赐名忠顺。是族在州之西，北连庆州蕃境，钤辖司言王师每出，藉其乡导，故奖之。"③ 同书卷81，大中祥符六年秋七月还载有鄜延部署曹利用之言，因大理河南的熟户罗兀族将入侵的克实克军主击退，作为奖励，任命其为本族指挥使之事。同书卷82，大中祥符七年三月壬子记载了延州野家族蕃部指挥使伽凌补三班借职之事④。同书卷65，景德四年六月庚申载："知延州向敏中言，先是，夏州民刘严等二千余人来归，诏以延川县旷土给之，令各有蓄积。而所居当绥

---

① 《太平寰宇记》卷36《关西道12 延州》，中华书局2007年版，第757页。
② 《读史方舆纪要》卷57载："伏陆山，在县治东北。唐以此山名县。又雕阴山，在县南二十里。山多土穴，雕鹰所居，汉以此名县。劳山，在县北二十里。有大小二山。相传宋狄青与夏人相拒，士卒疲困，尝憩于此，因名。"中华书局2005年版，第2726页。对照今天自然地理状况，今天甘泉县城东、北为崂山包围，向南地势相对平缓，最高处庙山海拔1213米。——译者。
③ 《续资治通鉴长编》卷70，大中祥符元年十二月丁酉，第1580页。
④ 《续资治通鉴长编》卷82，大中祥符七年三月壬子，第1870页。

图 3-2 延安市附近的山地

州要路，向者德明部族入寇，多为所擒戮，实鄜延之捍蔽也。"① 这里记载了让归附的夏州二千余人安居于延州县旷土之地的史实。

《太平寰宇记》卷36《关西道12 延州》之《延川县》记载："青眉山，在县西北六十里，耆老云后魏有吐蕃青眉家族居此。吐延水在县北，自绥州绥德县及蕃界来。"② 延川县城西北六十里处有青眉山③，吐蕃的青眉家族居住于此。还有吐延水自北方的绥州向南流淌而过，现从九里山麓南流，经黄土陵山以西，在清涧县汇入清涧河干流，宋初时应将此合流称为

---

① 《续资治通鉴长编》卷65，景德四年六月庚申，第1465页。
② 《太平寰宇记》卷36《关西道12 延州》，中华书局2007年版，第758页。
③ 《读史方舆纪要》卷57载："在县西北六十里。后魏时有土蕃青眉族居此，因名。又西北二十里有玉皇山。志云：县西一里有西山，旧为烽火之所。"中华书局2005年版，第2730页。青眉山之名沿用至今，山上有道观。——译者

吐延水①。总之，在景德四年六月，有夏州民两千余人迁居延川县，开始在今清涧河流域进行农耕，由此可以推断延川县位于现在站川汇入清涧河的合流点处的南岸②。此外，山岳环绕延川城，沿清涧河北上可达绥州。

经历了元昊军队的入侵，到熙宁年间，延州附近的景观发生了很大的变化：耕地干涸，蕃汉人口减少，与宋初时截然不同。《宋史》卷332《赵禼传》记载："初，鄜延地皆荒瘠，占田者不出租赋，倚为藩蔽。宝元用兵后，凋耗殆尽，其旷土为诸酋所有。禼因招问曰：'往时汝族户若干，今皆安在？'对：'大兵之后，死亡流散，其所存止此。'禼曰：'其地存乎？'酋无以对。禼曰：'听汝自募丁，家使占田充兵，若何？吾所得者人尔，田则吾不问也。'诸酋皆感服归募，悉补亡籍。又检括境内公私闲田，得七千五百余顷，募骑兵万七千。"③又《续资治通鉴长编》卷238，熙宁五年九月壬申载："壬申，权发遣延州、起居舍人、直龙图阁赵禼为吏部员外郎，赐银、绢二百，以禼奏，根括地万五千九百一十四顷，招汉、蕃弓箭手四千九百八十四人骑，团作八指挥故也。鄜延皆荒阜硗瘠，占田者不出租赋，而倚为藩蔽。宝元用兵后，残破流徙，名存实亡。每调发，辄匿避。尝搜集，才八百人，多罢癃，杖耰锄至金明而溃。酋利其亡，收田以自殖，禼呼诸酋问曰：'往闻汝族户若干，有诸？'对曰：'然。'曰：'今何在？'曰：'大兵之后，死亡耗散，其存止此。'禼曰：'其地存乎？'酋无以对，禼曰：'吾贳汝归，听汝自募家丁，使占田充兵可矣。吾所欲得者人也，田则吾不问。'众皆伛曰：'闻命。'诸酋感

---

① 《中华民国新地图》第23图。
② 《支那省别全志》卷6《陕西省》，第437页。
③ 《宋史》卷332《赵禼传》，第10685页。

服，归募壮夫，悉补亡籍。"①

根据上述记载，赵卨通过清查，获耕地15914顷。宝元用兵以来延州诸酋所率部族流离失所，田地荒芜。对于酋长隐匿土地一事，赵卨并没有加以追究，只是招揽四散的熟户蕃部，并配以蕃汉弓箭手，使之重事农垦。

关于鄜州风俗情况，《太平寰宇记》卷35《关西道鄜州》载："白翟故地，俗与羌浑杂居。抚之则怀安，扰之则易动。自古然也。"②

由此可见，宋初这里是羌浑杂居之地。当时鄜州一带军马屯驻最多。这一点可由《续资治通鉴长编》卷82，大中祥符七年三月壬子所载曹利用之言借以得知③。《西夏书事校证》卷5至道元年六月载："鄜州去延安止二小程。其城周围二十里。二土山在其中，正当狗道岭，灵、夏并隔沙碛，川原平坦。"④ 鄜州跨两座土山，城围20里，川原平坦。因"川原平坦"是指洛河中游的平坦耕地，表明这里曾是东部横山南麓的重要农耕中心。《续资治通鉴长编》卷126，康定元年三月癸未载："而又鄜州去延安止二小程，其城周围二十里，跨二土山，在其中，正当狗道岭贼马来路，川原坦阔。昨来张宗诲，宝元二年十一月知鄜州，康定元年二月四日领兴防，二十三日改永兴钤辖。应卒缮完，未甚周备，制度低小，木植细弱。其垂锤板，尽以人户独扇门为之，至今无材料修换。"⑤ 从中可以了解到当时西夏军自狗道岭入侵之事刚刚过去，此处长有低

---

① 《续资治通鉴长编》卷238，熙宁五年九月壬申，第5802—5803页。
② 《太平寰宇记》卷35《关西道鄜州》，中华书局2007年版，第736页。
③ 《续资治通鉴长编》卷82，大中祥符七年三月壬子，第1870页。
④ 《西夏书事校证》卷5，至道元年六月，甘肃文化出版社1995年版，第63页。
⑤ 《续资治通鉴长编》卷126，康定元年三月癸未，第2994—2995页。

小树木的情况。

图 3-3　志丹县永宁寨

总之，鄜州至延州交通道路发达，途经山坂、川路，馆驿也较发达。

《范文正公集·范文正公年谱补遗》载"（康定元年八月）初鄜州至延州一百六十里。元是三程，于新店牢山各有馆驿。后减废。九月公与转运使明镐巡历自鄜州至延州两程。遇清明皆昏黄后方到驿程太远，山坂至多。及巡历回来却值泥雨。崖路险滑，三十余度涉河。自甘泉县早发至晚只到得皇甫店。去鄜州尚更两铺。所有随行军马已各疲。乏便无吃食。须用回买其军马既不到驿，即无支请草料去处，兼是山居无可收买"。文献提到经由甘泉县的道路，有诸多崖路、山坂，且须渡过很多大小河川，这一带蕃汉人户杂居。《续资治通鉴长编》卷130，庆历元年春丁巳载有当时任知延州的范仲淹之语："今鄜延是旧日进贡之路，蕃汉之人，颇相接近。"① 结合前文所引

---

① 《续资治通鉴长编》卷130，庆历元年春丁巳，第3080页。

《太平寰宇记》中的鄜州住民中羌浑混居的记载，基本上就是这一带居民结构的状况。

横山绵延于延州、鄜州到西面的环、庆、原州之间，如同《安阳集》卷6中所载，这一地区分布着蕃部族帐，但在宝元、康定后元昊大军入侵时，他们作为元昊大军的向导，而鄜、延二州则首当其冲地受到了进攻。为防备西夏军队，宋军在延州北部山地建了诸多城寨，曾被称为"延州铁壁""延州三十六寨"①。其中，延州城北面40里的金明寨正处在西夏军入侵延州的要冲之地，在防御延州城方面意义重大②。关于当时延州北面的地形和堡寨情况，可从《范文正公集》卷9的《上吕相公书》窥得一斑："金明一邑旧寨三十六。人马数万。一旦荡去，后来招安到蕃部三百来户不足为用。又寨门寨围逼十旬，诸将逗留，无敢救者。军民数千，一时覆没。及废承平、南安、长宁、白草四寨，弃为虏境。延安之北，东西仅四百里，藩篱殆尽。近修金明，聊支一路。将修宽州，以御东北，非多屯军马，亦不能守。必须建军其利害具于奏中……自延州至金明四十里，一河屈曲，涉者十三度。此言山川之恶也。或遇风雨，不敌自困。"延州北面山地因战乱，极其荒芜，延州城和金明寨之间有一河川蜿蜒流淌，途中须十三次涉此河流，通行极为不便③。《宋史》卷323《周美传》中也有西夏军队逼近金明寨，在延州城北30里列阵的记载④。在杨守敬《宋地理志图》中，可以看到大理河岸的宋之堡寨密集状况，以及横山一

---

① 《续资治通鉴长编》卷126，康定元年春正月，第2970页。

② 西夏军的侵寇状况在《续资治通鉴长编》卷126，康定元年春正月癸酉中有详细记载。在一例中也提及自保安军入土门，穿金明寨杀到延州城。

③ 金明寨大致位于今陕西省安塞县沿河镇一带，依此推测，金明寨与延州之间的河流应是今天的延河。——译者

④ 《宋史》卷323《周美传》，第10457页。

带的城寨配置概况，恕不赘述。

自延州、鄜州向西到环、庆州，北宋为避西夏锋锐而设于其间的城、寨、堡中，金汤、白豹、后桥这三寨最为重要。《范文正公集》卷5《上攻守二策状·议攻》载："臣谓，进讨未利则又何攻。臣切见延安之西庆州之东有贼界百余里。侵入汉地中有金汤、白豹、后桥三寨，阻延庆二州径过道路，使兵势不接，策应迂远。自来虽曾攻取，无招降之恩，据守之谋。汉兵才回，边患如旧。"

鄜、延二州和庆州之间有"贼界"百余里，而且西夏的势力还在不断拓展，这就是康定、庆历时期的形势。

三 绥州附近

抚宁县，啰兀城

《梦溪笔谈》卷13《权智》中载有宋初李继隆讨伐李继捧、李继迁之事："淳化中，李继捧为定难军节度使……继隆驰至克胡，度河入延福县，自铁茄驿夜入绥州，谋其所向。继隆欲径袭夏州……乃引兵驰入抚宁县。继捧犹未觉。遂进攻夏州，继捧狼狈出迎，擒之以归。抚宁旧治无定河川中，数为虏所危。继隆乃迁县于滴水崖，在旧县之北十余里，皆石崖峭拔十余丈，下临无定水。今谓之啰兀城。熙宁中所治抚宁旧城耳。"①

文中的延福县、抚宁县在《新唐书》卷37《地理志》中均有记载：延福县之名在"绥州"条中，抚宁县之名在"银州"条中。《太平寰宇记》卷38《关西道绥州》14载"绥州"

---

① 《梦溪笔谈》卷13《权智》，岳麓书社2002年版，第101页。

领县有五，分别为龙泉、城平、绥德、延福、大斌。这里绥州五县的名称完全和《新唐书·地理志》"绥州"条下的记载一致。据《大清一统志》卷196"绥德州"条记载，延福县故城在绥州东南，据《读史方舆纪要》卷57"陕西绥德州"条载，延福县故城亦在州之东南。《太平寰宇记》载废延福县位于州治之南110里。因此我们认为延福县的位置在州治东南方。

图3-4 绥德附近的山地

如前引文献，李继隆收复的抚宁县位于无定河边，由于侵寇不绝，故屡陷危机。抚宁县位于唐代以来绥州治所所在地——龙泉县的北方，原属银州管辖之县。《太平寰宇记》卷38《关西道》14"绥州废龙泉县"条载："无定河一名奢延水，北自银州抚宁县界入境。"① 另据同书记载，位于州治龙泉县以北的绥州管辖之县，只有西北方110里处的大斌县，由此可见，沿无定河，绥州龙泉县北面就进入银州抚宁县之界。

---

① 《太平寰宇记》卷38《关西道绥州》，中华书局2007年版，第800页。

《太平寰宇记》"银州抚宁县"条中有"无定河在县北20里"之记载。由此，可以认为无定河的河道在今绥德县以西。《大清一统志》卷196"绥德州抚宁故城"载："抚宁故城 在米脂县西。《隋书·地理志》雕阴郡领抚宁县西魏置元和致县北至银州八十里……"这里明确指出抚宁故城在今米脂县西。由此可以推定，宋初的抚宁县应位于今米脂县西面，无定河西南岸。说旧县治位于河川之中，应该是由于无定河的河道发生过数次变迁，而该城建于曾经的河床之上的缘故吧。淳化中，李继隆迁抚宁县至旧治北面十余里的滴水崖处。滴水崖石崖峭拔，高有十余丈，下临无水，此城称啰兀城。《宋史》卷87《地理志》"绥德军嗣武砦"中的啰兀城即是此城。从地理上考虑，啰兀城应为建于无定河东北岸的断崖之上的城①。后啰兀城又以嗣武城、嗣武砦的名字出现，位于米脂寨北面30里，龙泉寨南面20里之处②。建于断崖之上的城，无疑是缺水的，一旦受到围攻而孤立，就只能落得粮断、城陷的困境。《宋史》卷486《夏国传下》载："初，朝议以谔新筑啰兀城，去绥德百余里，偏梁险狭，难于馈饷，且城中无井泉，遣李评、张景宪往视之，未至而抚宁陷，遂诏弃啰兀城。"③

啰兀城东南方的州治——龙泉县也建于断崖之上。后魏及隋代称上县。唐天宝元年改名为龙泉县。《太平寰宇记》卷38《关西道》"绥州废龙泉县条"中对其地形有详细记载："天宝元年改为龙泉县。以龙水为名。至皇朝见管蕃户。长城，一在

---

① 无定河东北部并无断崖，啰兀城位于今无定河的西侧，此处应为笔误。——译者。

② 《宋史》卷87《地理志》载："嗣武砦，旧啰兀城，属延州，元丰四年置，寻废。崇宁三年修复，赐名。东至清边砦二十里，西至镇边砦二十里，南至米脂砦三十里，北至龙泉砦二十里。"第2149—2150页。——译者。

③ 《宋史》卷486《夏国传下》，第14009页。

图 3-5 啰兀城址

州西一十五里。大力川,一在州北二十五里。无定河,并是蒙恬所筑之遗迹……州城唐贞观元年筑,四面石崖,东面高八十尺,西面高一百四十尺,南面高四十尺,北面高一百二十尺,周回四千二百步。"① 同书"绥州条"下有如下记载:"贞观二年平梁师都,罢府,移州治上县。其城则据山,四面甚险,真边陲之郡也。"② 由此得知龙泉县北面、西面都是高耸险要的绝壁。大力川指现大理河,城建于大理河和无定河合流点附近的西南岸断崖之上,因此北面距大理河(大力川)南岸25里。四面皆为断崖,这一带呈现出"真边陲之郡"的景象③。

关于宋初咸平年间绥州状态的史料中,有《宋会要辑稿》方域八"绥德州条",其载如下:"而若水上言,绥州顷为内地,民赋登集,尚须旁郡转饷。自赐地赵保忠以来,人户凋残,若复城之,即须广屯戍兵倍于往日则刍粮之给,全仰河

---

① 《太平寰宇记》卷38《关西道绥州》,中华书局2007年版,第800页。
② 同上书,第799页。
③ 《支那省别全志》卷6《陕西省》,第432页。

东。其地隔黄河、大小铁碣二山。又城下有无定河,缓急用兵,输送艰阻。且其地险,若修葺未备,蕃寇奔冲,难于固守。况此州城邑焚毁,无尺椽片瓦,所过山林无巨木,不堪采用。徒为烦扰无所利。若水即罢其役。后诣关西陈其事,帝嘉纳之。"① 据《宋史》卷485《夏国传上》记载,淳化五年李继迁将绥州之民迁往平夏:"五年正月,继迁徙绥州民于平夏,部将高文岯等因众不乐反,攻败之。继迁复围堡砦,掠居民,焚积聚。"②

据《西夏书事》卷5同年之条记载,高文岯率羌酋苏移山母驮香等反攻继迁,使其败走,举绥州降宋,虽然被迁往平夏的绥州住户数量不明,但据前述《宋会要辑稿》方域八"绥德州"记载,绥州一直荒废到咸平末年。城邑焚毁,未得修葺,山林中没有高大树木。这种情形应该主要是和继迁之战而导致的。钱若水考虑到运送物资的烦扰,放弃了修葺城址,免除了百姓的徭役之苦,所以当时绥州的景观并没有什么变化。这一时期进入西夏侵犯时代。据《太平寰宇记》记载,绥州各县境内有很多蕃部,"绥州条"载:"自唐末蕃寇侵扰,所管五县并废。或陷在蕃界,亦无乡里。其民皆蕃族。州差军将征科。"③ 而"风俗条"中的记载与夏州同。管辖各县境内的地名以胡音命名的很多,并多由蕃将镇守,管理蕃户。例如废城平县条载:"今废为城平镇。见差蕃人为镇将管蕃户。吉鱼山,阿班山,清涧川水已上并在县界。保定岭,在县界蕃部族帐内。"④ "废绥德县条"载:"今为绥德镇。见差蕃人为镇将管蕃户……骨悉个堡,在县界,骨悉个者,是胡音。斜溪岭,

---

① 《宋会要辑稿》方域八之三一——三二,第7456页。
② 《宋史》卷485《夏国传上》,第13987页。
③ 《太平寰宇记》卷38《关西道绥州》,中华书局2007年版,第799页。
④ 同上书,第801页。

在县界蕃部族帐内。""废延福县条"载:"今废为镇。差蕃人管蕃户……弥溺堡,弥溺者,胡语。此谷地塞因以为名。同突菌堡在县界,胡语,今泽葱是也。"①"废大斌县条"载:"今废为大斌镇,差蕃人管蕃户。"②

除"废龙泉县条"外,另外四废县均有蕃人管理蕃户的记载,对这一点我颇为吃惊。胡音地名多的缘故是由于唐代突厥的降户多居于此。《太平寰宇记》还提道,绥州的主客户共计2885户,而延州的主户为12119户,客户为4272户。鄜州的主户为8901户,客户为12968户。相较而言,绥州住户少得多,应该是由于这里是蕃部所居之地的缘故吧。

由此,如果从宋初居民构成进行分析,延州、鄜州和绥州表现出很大的地域差别:在横山东部地区到绥州境内,是为蕃部所居之境。诚如《续资治通鉴长编》卷130,庆历元年春正月条范仲淹之语:"今鄜延是旧日进贡之路,蕃汉之人,颇相接。"③

治平四年种谔收复绥州城,并废旧称,改名为绥德城。当时在种谔的战功影响之下,绥州开始出现很多降蕃族帐。这一点是绥州居民景观的一大变化。《续资治通鉴长编拾补》治平四年十月甲寅载:"先是六月,种谔奏:'谅祚累年用兵,人心离贰。尝欲发横山族帐尽过兴州,族帐皆怀土重迁,以故首领嵬名山者结绥、银州人数万,共谋归顺。'既已直奏,且申经略司。陆诜报谔先诺嵬名山自能捍御,夏人则受之。若欲入居塞内,则勿受也。谔言:'当今于绥、银住坐。'其七月,诏下谔奏付诜,乃诏薛向至延州,召谔赴经略司审实,密议措置以闻。诜等共画三策:使名山直取谅祚;不能取则守其地以拒

---

① 《太平寰宇记》卷38《关西道绥州》,中华书局2007年版,第801页。
② 同上。
③ 《续资治通鉴长编》卷130,庆历元年春丁巳,第3080页。

之；最下乃退系两界不折地。遣张穆之入奏。诜意朝廷必不从也，已而向与穆之偕行，令穆之盛言招纳之利。寻有诏从诜等所画策，谔遂遣谍者与嵬名山约日会绥、银，不复告诜知。诜累戒谔毋深入应抵。时谔已先诺嵬名山，度诜必不许发兵，丙辰，悉以所部兵与折继世先发。戊午，会于怀宁寨。庚申，入绥州，遂兴版筑。壬戌，继世入银州，嵬名山所部族帐悉降，酋首三百，户一万五千，口四万五千一百，精兵万人，孳畜十余万，分处族帐于茭村及怀宁寨。诜始得谔状，大惊，即劾谔擅兴兵，贻书文彦博曰：'开辟以来，未有此也！'嵬名山本熟户，自幼被虏，为银、夏、绥州军司，有小帅三千余人。牙头吏史屈子者狡狯，为众贷谅祚息钱不能偿。时大饥，谅祚数点兵，屈子乃说诸小帅密谋内附，假托名山。谔即奏之，募熟户韩轻持蜡弹与名山，以诱纳之。轻独与屈子语，名山实不知也。及轻报谔，如期发兵，折继世卒会直抵名山帐，名山惊起，屈子及小帅胁之曰：'宋兵十万至矣'。名山遂降。"①

治平四年十月，种谔收复绥州之时，嵬名山的势力扩张到绥州、银州一带，有诸部族帐的酋首300、户数15000户、口数45100人，此外还拥精兵10000人，牲畜十余万口（头）。嵬名山原为熟户，但自幼被西夏所虏，统领小帅三千余人，为绥、银、夏州的军司。因此沿无定河一带的地域都在他的统辖之下。《太平寰宇记》中可以看到前述绥州各旧县的蕃人镇将所治之地，治平四年时，都属于大酋嵬名山的地盘了。《续资治通鉴长编拾补》治平四年九月载："是月，先是薛向、种谔言：'蕃部嵬名山有归附意。'及高遵裕还自夏州，又言：'若

---

① 《续资治通鉴长编拾补》卷2，治平四年十月甲寅，中华书局2004年版，第68—69页。

纳嵬名山，则横山之民皆可招来。'"① 如收降嵬名山，横山地区的住民都会归附，可见嵬名山为当地土豪。

图 3-6 绥州城址

《续资治通鉴长编拾补》治平四年七月辛未载："陕西转运司薛向言：'知青涧城种谔招西人朱陵，最为横山得力酋长，已给田十顷宅一区。乞除一班行，使溷示诸羌，诱降横山之众。'诏增给田五顷。"② 文中提及时任知清涧城的种谔招降了西人朱陵，朱陵是横山地区最得力的酋长。可见除了嵬名山之外，还有一个叫朱陵的酋长在横山蕃部中具有一定影响力，并且也居住于离清涧城不远的横山之中。

治平末年到元丰初年，也就是熙宁年间被迁居于绥州的降

---

① 《续资治通鉴长编拾补》卷 2，治平四年九月，中华书局 2004 年版，第 63 页。
② 《续资治通鉴长编拾补》卷 1，治平四年七月辛未，中华书局 2004 年版，第 24 页。

蕃户口数量减少。关于这一点，在《宋史》卷 349《贾逵传》有如下记载："逵言：'种谔处绥州降人于东偏，初云万三千户，今乃千一百户耳，逋逃之余，所存才八百。蕃汉两下杀伤，皆不啻万计。自延州运粟至怀宁，率以四百钱致一石。而缘边居人，壮者但日给一升，罔冒何至大半。谔徒欲妄兴边事以自为功，不可不察也。'元丰初，拜建武军节度使、殿前都指挥使。"① 其中提到绥州降蕃户数初时为 13000 户，这是在治平四年种谔收复之时的情况。参照前述《续资治通鉴长编拾补》治平四年十月甲寅的记载，这一数字基本接近横山蕃部酋长嵬名山所率的 15000 户这一数字。由此可以推断治平四年归降于种谔的蕃部几乎都是嵬名山的全部族帐。此外文献还提及，绥州户数逐步减少到 1100 户，进而因逋逃减少到了 800 户左右。从后文的记载可以大致推断出，种谔征用这些蕃户为苦役，自延州向绥州境内运送粟米，导致了人口耗散。熙宁七年，经陕西转运副使范纯粹的请命，将元丰七年延州的米脂、义合、浮图、怀宁、顺安、绥平这六座城寨归于绥德城管辖②。

总之，治平末年以降，绥州不断开拓，随着城堡的修筑，农耕景观也有了很大的改观。虽是熙宁末年之事，但是在《安阳集》卷 7 中有所记述："公奏曰……况见有已修就绥州城池，及绥州川内甚有膏腴空闲地土，若令降人嵬名山与折继世等因而据之，其手下人户皆令在绥州内相近居住，各人知具产业日久，可以存活，自然并力以捍谅祚。"《安阳集》中《宋神宗御制两朝顾命定策元勋碑》亦载："公以谓其城陀冲要，据横山界，下视平原，不可毁留。"这两处记载均提及绥州城下是肥沃的空闲土地，适合农耕。这是指大理河、无定河流域的农

---

① 《宋史》卷 349《贾逵传》，第 11052 页。
② 《宋史》卷 87《地理志》载："（元丰）七年，以米脂、义合、浮图、怀宁、顺安、绥平六城砦隶绥德城。"第 2147 页。——译者。

耕地带。熙宁五年以降，协议以据绥州20里之界为宋夏疆界①。

在不同的历史时期，这里的自然和人文状况存在一定差异；但是自延州向北到绥州境内，蕃帐骤然增多，在居民景观方面，与绥州以南有很大不同。宋初和治平末年是蕃帐最多的时期。自无定河流域北上，水泉逐渐减少，距沙漠越来越近，干燥越为严重。随着向北方沙漠的靠近，散布的聚落开始有了城寨的样子，意味着军事性意义极大增强。绥州以北，能看到银、夏、宥、麟州等州郡，接下来我们将视线转移到横山西部看看。

四　延州西部

保安军附近

延州的西部区域几乎都是草木不生的土山，到泾河上游流域的庆州、环州一带，看不到大面积的耕地。首先，保安军作为鄜延州最重要的防备西夏侵寇的军事要地，位于洛河支流，即今天的周水河畔。这里是白于山主峰的东南麓，在其东西向有大小多条河流随着地势自西北流向东南。保安军所在地在今

---

① 《续资治通鉴长编》卷230，熙宁五年二月辛酉载："诏赵卨详夏国主秉常所奏移绥州侧近本国自来寨棚置于近里，去绥州二十里为界。"第5991页。《续资治通鉴长编》卷235熙宁五年秋七月戊子安石曰："陛下富有天下，若以道御之，即何患吞服契丹不得？若陛下处心自以为契丹不可吞服，西夏又不可吞服，只与彼日夕计校边上百十骑人马往来、三二十里地界相侵，恐徒烦劳圣虑，未足以安中国也。"第5701页。《续资治通鉴长编》卷437，元祐五年春正月己丑载："昨绥德城分界日，御前虑分：须大量足二十里如约，不可令就地形任意出缩，三二里地不计。"第10546页。——译者。

志丹县①。《太平寰宇记》卷37《关西道保安军》记载了其辖境："东西一百里，南北一百九十里。"借此可以推定其大部位于周水河流域，这是太平兴国二年的设置②。保安军辖境内不适合五谷生长，霜害较早，气温较低，这样的条件通常不适于农业种植。《太平寰宇记》卷37《关西道保安军》记载："羊，地寒霜早，不宜五谷。"③ 黄土堆积的丘陵状山地绵延不绝，在这里也呈现出同样的景观。在北宋时代几乎看不到草木生长的山林。此外，据该书记载，保安军北方十里处有吃莫河，向南流46里，汇入洛河，这里的吃莫河正是今日的周水河。据记载，宋时其河水几乎无法承载舟筏。保安军应该是位于河水东岸④，在河以西不远处则是高耸的九吾山，山地绵延，和白于山主峰相连。九吾山上的低洼湿地成了仅有的农耕之地⑤。但是，自景德四年榷场设置于此后，开始有了西夏和宋的贸易往来。据《续资治通鉴长编》卷161，庆历七年九月庚子载，庆历七年九月，因保安军没有放羊牧马之所，应西夏的要求，将榷场迁至北方的顺宁寨："庚子，徙保安军榷场于顺宁寨。保安旧有榷场，自元昊叛命再请和，数使来乞增置之，朝廷为置榷场于保安、镇戎军。至是，又言驱马羊至无放牧之地，亦听保安场徙他处，然蕃商卒不至。"⑥

《西夏书事》卷18，庆历七年九月亦载："九月，徙榷场于顺宁砦。曩霄因保安榷场僻陋，羊、马无放牧地，请徙顺

---

① 1936年6月，保安县改为志丹县。——译者。
② 《太平寰宇记》卷37《关西道保安军》，中华书局2007年版，第789页。
③ 同上书，第790页。
④ 保安军治所即为今志丹县城一带，位于周河东岸。——译者。
⑤ 《读史方舆纪要》卷57《陕西道保安军》"九吾山条"载："九吾山县西五十里。上有湫，岁旱不竭。"中华书局2005年版，第2727页。——译者。
⑥ 《续资治通鉴长编》卷161，庆历七年九月庚子，第3888页。

宁，然蕃商卒不至。"① 顺宁寨在保安军北面40里处，这一点在《宋史》卷87《地理志》"保安军条"下明载。这里和宥州之间常有使者往来，作为宋夏两国间军事、政治方面接触之要地，备受瞩目。因没有放羊牧马之地，故将景德四年以来开设于保安军的榷场北迁至顺宁寨，据记载蕃商并没有很快聚集于顺宁寨②。周水河流域的保安军、顺宁寨等地在北宋时代由于土地干燥、水泉不足等原因，应该不适合作牧场。《太平寰宇记》记载了保安军的户数，主户数为714户，客户数为275户③。《元丰九域志》卷3"陕西路保安军条"记载主户为919户，客户为122户。大概这一数字包括了保安军东面40里处的园林堡，前述的顺宁寨，以及保安军西面80里处的德靖寨等。《宋史》卷87《地理志》"保安军条"记载崇宁户数为2042户，人口数为6931人。根据这一户口数，不难看出在北宋时代，今周水河流域、洛河上游地域也存在少量的农牧土地。

藏底河

从覆盖横山的黄土层中渗出到地面的地下水，对于保安军北面居住的蕃汉民众来说是珍贵的资源。这一地下水源被称作藏底河，其潜流的位置在保安军和其北面威德军交界处一带。《宋史》卷87《地理志·保安军》"咸德军之条"中记载，

---

① 《西夏书事校证》卷18，庆历七年九月，甘肃文化出版社1995年版，第213页。

② 《续资治通鉴长编》卷161，庆历七年九月庚子亦载："徙保安军榷场于顺宁寨。保安旧有榷场，自元昊叛命再请和，数使来乞增置之，朝廷为置榷场于保安、镇戎军。至是，又言驱马羊至无放牧之地，亦听保安场徙他处，然蕃商卒不至。"第3888页。——译者。

③ 《太平寰宇记》卷37《关西道保安军》载："皇朝管户主七百一十四客二百七十五。"中华书局2007年版，第790页。——译者。

图 3-7　洛河

"威德军、保安军之北。两界上有洑流名藏底河，夏人近是筑城，为要害必争之地。政和三年，贾炎乞进筑，不果。七年，知庆州姚古克之，即威德军。"① 这里提到两军界上有地下水，名为藏底河，西夏在附近筑城，此处为宋夏必争之地。政和三年，贾炎欲进筑，未果。知庆州姚古终于实现进筑。在政和年间，两军围绕藏底河展开多次争夺。《宋史》卷486《夏国传下》《西夏书事》等处均有明确记载。即，政和四年春三月，西夏于藏底河筑城，名为藏底河城。②《西夏书事》卷32记载如下："政和四年，辽天庆四年，夏雍宁元年春三月，筑藏底河城。保安军之北界上有洑流，曰藏底河。乾顺遣兵据山筑城，为进取计。徽宗命宦官童贯为陕西、河东、河西经略使讨

---

① 《宋史》卷87《地理志》，第2148页。
② 《宋史》卷87《地理志》"保安军之条"中可以看到，"藏底河"得名于其地下水的形状。

之。夏五月，进兵据天都寨，拒延将刘延庆兵于藏底河，却之。天都自元符中为中国所取，筑寨其上。乾顺既城藏底，遣众复之。延庆率兵攻围，城守严不能破。裨将韩世忠夜登城斩二级，割护城毡以还。夏兵从佛口岭赴援，世忠力战，过藏底河，夏兵追及之，世忠不胜而退。冬十月，城洪夏军为知西安州种师道所破。乾顺遣兵深入，过定边军，筑城佛口谷，名洪夏军。童贯使种师道率兵攻之，城四旁绝少水源，军士渴甚，师道指西山麓曰：'是当有水。'命工凿之，果得。城上人惊以为神，军中气沮，遂为所破。政和五年……秋八月，败泾原等四路官兵于藏底河城。童贯令刘仲武、王厚合泾原、□□延、环庆、秦凤之兵攻藏底河城。乾顺遣兵击之，官兵大败，死者十四五，秦凤第三将军万人皆没。"①《西夏书事》还不厌其烦地在政和七年记载藏底河城情况："政和七年、辽天庆七年、夏雍宁四年春二月，种师道帅师克藏底河城。师道率陕西七路兵共十万征藏底河城，期以旬日必克。既薄城下，城中守备固，攻之不破，至八日，师道斩不用命者，安边巡检杨震率壮士先登，斩级数百，众乘而上，守城卒惊溃，遂克之。"②

西夏将藏底河城作为侵宋据点之后，很快进兵天都寨，宋军出兵征讨。夏军深入，已过定边军，宋军忍渴攻之。政和五年八月，泾原路等四路官兵征西夏藏底河，是因为夏军锐锋前往天都山及定边军方向。此次宋军征讨藏底河失败，出征的宋军半数战死。秦凤第三将的军队更是遭遇了全军覆灭的悲惨命运。《宋史》卷486《夏国传下》载："秋，仲武、王厚复合泾原、鄜延、环庆、秦凤之师攻夏藏底河城，败绩，死者十四

---

① 《西夏书事校证》卷32，政和四年春三月，甘肃文化出版社1995年版，第372—373页。

② 《西夏书事校证》卷33，政和七年春二月，甘肃文化出版社1995年版，第377页。

五,秦凤第三将全军万人皆没。厚惧,厚赂贯而匿之。冬,夏人以数万骑略萧关而去。"① 从中可见宋夏战争的惨烈程度。宋臣王厚还企图欺瞒战败之事。这样一来,对于想要越横山南侵的西夏来说,藏底河城可作为天都山萧关方向的侵宋据点,具有了尤为重要的军事意义。前引《西夏书事》卷32政和四年条提到"乾顺遣兵据山筑城,为进取计"②,即表明藏底河在保卫西夏方面的重要意义。政和七年,宋军发动十万大军征讨西夏。

金汤城③,白豹城④

西夏的藏底河城依山而建⑤,可以想见在城中并没有地下水,西夏军队利用的是附近的泉水⑥。总之,在土山绵延、极为干涸的横山地区,围绕黄土层中涌出的地下水,宋夏两军展开殊死争夺。通过有关的军事记录,我们可以理解在横山地区地下水为人马生息的起码条件。

保安军以西80里处有德靖寨,其北面60里处有金汤城,此外,还有白豹城、定边军等,在泾河上游的诸支流流域有零

---

① 《宋史》卷486《夏国传下》,第14020页。
② 《西夏书事校证》卷32,政和四年春三月,甘肃文化出版社1995年版,第372页。
③ 金汤城应在今陕西省志丹县金鼎乡金汤村附近。——译者。
④ 白豹城位于陕西省吴起县白豹镇政府白豹村所在地。——译者。
⑤ 《西夏书事校证》卷32政和四年之条载"政和四年、夏雍宁元年春三月,筑藏底河城。保安军之北界上有洑流,曰藏底河。乾顺遣兵据山筑城,为进取计。"甘肃文化出版社1995年版,第372页。——译者。
⑥ 《西夏书事校证》卷12载"左厢宥州路,以五万人备鄜、延、有克胡山、升平塔、那娘山诸路,以乌延口、藏底河界台为界堠,内包杏子河、白塔嘴、罗兀岭等险要。"甘肃文化出版社1995年版,第145页。此处的藏底河是否是保安军威德界上的藏底河,目前还无法确定。——译者。

星聚落以及散布于横山南麓的农牧土地；而在保安军西面则多为草木不生的山地，这种单调的黄土丘陵地形一直绵延到六盘山北麓。洛河上游及其诸支流、柔远河、东河等只不过是给这片山地增添了少许绿地。从西夏进犯的战斗记录中也可以看出，当时要在这一带形成聚落的一大制约因素就是水。

西夏军队进犯的目标通常都是贸易据点。金汤城、白豹城在西夏军队进犯鄜延一带时都是首当其冲的。《续资治通鉴长编》卷135，庆历二年十二月壬戌记载了知庆州范仲淹之言："臣谓攻近而利者，在延安、庆阳之间，有金汤、白豹之阻，本皆汉寨，没为贼境，隔延、庆兵马之援，为蕃汉交易之市，奸商往来，物皆丛聚，此诚要害之地。"① 这里提到金汤、白豹一带有商旅往来，物资丛聚。又《宋会要辑稿》兵28记载了元符进犯之事："元符元年正月三日，枢密院言，'孙路奏，金汤白豹横山腹心。灰家觜枕横山之麓，环以良田千顷。谓皆建筑城堡已可其奏。而路复言，定边川鏊移二处皆占横山美田万顷，请悉建城，据贼必争之地。亦降旨：如机会可乘，即先要切，以次进筑。而路复言贼境韦章巴史骨堆、曲律三六等处皆宜进筑，其前议灰家觜等处请权停。按路前后所上奏，未审某处最据要害，为边防经久之利。其曲律三六等处深在贼境，如何设置斥堠，经久备御，可保无虞。'诏：'孙路所计度宜先要害，相视道路通达，水草丰足，良田可耕，险固可守，异时无烦朝廷馈饷，缓急声援可以相接，即以便宜措置。'"② 金汤城的位置据《宋史》卷87《地理志·保安军》记载："金汤城，旧金汤砦。在德靖砦西南，元符二年进筑。东至顺宁砦九十里，西至庆州白豹城四十里，南至德靖砦六十里，北至通庆

---

① 《续资治通鉴长编》卷135，庆历二年十二月壬戌，第3216—3217页。
② 《宋会要辑稿》兵二八之四四，第7291页。

城六十里。"① 德靖寨北面60里，顺宁寨西90里，在杨守敬所著的《宋地理志图》中地图标记的位置偏北。同书"德靖寨条"记载："德靖，东至保安军八十里，西至庆州荔原堡六十里，南至庆州平戎镇五十里，北至金汤城六十里。"② 德靖寨北面60里处有金汤城。依据《宋史·地理志》记载里数判断，德靖寨的位置应该在今金顶山偏西处。杨守敬所标注的位置大体上正确。其北面60里，应该是洛河上游的上游地域，白于山主峰的南斜面。从地图上看，多条河川南流，自白于山主峰的西麓向东南流的白家河、石涝河③等河川汇成洛河，继续流向东南。所考的金汤城的所在地，有标高1500米的等高线围绕大小多条河流，正好在白于山南麓形成了一个盆地④。金汤寨进筑于元符二年，初时名为汤砦，后更名金汤新寨，被称作金汤城⑤。

根据《宋史·地理志》"金汤城条"记载的方向和里数，白豹城位于金汤城西方40里。结合同书"庆阳府条"，以及白豹城的相关记载等信息，将白豹城的位置推定于金汤城西南方40里处应该是合理的。"庆阳府白豹城条"中记载，"白豹城，旧属西界，元符二年修复，赐旧名。东至安疆砦四十里，西至东谷砦二十里，南至柔远砦五十里，北至胜羌堡五十里。别见定边军。"⑥

---

① 《宋史》卷87《地理志》，第2148页。
② 同上。
③ 石涝河为今天的石涝川，下游为头道川，汇入洛河；白家河今无此称法，推测为新安边川或乱石头川。——译者。
④ 《中华民国新地图》第23图，杨守敬《宋地理志图》。
⑤ 《宋会要辑稿》方域八之三十"金汤古城"记载如下："金汤城旧金汤新塞。元符二年改。"第7455页。《宋史·地理志》的"金汤城之条"亦有记载："金汤城，旧名汤砦。在德靖寨西南。元符二年改。"第2148页。——译者。
⑥ 《宋史》卷87《地理志》，第2151页。

同书"安疆砦条"记载:"安疆砦,本西人疆诈砦,元丰五年收复,赐名。元祐四年,给赐夏人。绍圣四年修复。东至德靖砦九十里,西至东谷砦六十里,南至大顺城四十里,北至白豹城四十里。又隶定边军。"① 安疆砦在庆州大顺城的北面40里,德靖砦则在其西面90里处。

关于大顺城②,《大清一统志》《读史方舆纪要》中有明确记载,在今庆阳县北方150里处。再向北40里,应该是太白山、尖山之间的东河上游一带。此外,据《宋史·地理志》"安疆砦条"记载,安疆砦北方40里处,同书"白豹城条"记载在安疆砦西面40里处有白豹城,所以从《中华民国新地图》来看,安疆砦应位于中尖山东麓,或灵盘山南面③。在白于山主峰西南,白豹城守卫着泾河上游的东河、柔远河流域,其东面40里处的金汤城守卫着洛河流域,而金汤城和白豹城连接而成的这道防御线则形成了在白于山主峰南麓宋朝对西夏防卫的最前线④。杨守敬所考定的东谷寨位置在今庆阳县以北不远处,而白豹城据考也在这一带,杨守敬的观点显然是错误的⑤。

灰家觜是指兴平城。《宋史》卷87《地理志》"环州兴平城条"记载:"兴平城,地名灰家觜,元符元年筑,赐名。东

---

① 《宋史》卷87《地理志》,第2151页。
② 关于大顺城的遗址,目前有两种说法:一说认为今庆阳市华池县紫坊乡城子山遗址为宋代大顺城遗址;二说认为今庆阳市华池县山庄乡二将城遗址为大顺城遗址。——译者。
③ 此处中尖山疑为胡尖山之误。——译者。
④ 《大清一统志》卷203《庆阳府》白豹城之条中,关于白豹城的位置推定为大顺城北方45里处,《读史方舆纪要》卷57《陕西六庆阳府》白豹城之条中的"府西北190里"是来自《宋史·地理志》中的白豹砦之条,而不是安疆砦之条。遗憾的是现在无法确定其准确位置。——译者。
⑤ 杨守敬:《宋地理志图》。

至贺子儿一十里,西至流井堡四十里,南至洪德砦二十里,北至清平关三十里。"① 指出位于环州西北方②。另《宋史》卷87《地理志》"庆阳府横山砦条"记载:"横山砦,地名西撩哆,元符元年进筑,赐名。东至东谷砦界撩哆四十五里,西至宁羌砦七十里,南至通塞堡三十里,北至定边军三十里。"③ 由此,撩哆位于东谷寨界内,横山寨东面45里处。横山寨又名西撩哆,位于定边军以南30里处。杨守敬将定边军位置推定于横山寨以南的说法是错误的④。

定边军、东河、柔远河流域的耕地

《宋史》卷87《地理志》"定边军条"载:"定边军。元符二年,环庆路建筑定边城,后改为军。东至九阳堡三十五里,西至绥远砦二十里,南至横山砦三十里,北至通化堡二十里。"⑤ 可见定边军设于横山寨北面30里处。《宋会要辑稿》方域八"定边城条"亦记载:"元符二年四月二十五日,环庆路经略安抚使司言,新筑定边城,川原厚远,土地衍沃,西夏昔日于此贮粮。今投来蕃部日众,可以就给土田,使之种植。"⑥ 从中可知,当时定边城一带川原广阔,土地肥沃,适合农耕,西夏曾在此屯粮。且元符初年有很多蕃部再次内附于此。借此可以推断,定边军应在东河上流,即今太白山西面的诸河川汇合地一带。1500米等高线围绕东河上游的诸河川,在太白山南麓、尖山、明月山东麓间形成了盆地状的一块平地。由此向

---

① 《宋史》卷87《地理志》,第2152页。
② 杨守敬:《宋地理志图》。
③ 《宋史》卷87《地理志》,第2151页。
④ 杨守敬:《宋地理志图》。
⑤ 《宋史》卷87《地理志》,第2153页。
⑥ 《宋会要辑稿》方域八之二七,第7454页。

南，沿着东河、柔远河流域，平原延伸到庆州①。东西擦啰、定边军应该都是为守卫东河、柔远河流域的耕地而设置的。

图 3-8　铁边城遗址

如前所述，《宋会要辑稿》兵 28 备边中所载金汤、白豹、灰家觜有"良田千顷"，在定边川（城）擦啰则有横山的"美田万顷"。由此可知，北宋时期在白于山主峰南麓、西南麓的洛河、东河沿岸一带尚有垦殖的土地，给这一带连绵的土山及单调地形带来了生机和几抹绿色。不过灰家觜偏西环州西北一带，关于陷于贼境的曲律、三六等地理位置现在一时难以判明。总体而言，当时在洛河、东河、柔远河流域的横山山麓附近，约 1500 米海拔之地，修筑城寨，以守卫农耕地带。

在横山山区中，保安军以西到环州一带的广阔地区，只有洛河、东河、柔远河流域才可以看到较少聚落。《宋史》卷 308《张煦传》有如下记载："至镇戎，闻灵武已陷，复还本

---

① 《中华民国新地图》第 23 图。

任。与张凝入西夏境，出白豹镇，至柔远川，夏人七百余邀战，煦与庆州监军张纶击杀甚众。清远故城有酋长，请以甲骑三万来降。煦与凝曰：'此诈也。'亟严兵以待之，果然。凝按部归环州，道为敌所邀。煦闻之，领所部锐兵自庆州赴之，一昔与凝会，射杀其大将，与凝同还。"① 文献明载咸平末年时，从白豹镇到柔远川，有西夏民众七百余人在此居住。原本是关于参战士兵的记载，但是可以从中看出，在宋夏之争时期，西夏兵在各处均有出没。

《续资治通鉴长编》卷509，元符二年夏四月丁酉记载："环庆路经略安抚司言：'新筑定边城，日有西夏来投蕃部，缘本城所据，川原广阔，土脉饶沃，是旧日西夏储蓄之地。今投来之人，源源不绝，可以就本城管下，摽拨田土，使之耕种。本路旧蕃弓箭手，散居诸寨，随地分隶诸将。今除旧人并依旧外，将定边新城已后归顺之人，就本城管下给田，更不散行分隶。乞置总领蕃兵及同总领各一员，拣选谙熟蕃部事体，深晓边情，能弓马之人充。'从之。"② 元符初年时，北宋军事实力强于西夏，在西北边境收复了不少城寨，但是定边城所在的东河上游一带，有很多自西夏来降的蕃部，北宋将他们安置于定边城所属各地，从事耕作。总之，这一带作为当时横山南麓最大的农耕地区，有重要的地缘意义。

五　环州

木材匮乏

《太平寰宇记》卷37《关西道13 通远军》"通远军条"关

---

① 《宋史》卷308《张煦传》，第10149—10150页。
② 《续资治通鉴长编》卷509，元符二年夏四月丁酉，第12125—12126页。

于军境记载如下："东西十一里，南北一百二十里"①，表明当时的州境是沿泾河上游的南北狭长地带。环州为极边之地，位于横山西部。缺水，几乎没有草木生长。《续资治通鉴长编》卷80，大中祥符六年乙丑记载："乙丑，令环州修城材料有余者覆护之，备修营舍，自今不得配率。上以是州极边，不产材木，凡有所须，即于内地科折，逾越险阻，辇致甚艰故也。"②同书卷78，大中祥符五年六月乙巳亦载："乙巳，镇戎军监押陈怀信言：'伏见环州修浚城壕，地处极边，罕得良木，望减损其功。'时朝廷方议遣使规度，怀信疏奏，即命为本州监押，仍专魋修城之役。"③

这两段文献都记载了大中祥符年间情况，且都提及在修缮环州城之时，附近不产木材，这是因为在庆州以北，干燥程度更为严重。关于环州一带的地形，可以在《续资治通鉴长编》卷132，庆历元年六月乙亥略知一二："臣等昨由马岭、木波镇至环州，川路平直，两边虽有土山，山外皆高原，谷道交属，何往不通。土人皆言此路非险于鄜延，"④未波是指木波镇。自马岭镇、木波镇，沿马莲川北上，直至环州，沿岸地形平坦，但两侧土山绵延。且这些土山皆为高原，高原路发达，地势上并不比鄜、延州一带险峻。但在草木不生东西连绵的土山之地，环州相较而言拥有丰富的水泉。⑤

---

① 《太平寰宇记》卷37《关西道13 通远军》，中华书局2007年版，第788页。
② 《续资治通鉴长编》卷80，大中祥符六年乙丑，第1828页。
③ 《续资治通鉴长编》卷78，大中祥符五年六月乙巳，第1769页。
④ 《续资治通鉴长编》卷132，庆历元年六月乙亥，第3141页。
⑤ 虽有水泉，但多为咸水。——译者。

图 3-9 马莲河

饮水困难

《续资治通鉴长编》卷478，元祐七年冬十月辛酉记载："是日，西贼大举攻围环州及乌兰、肃远、洪德、永和砦，合道、木波镇，凡七日，乃解去……又以境外皆沙碛，近城百里有牛圈，所潴水足以饮人马，乃夜遣寘毒。贼围环数日，无所获而归。所使骁将折可适屯师洪德城……（贼）过牛圈，饮其水……（贼中毒而死）。"[1] 环州北面即为沙漠，城外100里处有一泉水名为牛圈。牛圈在当时是人马的重要绿洲。

环州向北穿过青冈峡就是清远镇[2]，再往北就是瀚海了。自环州到灵州的道路通过这里，但是沿途土山连绵，几乎不见

---

[1] 《续资治通鉴长编》卷478，元祐七年冬十月辛酉，第11383—11384页。
[2] 根据现代学者的实地考察，青冈峡大致位于今甘肃省环县洪德乡赵洼村至山城乡一带的环江河道。——译者

人烟草木，道路就在这样的山岭之上①。六盘山脉北麓的高原道路沿着长岭、积石岭向北延伸，循山水河，穿越鄂尔多斯沙漠，北上到达灵州。我认为北宋时期清远镇的位置基本上在今平远县附近②，鄂尔多斯沙漠的南缘一直延伸至此处。《续资治通鉴长编》卷44，咸平二年六月戊午中有"清远西北曰旱海"③的记述，明确记载了清远的西北向即为旱海（瀚海，即沙漠）。清远镇附近有蕃部居住。《太平寰宇记》卷36《关西道灵州》"清远镇条"记载如下："清远镇管蕃部九：青天门一族，泥悉逋一族，罗泥一族，罗泥磨庆一族，噤埋一族，嗓你也移一族，封家一族，宗家一族，越邦一族。汉户：主、客四十二。"④汉户只有42户，数量很少。这一点少数的汉户应该没有居住在长岭之上，而是居于山水河上游。与同属灵州的保安镇、保静镇、怀远镇等相比，我们不得不说，此处汉户的确太少。

清远镇南面也鲜有水泉。《续资治通鉴长编》卷489，绍圣四年六月戊戌记载："是日，三省、枢密院同呈边报。曾布言：'泾原筑笾江已有绪，然环庆又欲筑灰家觜，以次经营韦州、清远军。灰家觜在青冈峡口，入峡行四十里无水泉，乃至清远，此地太宗以来经营，郑文宝自长安致林木飞鸟以往皆不可活。今虽能进筑，但恐不免烦朝廷馈饷。'"⑤由这段记载可知，一直到灰家觜一带似乎没有什么水泉。环州的河流也多为

---

① [日]前田正名：《关于北宋初期灵州的地域构造》，载《东洋史历史地理研究》1。

② 平远县治在今宁夏同心县下马关镇，清同治十三年设县，为今天宁夏同心县前身。——译者。

③ 《续资治通鉴长编》卷44，咸平二年六月戊午，第948页。

④ 《太平寰宇记》卷36《关西道灵州》，中华书局2007年版，第766—767页。

⑤ 《续资治通鉴长编》卷489，绍圣四年六月戊戌，第11603页。

咸水，无法饮用。《太平寰宇记》卷37《关西道》"通远军条"记载："通远县。无乡，以四镇管人户。与州同置，在郭下。盐河从土桥、归德州、同家谷三处发源来，盐苦不堪。甜河，在城西，从蕃界部鼻家族北界来，供军城人户。古长城，去城一里，秦长城是也。古太州，在军西北二里。"① 这里提到有甜河可勉强供城民饮用，应为现今的甜水沟。咸河应该是指现在的环江了②。同书"通远军土产条"记载："土产：生甘草，土山并无果木。"③ 但环州和原州之间的葫芦泉，形成了诸羌群集的绝好牧场，成为横山西端的水泉重地。

葫芦泉和三大羌族

《大清一统志》中关于葫芦泉的位置仅有位于环县以西的记载，《读史方舆纪要》中也简单的记载为"环县以西，镇戎之东"，没有更详细的考定④。杨守敬的《宋地理志图》中没有标记。

庆历年间环州原州间有三大羌族：敏珠尔（明珠）、密嗓（灭臧）、康奴卜（康奴），均聚居于葫芦泉一带，且其北面有两条河，三大羌族通过这两条河连通西夏。因此，宋朝为了阻断这一通路，庆历四年筑细腰城。在《范文正公集》卷13《东染院使种君墓志铭》中记载："惟，环西南占原州之疆，有明珠灭臧康奴三种居。属羌之大，素号强梗，在原为孽。寝

---

① 《太平寰宇记》卷37《关西道通远军》，中华书局2007年版，第789页。
② 环江发源于陕西省定边县，全长159公里，是马莲河流域最长的一条河，在陕西省长武县附近汇入泾河。在我国江河命名的习惯中，"北方多称河，南方多称江"，但环江是个例外，处北方而称江。——译者
③ 《太平寰宇记》卷37《关西道通远军》，中华书局2007年版，第789页。
④ 《大清一统志》卷203"庆阳府葫芦泉"；《读史方舆纪要》卷57《陕西6》"庆阳府环县葫芦泉"。

及于环,抚之狠不我信,伐之险不可入。北有二川,交通于夏戎。朝廷患焉,其二川之间有古细腰城,复之可断其交路。"由此可知,当时三大羌族势力较大,对北宋构成了忧患。关于筑城之事在《续资治通鉴长编》卷153,庆历四年十二月乙卯记载如下:"乙卯……环、原之间,属羌有明珠、密藏、康奴三族最大,素号强梗。抚之则骄不可制,伐之则险不可入。其北有二川,交通西界,宣抚使范仲淹议筑古细腰城断其路。于是檄知环州种世衡与知原州蒋偕共主其事。世衡时卧病,即日起兵,会偕于细腰,使甲士昼夜筑城,先遣人以计略敌,敌果不争。又召三族酋长犒之,谕以官筑此城,为汝御寇。三族既出不意,又无敌援,因遂服从。城成而世衡卒。"①

根据范仲淹的建议,知环州种世衡和知原州蒋偕协力筑成了细腰城,阻断了三大羌族和西夏的交通。《范文正公集·范文正公年谱》中也记载了因细腰城的筑成,明珠、灭臧等族离开西夏归宋之事。同书"西夏堡寨细腰城条"记载:"细腰城:公令蒋偕等所筑。公又勘会本城至环州定边寨三十七里,西至镇戎军干兴寨六十里,南至原州柳原镇七十里,量其地界远近。所修城寨地土并侧近蕃部元属环州,兼本是环庆路擘画修建,兼细腰城东北板井川是西贼来路,在细腰城、定边寨之间。"从中可知,细腰城建在距定边寨37里、干兴寨东60里、柳原镇北70里处。《宋史·地理志》"镇戎军条"出现有干兴寨的名称,但对其位置没有标注。《安阳集家传》卷7中提及三大羌族和西界相接之地所建靖安、绥宁二寨,同书"原州条"中也提及二寨,但没有标注位置。《大清一统志》《读史方舆纪要》中也没其位置的相关记载。所以只有依据杨守敬的《宋地理志图》中所载干兴寨、柳原镇的位置来推定细腰城的

---

① 《续资治通鉴长编》卷153,庆历四年十二月乙卯,第3728页。

大致位置，应该是在蒲河上游并靠近蜇死沟上游的地方①。通过考察可知连通北方的西夏的两条河，应该是指现在的蜇死沟和清水河上游。由此，三大羌族聚集的葫芦泉应该是在黑河、蒲河等泾河支流密集、水流较缓的上游一带。

更为详细的描写在《续资治通鉴长编》卷132，庆历元年六月己亥所载王尧臣之言中可以看到："原州界明珠尔、灭藏等族，其迹多向背，朝廷虽令招抚，其应命者皆非首领，其所赐物色旋送贼所，以作归投质验，每贼至，常出人马为助。兼此路见在属户万余帐，从来骄黠，山外之战，观贼入寇道路，会战之处，一如宿计，彼之远来，安能知此，皆属户为之乡导也。四路之中，今此路最为急，须益兵二万屯渭州，以备出战，为镇戎山外之援，以万人屯泾州，控扼要会，为原、渭声势，如此则可以杜深入之患。其次环庆路素为险陁之地，臣等昨由马岭、木波镇至环州，川路平直，两边虽有土山，山外皆高原，谷道交属，何往不通。土人皆言此路非险于鄜延，盖贼从来未及此，又务张虚声，欲朝廷不过为备。所管属户强壮人马，约及二万余，其间向汉者居多，去年破白豹、后桥及井那等寨，皆蕃族首领导致之力。向者贼寇延州，谓其利在房掠财蓄，则蕃户所有，不如山外汉人之饶。其先延而后渭者，利于破荡向汉属户尔。况庆州东路华池、凤川，与贼界金汤、白豹相接，兼北路东西谷，所距甚近。若分头入寇，则何以支梧？今所管兵才二万，仍分在环、庆二州，近发新团，立指挥以代旧兵，仍不及元数。庆州之西七十里即马岭寨，北十余里即背汉蕃部杀牛族，有强壮人马二千余，皆负险而居。自来招辑不至，多扰缘边。若更与他族连结，要断马岭，则环、庆二州之

---

① 蒲河俗称葫芦河，发源于甘肃省环县庙儿掌，在甘肃省宁县境内的长庆桥附近注入泾河。——译者。

兵，不能更相为援。必须益兵二万于环、庆二州，屯近边城寨，来则合力以战，居则分头以守，亦足制贼之冲突也。"①

敏珠尔等羌族反复无常，常有背叛宋朝的迹象。朝廷虽招抚，但应命者都不是首领，赏赐之物也转送西夏。他们在西夏入侵时，常常成以向导相助。此外，此路有东面属户万余帐，所以在四路之中，尤以环庆路情况最为紧急。自马岭、木波二镇到环州、川路一带较为平直，两侧土山绵延，且山上为高原，交通道路发达，地形不如鄜延方面险阻。在庆州东路，有很多宋朝城寨，在庆州西70里，马岭寨北10余里处有杀牛族等蕃部颇具有影响，不服招抚，并常常骚扰边界地区。

除了居住在环、原二州及葫芦泉一带的三大羌族外，在环州、庆州、原州间还有许多蕃部族帐，但其中尤以聚居于葫芦泉的敏珠尔、密桑、康奴这三大羌族势力最大。《续资治通鉴长编》卷138，庆历二年冬十月戊辰记载："原州属羌明珠、灭藏二族，兵数万，与元昊首尾，隔绝邻道。"② 明珠、灭藏两族有兵数万，再加上康奴，就更多了。同书卷134，庆历元年十一月记载："环州之西，镇戎之东，复有葫芦泉一带蕃部，与明珠、灭藏相接，阻环州、镇戎经过道路。明珠、灭藏之居，北接贼疆，多怀观望。"③ 在环州和镇戎军之间，葫芦泉一带有蕃部，与敏珠尔、密桑两族相邻而居，阻碍了环州和镇戎军之间的交通。文献末句提道，葫芦泉蕃部居于敏珠尔、密桑二族以北。据本研究考察，黑河、蒲河等流域附近有三大羌族居住，葫芦泉蕃部应该是位于其北方的环原交通道路上，由此将葫芦泉的位置推定于蛰死沟上游一带或许更为合适。

从地图上看，六盘山脉北麓向东北延伸的1500米等高线从北、

---

① 《续资治通鉴长编》卷132，庆历元年六月己亥，第3141—3142页。
② 《续资治通鉴长编》卷138，庆历二年冬十月戊辰，第3320页。
③ 《续资治通鉴长编》卷134，庆历元年十一月，第3202页。

图 3-10　今环县以北（瀚海）图景

东、南三个方向包围了蛰死沟上游，形成盆地。诸河川自这三个方向而来，在此汇合后继而向西流淌，注入清水河。从蛰死沟的支流中查找葫芦泉的位置，溯源蒲河上游向北流向支流后，可发现与西夏相连的两条河流应该是指山水河和清水河。北宋时期的葫芦泉到底是前文所说的黑河、蒲河等泾水诸支流的上游附近，还是在流势较缓的蛰死沟上游附近，现在一时难以断定，但是可以明确的是：这里的葫芦泉并不是唐代清水河上游的葫芦河①。

---

①　[日] 前田正名：《临泾和葫芦河》，载《东洋史学论集》3。[日] 前田正名：《长安的陷落和吐蕃侵寇军的据点》，载《史学杂志》63 之 12。吐蕃以清水河上源一带的葫芦河及临泾一带为向长安方向入侵的据点，这一点从北宋庆历年间的史料中可获知其详细。清水河上源一带，唐代称为葫芦河。如《宋史》卷 328《章楶传》《续资治通鉴长编》卷 318，元丰四年冬十月庚午等处记载，在北宋末年，作为通往灵州的运输道路受到重视。《宋会要辑稿》方域十九之六、方域十九之七中记载了元丰四年十一月九日泾原路转运判官张太宁之言："又言，臣观葫芦河一川南北平坦，地皆沃壤，若有堡寨可依，则其田尽可募弓箭手广令垦辟，止以遣回空夫并力修筑。若堡寨既成，则地基酒税并可经画，资助军费。"从中可以确定，此处是清水河上游地域在农耕方面的重要性。——译者

环州周围的羌族

总之，有众多羌族居住于环江、马莲河等泾河干流和支流流域。自环州沿水路到庆州一带，聚集着党项、吐蕃民众。《旧五代史》卷91《康福传》记载："行次青冈峡，会大雪。令人登山望之。见川下烟火。吐蕃数千帐在焉。寇不之觉。因分军为三道以掩之。蕃众大骇，弃帐幕而走。杀之殆尽，获玉璞、羊马甚多。"① 又《资治通鉴》卷276天成四年十一月壬辰记载："康福行至方渠，羌胡出兵邀福，福击走之；至青冈峡，遇吐蕃野利、大虫二族数千帐。"② 天成年间，青冈峡附近有吐蕃的野利、大虫二族数千帐。这里的野利族是前文中横山的南山野利。《续资治通鉴长编》卷54咸平六年二月壬申、《宋史》卷277《郑文宝传》中记载的野狸（利）族，野狸（利）十族，拥有众多羊马的野鸡族居于原州北方，前述的杀牛族居于环州南方与其势均力敌，在《旧五代史》卷112广顺三年春正月丙辰条下可见相关记载③。在这里关于环州周边居住的蕃部，不再一一列举史料，具体参照表3-1。

表3-1　　　　　　　　环州周边蕃部

蕃部	时段	资料出处
东原棱蕃部、甜水堡蕃部、独家族、捩利族、傍利族、鼻家族	北宋初期	《太平寰宇记》卷37《关西道13 通远军》
嗓咩族、折四族、吐蕃村族、奈喝三家族、尾落族、奈家族、嗓泥族	太平兴国二年	《宋史》卷491《党项传》

---

① 《旧五代史》卷91《康福传》，第1200页。
② 《资治通鉴》卷276，天成四年十一月壬辰，第9035页。
③ 《资治通鉴》卷291，广顺二年冬十月，同卷291，广顺三年三月丙戌，均有记载。——译者。

续表

蕃部	时段	资料出处
名市族、保家族		《会要》"兵""马政六""杂录"
巴特马家族、密什克族	咸平元年十一月戊午	《长编》卷43
野狸（利）族（野狸（利）十族）	咸平六年二月壬申	《长编》卷54《宋史》卷277《郑文宝传》
牛羊族	咸平六年二月戊子	《长编》卷54
苏家族	咸平六年二月戊子 庆历四年夏四月	《长编》卷54、卷155
白马族	咸平六年夏四月	《长编》卷54，《会要》"兵""马政六""杂录"
旺家族	大中祥符六年九月丙申	《长编》卷81
穆什族、郭羊族	大中祥符九年五月乙卯	《长编》卷87
密觉族	天禧四年五月甲子 嘉祐六年秋七月十一日戊午	《长编》卷95、卷195
玛尔默族	天圣四年六月癸未	《长编》卷104
旺扎勒族	天圣五年秋七月乙巳	《长编》卷105

说明：1. 主要的依据是《续资治通鉴长编》。

2. 不拘环州境内外，列举了环州周围的蕃部。

3. 史书中没有标明在环州境内或境外的，在这里没有列举。例如，藏擦勒的西族等，在《续资治通鉴长编》卷81，大中祥符六年十二月甲申中明记载是在原渭州界，虽然也在环州界内外，但本书没有列举。

4. 蕃部名的配列顺序大体上是遵循年代的顺序。

5. 《长编》是指《续资治通鉴长编》，《会要》是指《宋会要辑稿》。

可见当时环州周边确实有众多蕃部居住。横山山麓中少有这么多蕃部围绕的绿洲。《太平寰宇记》卷37《关西道》"通远军条"中在列出了四至八之后，有如下记载："户：皇朝管户主二千七百二十二，客二千二百三十五。"①

风俗：蕃汉相杂

环州城内也有汉人居住，但是要将周边的蕃部比作大海的话，汉人就像大海中的孤岛。与其说"蕃汉相杂"，倒不如说是被大量蕃部族帐隔离而孤立的汉人聚落。

六 盐州

盐州位于横山北麓，环州、庆州的北面。《太平寰宇记》记载了其唐开元户数为3035户；而《新唐书》卷37《地理志》盐州条则记载其天宝户数为2929户，口数为16665口；《通典》卷173"州郡盐州条"记载其户数为7590户，口数为34320口。盐州和夏州、银州、麟州同为鄂尔多斯沙漠边缘地区的重要绿洲。这些史籍均载有盐州有二县，即五原县和白池县。《太平寰宇记》卷37《关西道》有关盐州的道里情况记载如下："北至宥州一百四十里，东南至延州五百三十里，西南至原州七百里，西北至灵州三百里，东北至夏州三百里。"②可见盐州几乎位于灵州和夏州中间的位置。盐州是隋大业末年梁师都所据之地，梁为唐平定后，于贞观二年，设盐州。五原县的位置在正统九年所设的花马池营，基本和今定边县位置重合。根据《太平寰宇记》中记载的里数，可以推定其距夏州300里，灵州300里。在定边县以西有海拔1500米的高原③，这一高原在《元和郡县志》卷4"盐州条"中有记载。据推

---

① 《太平寰宇记》卷37《关西道13 通远军》，中华书局2007年版，第789页。
② 《太平寰宇记》卷37《关西道盐州》，中华书局2007年版，第782页。
③ 《中华民国新地图》第23图。

断，五原应该分别为龙游原、乞地千原、青岭原、可岚贞原、横槽原的总称。《大清一统志》卷204"宁夏府山川五原条"中也引用了《元和郡县志》中的记载："五原，在灵州东北花马池境内。元和志故五原郡以其地有五原所故名五原谓龙游原、乞地千原、青岭原、可岚贞原、横槽原。"《太平寰宇记》"五原县条"中是这样记载的："五原县。三乡。今州南至庆州马岭县，北界即旧马岭县地。贞观二年，县与州同立，以其地势有五原，旧有五原关，因为郡邑之称。五原：龙游原，乞地千原，青岭原，岢音可岚贞原，横槽原。"① 这里明确记载了五原县有五原及旧五原关，沿用为郡邑名，并位于明代的花马池境内②。

据《读史方舆纪要》卷62"陕西宁夏后卫条"及同卷3"宁夏固蓝边第六"等处记载，我们可以了解到其地形、明代堡障、自北方沙漠向南侵的必经之路等情况。《大清一统志》卷204"宁夏府山川花马池条"记载："花马池，在灵州东花马城西。明统志在庆阳府北五百里，周围四十三里。与马槽、苄罗、滥泥、锅底相近。旧志其地平行无川谷之阻。明中叶套夷往往由此闸入为边患。在诸城西湖。明成化九年巡抚马文升议筑堡于此。"《读史方舆纪要》《大清一统志》中记载了花马城西有花马池，周围43里，附近有很多小湖。前面这段引文中的马槽、苄罗、滥泥、锅底均为湖（池）名。从地图上可以看到，在海拔1500米的高原北侧散布着很多大大小小的湖。花马城东南有红柳池，西南60里处有铁柱泉③。盐州能够成为有名的盐产地，也是得益于这里的盐池。后面将会专门讨论这

---

① 《太平寰宇记》卷37《关西道盐州》，中华书局2007年版，第782页。
② 五原及盐州地望至今无考，结合文献判断，大致位于今宁夏盐池县城西南部至陕西定边县城南部一带。——译者
③ 《大清一统志》卷204宁夏府山川之"红柳池、铁柱泉"。——译者

个问题。据《新唐书·地理志》记载,盐州境内有四池,分别为乌池、白池、细项池、瓦窑池①。五原县以北有白池县,《元和郡县志》《太平寰宇记》中均有提到五原县北 90 里处有白池县,得名于附近的白池②。

《太平寰宇记》记载:"白池县。北九十里,三乡。按其地旧为蕃戎之地。隋得之,以其地有盐,遂以城之,即开皇九年,置盐池也。唐贞观二年,改置兴宁县。至景龙二年,又改为白池县,取盐白池为称,又水名白池、乌池。井城葭芦泽,按《郡国志》云:'井城葭芦泽,在兴宁县,亦盐池之异称耳。'"③ 这里提到白池产盐,县内还有井城、葭芦泽,白池县为蕃戎之地,大部分地方为党项、吐蕃诸部的族帐覆盖,这一点和五原县不同。咸平年间被李继迁的军队占领后,成为西夏的领土,北宋的收复盐州的计划始终没能成功。

总之,五原县、白池县都在沙漠中,东有宥州、夏州,西为灵州,南面为茫茫之沙漠,直至横山的诸泉之地。只有南部有海拔 1500 米的高原连接横山。关于地形,在此引用一下《读史方舆纪要》卷 62 "陕西宁夏后卫条"中杨一清之言,从中可见其概貌:"花马池东至延绥安边营,西至宁夏黄河边横城堡,横亘四百余里。黄沙野草,弥望无际,无高山巨堑为之阻限,非创筑边墙,不足以御腹心之患。"毋庸赘言,宋时盐州也是草木不生的,是以采盐为生蕃部的聚居地。《太平寰宇记》记载了关于盐州土产的内容:"土产:地居沙卤,无果木,

---

① 《新唐书》卷 37,"盐州五原县条"记载:"五原,上有乌池、白池、细项池、四瓦窑池盐。"第 973 页。其中四瓦窑池,参照《元和郡县志》《太平寰宇记》等文献记载,应该是指瓦窑池。——译者。

② 《元和郡县志》卷 4,"盐州白池县条"载:"白池县,上。南至州九十里。景龙三年敕置,以地近白池,因以为名。"中华书局 1983 年版,第 99 页。——译者。

③ 《太平寰宇记》卷 37《关西道盐州》,中华书局 2007 年版,第 783 页。

不植桑麻，惟有盐池，百姓采漉以为业。"① 地为沙卤，果木不生，亦无法种植桑、麻，只有盐池。此方百姓以采盐为业。该书关于盐池的风俗提到"以牧养牛马为业"②，大概是在少量生长牧草的地方有些畜牧业吧。

图 3-11　今陕西定边境内的盐湖

如前所述，在盐州和灵州之间，以贩盐为主要目的的人马往来频繁③，此外沿横山北麓，盐州和东方的夏州、银州等方面也有交通，此外还穿越横山，其南方的环州、庆州方面交通往来④，盐州是这一带的交通要地⑤。从上述事实可以看到盐

---

① 《太平寰宇记》卷37《关西道盐州》，中华书局2007年版，第782页。
② 同上。
③ [日] 前田正名：《北宋初期灵州的地域构造》，载《东洋史历史地理研究》1。
④ 从宋军讨伐李继迁的行动，及其后来的宋夏两军围绕横山地区的战争中可以窥见一斑。——译者。
⑤ 东亚同文会支那省别全志刊行会：《支那省别全志》第6卷陕西省，1943年版，第427页。

州作为横山北麓的重要城池，是值得关注的。

七 宥州

宥州的旧县

宥州位于唐代突厥降户所居的六胡州之地。这里归属西夏后，成为西夏对宋政治交涉以及与其南部宋保安军顺宁寨之间进行贸易交往的据点。

唐调露元年，鄂尔多斯沙漠南缘置六胡州以来，始有突厥降户迁居于此，开元二十六年，取宽宥之意，更名为宥州。以长泽县为治所，位置在今靖远县东①。《元和郡县志》卷4《关内道新宥州》条中，对这一期间的情况有详细记载②。据《太平寰宇记》卷39《关西道宥州》记载，唐宝应之后因衰微而被废止，而元和十五年以长泽县为治所复设，后又陷于吐蕃。同书还有如下记载："（元和）十五年移治长泽县。长庆四年，夏州节度李祐复置。唐末流离，三县复废。后立于长泽县，即今理。复置。领县一：长泽。旧领三县，俱废。延恩；怀德；归仁。"③

另外，宥州的管辖范围大致为东西110里，南北130里。

---

① 《大清一统志》卷182，延安府古迹"长泽县故城"。宥州古城即为今内蒙古自治区鄂托克前期城川古城。——译者。
② 《元和郡县志》卷4《关内道新宥州》载："废宥州，在盐州东北三百里。在夏州西北三百里。开元二十六年置，宝应已后废。事本末具新宥州。新宥州，上。本在盐州北三百里。初，调露元年于灵州南界置鲁、丽、含、塞、依、契等六州，以处突厥降户，时人谓之'六胡州'。"中华书局1983年版，第106页。——译者。
③ 《太平寰宇记》卷39《关西道宥州》，中华书局2007年版，第824页。——译者。

南北较长是因为包括了在靖边县北部的白于山首峰东西两侧向北流淌的无定河上游一带在内的区域。《新唐书》卷37《地理志》"宥州条"提道，其户数为7083户，人口数为32652人。并有如下记载："县二：延恩，（中。开元二十六年，以故匡州地置；又以故塞门县地置怀德县，以故兰州之长泉县地置归仁县。宝应后皆省。元和九年复置延恩。有经略军，在榆多勒城，天宝中王忠嗣奏置）长泽。（中下。本隶夏州，贞观七年置长州，十三年州废，隶夏州，元和十五年来属。有胡洛盐池）。"①

据《读史方舆纪要》卷61"陕西10榆林镇宥州城、归仁城等条"记载，《太平寰宇记》所载的旧县名中，延恩应在今靖边县一带，怀德在其南面，归人在今靖边县西南面，且《新唐书·地理志》中记载的延恩县一名是对靖边县南面怀德县和西南面归仁县的统称。宋初，三县荒废，只有靖边县东面的长泽县残存，但是此县随着西夏的兴起也覆灭了。《新唐书·地理志》中提到的胡落盐池，在《太平寰宇记》中有记载："胡落盐池在县北五十里。周回三十里。汉有盐官。"② 这里说其位于长泽县北面50里，四周为30里。从汉代曾设盐官这点看，可以明确此处曾产盐。《太平寰宇记》中也提到此处特产以青盐为首，这些记载中也可以看到胡落盐池的物产。

因宥州北面紧邻浩瀚的鄂尔多斯沙漠，所以属于干燥的沙漠地貌，只有在河川流域地带可以进行耕牧活动。《续资治通鉴长编》卷510，元符二年五月庚午记载："陈师道与曾布书，乞罢进筑。其略云，进筑不已，则兵不得罢……宥州在横山之下，南拒米脂三舍而近，今延安奏功，广地四百里，则宥在其

---

① 《新唐书》卷37《地理志》，第975页。——译者。
② 《太平寰宇记》卷39《关西道十五宥州》，中华书局2007年版，第825页。

图 3-12　宥州古城

腹,然不云得宥州也,则四百里之广,岂可信哉?胡地惟灵夏,如内郡地,才可种荞豆,且多沙碛,五月见青,七月见霜,岁才一收,以银州草惟柴胡,萧关之外有落藜与咸菽,以此知其不宜五种也。"①

灵州比夏州更不适合农耕②,除了因为紧邻沙漠,还有地处白于山山地,几乎没有平地的原因,只有无定河上游流域有少量绿地。关于一带地形地貌的史料非常少,其中在《宋会要辑稿》方域八中有古乌延城的记载。

古乌延城

《宋会要辑稿》方域八记载:"古乌延城正据山界北垠,旧

---

① 《续资治通鉴长编》卷510,元符二年五月庚午,第12151页。
② 此处灵州应是笔误,根据内容判断指的是宥州。——译者

依山作垒，可屯士马，东望夏州且八十里，西望宥州不过四十里，下瞰平夏，最当要冲，土地膏腴，依山为城，形势险固。欲乞移宥州于此。旧宥州地平难守，兼在沙碛，土无所出。先于华池、油平筑堡，以接兵势，川路稍宽，可通车运，聚积粮草器具，事事有备，并力乌延，先补山城。山城完，乃筑平城。此地膏美，去盐池不远，其北即是牧地，他日当为一都会，镇压山界，屏蔽鄜延。"①

（古）乌延城位于横山北垠，距夏州80里、距宥州40里。依据宫崎市定、田村实造二位博士考察，夏州位于纳林河和西拉乌苏河的汇合点附近②，按照这一位置来推定的话，乌延城应该位于现在的靖边县东北面海拔2000米的丘陵北端附近。"下瞰平夏""依山为城"，可以据此推断，乌延城建于丘陵之上。《宋史》卷87《地理志》延安府塞门砦条中提到"北至乌延口九十里"③，即塞门砦北面九十里处有乌延口。塞门砦在今安塞县北面④，所以可以推断出乌延口在靖边县附近。《读史方舆纪要》卷61"陕西榆林镇乌延城"中引用了《新唐书》卷37《地理志》夏州朔方郡中的内容："乌延城，在废夏州西南。唐长庆四年，李祐朔方节度使，筑乌延、祐川、临塞、阴河、陶子等五城于芦子关北，以护塞外，亦谓之五城。《志》云：五城俱在朔方县境。或曰乌延城，一名乌水城，亦曰乌城。唐武德八年，突厥屯河南，入塞围乌城，即此城矣。"⑤

乌延城位于芦子关以北。据《大清一统志》卷182"延安

---

① 《宋会要辑稿》方域八之三三，第7457页。
② ［日］宫崎市定：《水经注二题》，载《史学杂志》45之7；［日］田村实造：《辽和西夏的关系》，载《东亚学》第九辑。
③ 《宋史》卷87《地理志》，第2147页。
④ 《大清一统志》卷182延安府古迹"塞门寨"。
⑤ 《读史方舆纪要》卷61，中华书局2005年版，第2913—2914页。

府关隘芦关条"中记载，芦子关应该是在今安塞县以北，延州北面180里处有一夹于土门山两崖之间的要塞，就是芦子关，位于塞门砦以北15里处①。

图 3-13　芦子关附近景观

塞门砦实际上扼住了芦子关的南下要道——金明路。《大清一统志》中有如下记载："芦关，在安塞县北与靖边县接界。元和志芦子关属夏州，在塞门镇北。去镇十八里。杜甫诗：延州秦北户，关防犹可倚；焉得一万人，驱疾塞芦子。蔡梦弼注：去延州百八十里有土门山，两崖峙立如门，形若葫芦，故谓之芦子。赵珣《聚米图经》曰：芦关旧在延州塞门寨北十五里，自芦关南入塞门，谓之金明路。旧有芦关寨，宋至道中，废。元丰四年，复为戍守之所。明统志，在安塞县北一百七十里，有东西二城遗址。"

---

① 芦子关，在今陕西省靖边县天赐湾乡楼关梁（原名芦关梁）。此地山高坡陡，狭谷状如葫芦。——译者。

由此可知，乌延城是守卫芦子关北面交通要道的五城之一，而且位于最北端。自乌延城到延州金明寨间，有连接沙漠和农耕地区的道路，乌延城位于该路从南向北延伸至沙漠的地方，为交通要地。

山城和平城

在《宋会要辑稿》方域八古乌延城条记载，筑城时，先建山城，后修筑了平城。

元丰四年收复乌延城时，山城位于白于山北麓的丘陵之上，平城位于沙漠地带，平城建于山城不远之处。山城在丘陵之上，便于御敌，一旦受到敌人攻击，便可固守于山城。平城位于沙漠地带，在战时相对危险，主要作为和平时期农牧活动的据点，以及交通贸易的枢纽①。

《宋史》卷276《伊宪传》中有如下记载："雍熙初，诏就知夏州，攻破李继迁之众于地斤泽，继迁遁走，俘获四百余帐。奏请于所部抽移诸帐，别置骑兵，号曰平砦，以备其用，诏从之。俄杀芦关及南山野狸数族，诸族遂扰。代还，为洪州巡检。未几，命护莫州屯兵。"② 将骑兵另驻于平地，称之为平寨。并不是指可以移动的城，而是指机动性较强的骑兵集团，称为平寨是和山城相对，取平地之寨的意思。

宥州自陷于西夏之后，虽然和保安军顺宁寨在政治上、军事上有频繁往来，并成为西夏的外交机构所在地，获得宋人的

---

① 不仅是在中国的边境地带，从世界地理的视点来看也可以发现，在沙漠和农耕地区相接之地多有城寨散布。在这些地方游牧和农耕两大阵营进行着贸易往来，建于山地的城寨和建于平地的城寨共存的情况并不少见。和平时期以平地之城为据点，战时则以山地的城寨为据点战斗。这就是山城和平城，北宋时代，在鄂尔多斯沙漠南缘也可以看到这样的情形。

② 《宋史》卷276《伊宪传》，第9409页。

关注,但在宋一方关于宥州的记载不多。《太平寰宇记》卷39《关西道十五宥州》中有如下记载:"户:唐《十道录》云:'开元无户。'长庆中,户七千五百九十。皇朝管汉户二百。风俗:同夏州。人物:无。土产:青盐、酥、驼、马。"① 从中可知宋初时,宥州户数为7593户,其中宋朝管辖的汉户为200户。关于西夏时代的详细户口数尚不明确,但是,元丰四年八月,宋军收复宥州的情形,在《太平治迹统类》卷15"种谔建议大举之条"有如下记载:"癸酉,至宥州。城中居民五百余家,遂屠之,斩首百余级,降者十余人,获牛马百六十,羊千九百,军于城东二日,杀所得马牛羊以充食。"② 当时宥州城中有500余家居民。《太平寰宇记》土产一项中列举的青盐,应该是前面提到的位于长泽县北50里的胡落盐池所产,还列出了酥、驼、马等畜产品,而没有农产品,可以推测出是严重干燥之地。

八　夏州

夏州的范围

《太平寰宇记》卷37《关西道夏州》记载:"元领县四,今三:朔方、宁朔、德静。一县割出。长泽,入宥州。州境:东西二百一十五里,南北七十五里。"③《新唐书》卷37《地理志》夏州朔方郡条列出了朔方、德静、宁朔三县,所辖三县在

---

① 《太平寰宇记》卷39《关西道宥州》,中华书局2007年版,第824页。

② 《续资治通鉴长编》卷318,元丰四年十月癸酉载:"王中正至宥州,城中居民五百余家,遂屠之。斩首百余级,降者十数人。获马牛百六十,羊千九百。军于城东二日,杀所得马牛羊以充食。"第7686页。——译者。

③ 《太平寰宇记》卷37《关西道夏州》,中华书局2007年版,第784页。

宋初也没有变化。

夏州治所所在地位于现在横山县偏西的地方，由此可见夏州城的位置如前所述，是在纳林河注入无定河一带。顾祖禹认为在榆林镇西北200里的地方，但《大清一统志》卷187"榆林府古迹夏州故城之条"明确记载，夏州故城的位置在怀远县以西。清代的怀远县就是现在的陕西省横山县①。《太平寰宇记》"朔方县之条"记载："朔方县，四乡，本汉县。汉末废。后魏真君六年更名严绿县，属化政郡。隋开皇三年废化政郡，以严银县属夏州。唐贞观三年改为朔方县。统万城《水经注》：'赫连勃勃于无定河北，黑水之南筑此城。'勃勃书云：'今都城已建，宜立美名，朕方统一天下，君临万国，宜以统万为名。'"②后魏的赫连勃勃筑夏州城，取君临万国之意，命名为统万城。该城位于无定河北岸，黑水之南的说法应该是出自《中华民国新地图》第23图，其中将海流兔河标记为黑水。③这里的南方应该是指位于无定河主流的汇合点附近。④

据《太平寰宇记》的记载，宁朔县位于县治的东南120里处，大致在榆林河⑤与无定河汇合点稍稍偏北之处⑥。在《太

---

① 2016年，横山"撤县设区"，成为榆林市的一个区。——译者。
② 《太平寰宇记》卷37《关西道13夏州》，中华书局2007年版，第785页。
③ 臧励龢：《中国古今地名大辞典》，商务印书馆1931年版，第992页。
④ 将黑水理解为那泥河（纳林河，下同——译者）的话，那泥河和无定河干流的合流点，就在无定河干流北岸，黑水是指那泥河，还是海流兔河，很难断定，但是这里以《中国古今地名大辞典》为参照，将黑水定为海流兔河。这样一来，对于宫崎市定博士、田村实造博士提出的，将夏州位置推定为那泥河和无定河干流合流点附近这一观点，准确来说的话应该是在那泥河和海流兔河之间，位于无定河北岸（海流兔河的流长和流量均比纳林河大一些，对照文献，可以推断黑水应该是海流兔河——译者）。
⑤ 这里的榆林河应指榆溪河。——译者。
⑥ 《新唐书》卷37《地理志》夏州"朔方郡宁朔"；《大清一统志》卷187榆林府古迹"宁朔废县"；《读史方舆纪要》卷61榆林镇"宁朔城"。——译者。

图 3-14　统万城遗址

平寰宇记》的记载中，德静县位于县治的东北 100 里处。《读史方舆纪要》卷 61 "陕西榆林镇德静城条"也记载了德静县位于废夏州以北。关于这一点，《大清一统志》中将德静县的位置标记为榆林县以南，应该是错误的。德静县应该位于无定河北面的海拔 1500 米山地的东南麓。

据《元和郡县志》卷 4 "夏州条"记载，长泽县隶属夏州。据《太平寰宇记》记载，长泽县从旧领四县中割离出去，是由于在唐末被划入宥州。长泽县隶属夏州时，位置在今靖边县以东，这一点在前面有关宥州的阐述中曾提及。由此推断，夏州的范围应该是东起宁朔县，西至长泽县，呈现出向南弯曲的细长形。关于夏州的州界，在《太平寰宇记》中记载为东西 215 里，南北 75 里。这应该是著者乐史参照了《元和郡县志》的信息，将长泽县也包括在内了。《元和郡县志》中记载夏州东西 215 里，南北 70 里，也是包含了长泽县的。关于长泽县的位置，从地图上来看，在今靖边县以东的区域，即在无定河上游在这里转向北方，并有来自南方的几条支流注入的地方。其西面有长城向北延伸，西、东、北三个方向都是海拔1500米的丘陵，因此形成了一块很好的牧场。长泽县应该就在这里。

宥州、银州曾隶属夏州。例如在《太宗皇帝实录》卷30"太平兴国九年五月癸丑条"提到"诏银州、宥州复隶夏州"①。银州是以榆林河和无定河汇合点一带为中心的。宥州、夏州、银州这片区域在无定河上游呈现出弯月状（阴历初三的弯月）。总之，长泽县未入宥州，隶属夏州时，夏州的州境是自西向东沿着无定河上游展开，呈现细长形的弯月状。无定河流向对夏州州境的形成产生了很大影响。

无定河上游的泥沼

无定河上游流域湿地较多，人马不易行走。元丰四年冬十月，王中正率宋军沿无定河西进，渡过无定河后，沿河进军的宋军人马陷入湿地，行进困难。《续资治通鉴长编》卷318，元丰四年冬十月丙寅记载："是日，王中正领兵渡无定河，循水而行，地多湿沙，人畜往往陷不得出。暮至横山下神堆驿，而种谔亦领兵至，两营相距才数里。"②《西夏书事》卷25中提道："先是，王中正献策，言泾原、环庆会兵取灵州，进捣兴州。麟府、鄜延先会夏州，取怀州，渡河会兴州。及所部河东兵六万出麟州，袆辞言：'臣中正代皇帝亲征'。才行数里，即奏已入夏境，屯白草平九日始渡无定河，循水北行，地皆沙湿，士马多陷没，遂继种谔趋夏州。粮糗不继，月余始抵宥

---

① 钱若水修，范学辉校注：《宋太宗皇帝实录校注》卷30，太平兴国九年五月癸丑，中华书局2012年版，第168页。——译者

② 《续资治通鉴长编》卷318，元丰四年冬十月丙寅，第7680页。

州。守城兵弃城走河北,城中所遗残敝五百余家。"①

由于从白草平西进,渡无定河,向夏州、宥州行进,应该是在今榆林县西南方自北向南渡无定河,在河南岸向西进军的。这支宋军的人马常常陷入湿地泥沼。种谔到夏州后粮糗不继,大概是由于路途难行所导致。宋军向西南行进,进入宥州。《续资治通鉴长编》卷318,元丰四年冬十月丙寅载有大军行进至神堆驿,根据《太平寰宇记》卷39《关西道宥州》记载,神堆驿位于宥州以北50里,为宥州北界,其北面就是夏州的州界了。白于山主峰是向东北方延伸的,而神堆驿位于东北麓,因此也被称为"横山下神堆驿"。可以从中了解到:元丰时代,今横山县东西一带的无定河南岸地区有一片人马难行的湿地。

沈括在《梦溪笔谈》卷3中对此亦有记载:"《唐六典》述五行,有'禄''命''驿马''涩河'之目。人多不晓'涩河'之义。余在鄜延,见安南行营诸将阅兵马藉,有称'过范河损失'。问其何谓'范何',乃越人谓淖沙为'范河',北人谓之'活沙'。余尝过无定河,度活沙,人马履之,百步之外皆动,溅溅然如人行幕上。其下足处虽甚坚,若遇其一陷,则人马驱车应时皆没,至有数百人平陷无孑遗者。或谓此即流沙也。又谓沙随风流,谓之'流沙'。'涩',字书亦作'埿',蒲滥反。按古文'埿',深泥也"。② "淖沙"意为泥沙,越人称为"范河",北人称之为"活沙"。作者在渡过无定河时,感觉仿佛置身幕布之上,脚下晃动,下脚之处虽然坚实,但是遇一泥沼就会陷没,有时甚至会数百人全都陷没。无

---

① 《西夏书事校证》卷25,元丰四年八月,甘肃文化出版社1995年版,第287页。

② 《梦溪笔谈》卷3,岳麓书社2002年版,第16页。

定河北岸也有成片泥地，夏州城是固化泥地后，建城其上的①。

《太平寰宇记》卷37《关西道夏州》"朔方县条"记载了赫连勃勃筑城之事："其城土色白而牢固，有亢敌楼，峻险非力可攻。郦道元云：统万城，蒸土加功，雉堞虽久，崇墉若新。其城南门曰朝宋，北门曰平朔，东门曰招魏，西门曰服凉。其子城在罗城，东门曰凤阳，本有三门，夷人多尚东，故东向开。真珠楼、通天楼，皆勃勃建在城内"。② 城墙由白色土建成，非常牢固。是赫连勃勃将泥土蒸制，加工而成③。到了宋初也还像新建的。从这段记载可以得知，无定河流域的泥曾是当地家庭常用的材料。《新五代史》卷40《李仁福传》中提道："夏州城壁素坚，故老传言赫连勃勃蒸土筑之，从进等穴地道，至城下坚如铁石，凿不能入。"④ 夏州城壁坚固，地基也较坚实，地道挖到城墙下，因城墙坚固如铁石，凿不能入。

水源匮乏

夏州位于鄂尔多斯沙漠南缘，横山北侧，由于直接位于沙漠南端，宋代史籍中常见"深在沙漠，本奸雄窃据之地"的说法⑤。《宋史》卷264《宋琪传》中也提到"从银夏至青、白

---

① 统万城是建立在无定河北岸的高地上，不应是无定河河床之上。因此不存在统万城建立在河床泥地之上的问题。——译者。

② 《太平寰宇记》卷37《关西道夏州》，中华书局2007年版，第785页。

③ 事实上，文献中"蒸土筑城"是把白石灰、白粘土、沙土加水搅拌，进行注灌，类似于今天的浇注法，在这一过程中，生石灰遇水起化学反应而沸腾，产生烟雾水汽，远望望去看似蒸土之状，并非架锅蒸土。——译者。

④ 《新五代史》卷40《李仁福传》，第437页。

⑤ 《太平治迹统类》卷2《太祖太宗经制》，淳化五年四月，《续资治通鉴长编》卷35，淳化五年夏四月甲申。

两池，地惟沙碛"。① 夏州以西，到青白两池（盐池）一带多为沙碛，甚至连土山都没有，是一片荒漠。水资源匮乏，无定河成为唯一的水源，但是较易获得地下水。《续资治通鉴长编》卷40，至道二年九月己卯条记载："乃领兵距夏州五十里，先绝其险，下令曰：'敢乱行者斩！'一军肃然，超亦为之按辔。敌蹑其后，左右望其师整，不敢近，超抚其背曰：'王氏有子矣。'超等初抵无定河，水源涸绝，军士病渴，河东转运使索湘亟辇大锹千枚至，即令凿井，众赖以济。"② 王超、王德用父子率宋军自夏州赴盐州途中，无定河水源干涸，军士们缺水口渴。当时就地掘井而得饮水。

夏州的居民

在鄂尔多斯沙漠南缘的绿洲中，夏州是户口数最多的。从表中可以看出截至宋初时的户口数概况。

《通典》记载了大历到贞元年间的数据，从表3-2中可以看到，除了在《通典》记载宥州户口数异常多外，在整个唐宋时代，夏州的户口数一直多于麟州、银州、延州、宥州等州。《太平寰宇记》卷37《关西道13》夏州条中提道："户：唐开元户九千二百，皇朝管汉户二千九十六，蕃户一万九千二百九十。风俗：汉武攘却戎狄，开边置郡，多徙关中贫民，或报怨犯法者，以充牣其中，故习俗颇殊。地广人稀，逐水草畜牧，以兵马为务，酒醴之会，上下通焉。"③ 汉武以来，多有贫民、罪人被迁至夏州，开拓边境，所以这里的习俗和其他地方不同。逐水草畜牧这一点毋庸赘述，主要依赖无定河流域为生，

---

① 《宋史》卷264《宋琪传》，第9129页。
② 《续资治通鉴长编》卷40，至道二年九月己卯，第852页。
③ 《太平寰宇记》卷37《关西道夏州》，中华书局2007年版，第784页。

该书中还列举了夏州有角弓、毡、酥、麻布、羊、马、驼、苣、霜藘、有乞物鱼、葱、味辛等物产。汉户数仅约为蕃户数的一成，这是沙漠地区正常的人口构成状况，但是和无定河下游的绥州不同，夏州蕃帐明显更多。

宋初，夏州统治范围到达鄂尔多斯沙漠南缘时，归降夏州的蕃帐尤多。《太宗皇帝实录》卷29，太平兴国九年三月丁巳记载："上甚悦。因谓宰相曰：'夏州蕃部，并已宁谧。向之劲悍难制者，皆委身归顺。凡得酋豪三百七十余人，约三五万帐族。得十年已来戎人所掠人畜，凡二万五千口'。"归降夏州的蕃帐、畜类数量均很惊人。此外，雍熙元年三月，夏州获酋豪270余人、帐族500余帐，牲口羊马数万，皇帝先后下谕旨，令迁往内地②。同年六月125族来降。《太平治迹统类》卷2《太祖太宗经制》雍熙二年六月条中提道："于是银麟夏三州诸蕃悉归附，凡百二十五族合万六千一百八十九户。折遇乜穷蘼来降，独哶嵬族酋豪招怀不至，擒斩以徇，并灭其族。"《宋史》卷259《郭守敬传》中也有相关记载，银、麟、夏三州归降者有125族16000余户，并提到"西鄙遂宁"，意为当时夏州境内的蕃部降宋者数量是前所未有的。

淳化五年夏四月，因夏州深在沙漠，地理位置较危险，毁夏州城，迁住民于绥州、银州。《续资治通鉴长编》卷35，淳化五年四月甲申记载："上以夏州深在沙漠，本奸雄窃据之地，欲隳其城，迁民于银、绥间，因问宰相夏州建置之始。吕蒙正对曰：'昔赫连勃勃，后魏道武末，僭称大夏天王。自云徽赫与天连，又号其支庶为"铁伐氏"，云刚锐如铁，可以伐人。

---

① 《宋太宗皇帝实录校注》卷29，太平兴国九年三月丁巳，中华书局2012年版，第136页。——译者。

② 《续资治通鉴长编》卷25，雍熙元年三月丁巳，第575页。——译者。

表 3-2　麟、夏等州户口之统计

地域户口 典处	麟州 户数（户）	麟州 口数（人）	银州 户数（户）	银州 口数（人）	夏州 户数（户）	夏州 口数（人）	宥州 户数（户）	宥州 口数（人）	盐州 户数（户）	盐州 口数（人）
《旧唐书》旧领域			1495	7702	2323	10186				
《元和郡县志》开元数			6120		6132				3035	
《旧唐书》天宝数			7602	45527	9213	53104				
《新唐书》天宝数	2428	10903	7260	45527	9213	53104	7083	32653	2929	16665
《通典》	1754	7420		42076	7516	42417	21970	148390	7590	34320
《元和郡县志》元和数					3100					
《太平寰宇记》	宋 2350 长庆户 1754		开元户 6120		宋汉户 20126 蕃户 1920 开元户 9200		宋 汉户 200 长庆户 7590		开元户 3035	

（空白处因缺乏资料）

蒸土筑城，号曰"统万"，言其统领觿多也。自赫连筑城以来，颇与关右为患，若遂废毁，万世之利也。'乙酉，诏隳夏州故城，迁其民于绥、银等州，分官地给之，长吏倍加安抚。"①同书卷36，淳化五年五月丁巳记载，李继隆讨伐李继捧时，银、夏两州的蕃汉户共计有8000帐归附，不久夏州为李继迁所破，咸平末年灵州城陷落使西北边境的形式更为严峻。关于夏州被西夏占领后的原住民情况没有找到相关史料记载。淳化五年汉户被迁至绥、银两州之间，残存的汉户在宋夏之争中应该也减少了。据《太平寰宇记》记载，宋初夏州的汉户数为2096户，元丰四年冬十月己巳，王中正进入夏州时，夏州城中的原住民仅有数十家。《续资治通鉴长编》卷318，元丰四年冬十月庚午提道："是日，王中正至夏州。时夏州已降种谔。谔寻引去。中正军于城东，城中居民数十家。"②

夏州被西夏占领后，其已经失去了宋初时作为对西域、北方的国际性贸易城市、交通城市的重要地位，不再繁华③。如前所述，随着沿西夏国境的国际交通道路的形成④，夏州成为鄂尔多斯沙漠南缘的交通要地，此外也是镇守须弥洞⑤的西夏军对抗北宋鄜延军的军事要地，也是这一地区蕃部集中之地。

---

① 《续资治通鉴长编》卷35，淳化五年四月甲申，第777—778页。
② 《续资治通鉴长编》卷318，元丰四年冬十月庚午，第7683页。
③ 事实上，西夏时期夏州是陆上丝绸之路的重要支点，仍然发挥着沟通东西的功能。参见杨蕤《略论五代以来陆上丝绸之路的几点变化》，载《宁夏社会科学》2008年第4期。——译者。
④ 昭和二35年，作者提交东京教育大学文学部的论文：《自七世纪到十一世纪河西的历史地理学研究》第六章《十一世纪的河西》。
⑤ 此处应为弥陀洞。译者推断西夏时期弥陀洞应在今陕西省榆林市郊的红石峡一带，应是西夏左厢监军司的驻地。参见杨蕤《驼城沧桑话源头》，载《榆林日报》2017年4月10日"人文地理版"。——译者。

这是因为分散逃亡到夏州南面横山地区的蕃部常常被遣返夏州。如《续资治通鉴长编》卷105，天圣五年二月乙亥记载："赵德明使都知兵马使白文美来告东南蕃部多逃入汉界者。诏鄜延部署司据数遣还夏州，其先落蕃户口，亦诏德明护送境上。"①其中提到为西夏占领地区的汉人被遣返内地，可以想见宋初居住夏州的汉人后来减少了。同书三月癸卯条提到："鄜延路部署张遵等言：'准诏，缘边内附人尽遣还夏州。然蕃户颇觿，恐忽生惊疑，反致边患。欲谕令渐归，如不愿者，亦听。'诏可。"②

由于边境归附北宋的蕃部较多，所以相应地被遣返夏州的数量也不少。所以在元丰四年冬十月，宋军进入夏州城时的光景是"城中居民数十家"。此外，大量蕃帐应该是沿无定河居住的。据记载，元丰四年十一月，宋军自绥德城进入夏州时，夏州水草丰美③。《太平寰宇记》提到"地广人稀，逐水草畜牧"，④意为居住在鄂尔多斯沙漠和无定河南岸泥沼地带之间荒漠中的夏州住民，主要是以羊马畜牧为生。《资治通鉴》卷292，显德二年春正月癸未记载了后周世宗之语："且夏州惟产羊马。贸易百货，悉仰中国。"⑤从这里我们可以得知畜产以外的物资几乎都是来自中国，因此夏州在贸易方面有着重要意义，这一点将另作讨论。

---

① 《续资治通鉴长编》卷105，天圣五年二月乙亥，第2436页。
② 《续资治通鉴长编》卷105，天圣五年三月癸卯，第2438页。
③ 《续资治通鉴长编》卷319，元丰四年十一月甲申种谔言："蕃官借职刘良保、麻七讹赏二人为军向导，自绥德城横山至夏州，水草丰足，及差使高福进指发官私窖谷，军粮充备，已补右班殿直。"第7700页。——译者。
④ 《太平寰宇记》卷37《关西道》，中华书局2007年版，第784页。
⑤ 《资治通鉴》卷292，显德二年春正月癸未，第9523页。

关于平夏

"平夏"的意义,历来较受关注,有过很多相关论述①。北宋时代作为地域概念,主要用于鄂尔多斯沙漠地区。下面对"平夏"一词的意义进行分析。

《续资治通鉴长编》卷50,咸平四年十二月丁卯载有杨亿的上疏:"平夏之西,盐池斯在。先是,贸易粟麦,用资糇粮,今条禁甚严,法网尤密。"② 盐池属盐州,如盐州位于平夏以西,那么平夏应该是指位于夏州北方的沙漠。同书卷510,元符二年五月庚午的割注条提道:"横山天险也。下临平夏,存亡所系。"③ 横山下临平夏,横山以北的鄂尔多斯沙漠应该就是平夏。同书中将鄂尔多斯沙漠称为平夏的例子随处可见,这里不一一列举。

《宋会要辑稿》方域八"古乌延城条"记载了乌延城的位置:"东望夏州且八十里。西望宥州不过四十里。下瞰平夏。"④ 位于白于山主峰东北端部丘陵上的乌延城下瞰平夏。这也是将鄂尔多斯沙漠称为平夏的例子。同书兵八讨叛二附夏州中也记载了元丰五年五月十一日种谔的建言,其中也有同样的例子:"种谔复建言,请尽城横山占据地利,北瞰平夏,使虏不得绝碛为患。"⑤

此外,在《宋会要辑稿》中也可以看到类似的例证:"先是,帝亲部分诸将攻讨继迁,令继隆自环州,丁罕自庆州,范

---

① [日]田村实造:《辽和西夏的关系》,载《东亚学》第九辑;[日]冈崎精郎:《唐代党项的发展》,注195。
② 《续资治通鉴长编》卷50,咸平四年十二月丁卯,第1098页。
③ 《续资治通鉴长编》卷510,元符二年五月庚午,第12151页。
④ 《宋会要辑稿》方域八之三三,第7457页。
⑤ 《宋会要辑稿》兵八之二八,第6901页。

廷召自延州，王超自夏州，张守恩自麟州，凡五路，率兵抵平夏。"① 这里明确提到自环、庆、延、夏等州北进，或西行所到的沙漠就是平夏。实际上，当时北宋诸军的目的地是盐州的乌白池，由此可以推断，在此处的平夏是指乌白池一带。《宋史》卷264《宋琪传》中提道："从银夏至青、白两池，地惟沙碛，俗谓平夏。"② 自银州、夏州，到盐州一带的沙漠地带称为平夏。由此可以推定，平夏特指鄂尔多斯沙漠中自无定河上游的夏州、银州至盐州一带的沙漠③。《续资治通鉴长编》卷39，至道二年五月癸卯记载："吕端曰：'灵武军储乏少，贼党又据瀚海津要，环庆三道，各发劲卒，约轻赍径走平夏，攻取继迁帐幕'"④ 这里提道，平夏是指以六盘山北麓的长岭北侧的沙漠为主的地区⑤。

鄂尔多斯沙漠以西的贺兰山北麓的沙漠也有被称作平夏的情况。如，《宋史》卷332《赵禼传》记载："及夏侵兰州，禼遣曲珍将兵直抵盐苇，俘馘千，驱挚畜五千。其酋梼厥嵬名宿兵于贺兰原，时出攻边，禼遣将李照甫、蕃官归仁各将兵三千左右分击，耿端彦兵四千趋贺兰原，戒端彦曰：'贺兰险要，过岭，则砂碛也。使敌入平夏，无繇破之。'"⑥ 也有范围更广，将至凉州一带都称为平夏的情况。在《西夏书事》中可见其例，该书卷7，咸平六年冬十月记载："盖平夏以绥、宥为首，灵州为腹，西凉为尾。"⑦ 这就将阿拉善沙漠也涵盖其中，

---

① 《宋会要辑稿》兵八之一九，第6896页。
② 《宋史》卷264《宋琪传》，第9129页。
③ 此处的银州应为宥州。——译者。
④ 《续资治通鉴长编》卷39，至道二年五月癸卯，第833页。
⑤ 《太宗皇帝实录》卷78载："塞垣表里沙碛"。——译者。
⑥ 《宋史》卷332《赵禼传》，第10686页。
⑦ 《西夏书事校证》卷7，咸平六年冬十月，甘肃文化出版社1995年版，第89页。

自当时的西凉府（凉州）至绥州一带的广阔地域都称为平夏。这是吴广成之言，所以未必宋代时也称这块地域称为平夏，但是可以了解清代学者对平夏的定义。

从《宋史》卷485《夏国传》中可以看到，宋代将居于夏州的党项部称为平夏部的记载："其后析居夏州者号平夏部。"① 这里原本是表述鄂尔多斯沙漠称为平夏的缘由，从中可以看到居于夏州的党项部被称为平夏部。《资治通鉴》卷249，大中五年春正月胡三省注曰："党项居庆州者，号东山部；居夏州者，号平夏部；其窜居南山者，为南山党项。赵珣《聚米图经》：党项部落在银、夏以北居川泽者，谓之平夏党项；在安、盐以南，居山谷者，谓之南山党项。"② 这里提到在党项部中，居于庆州的称东山部，居夏州者称平夏部，居南山者被称为南山党项，引用赵珣《聚米图经》的记载，说明居于银、夏州北方川泽的称为平夏党项。西夏时代，夏州常常被称为平夏，可以确定平夏为无定河上游的夏州境内，居于此的党项族被称为平夏部。

此外，平夏部和居于庆州的东山部、南山党项一直是被区别的。该书同条中以及在《资治通鉴考异》中引用了《唐年补录》的记载③："《考异》曰：《唐年补录》曰：松州南有雪山，故曰南山。平夏，川名也。"④ 这里提到松州以南有雪山，名为南山，且平夏为河名。《资治通鉴考异》卷22《唐纪》14大中五年条中也有同样记载。由此可见，松州以南有南山，附近有名为平夏川的河流。

在藏族的发展过程中松州是在四川最重要的据点，被称

---

① 《宋史》卷485《夏国传》，第13982页。
② 《资治通鉴》卷249，大中五年春正月，第8045页。
③ ［日］冈崎精郎：《唐代党项的发展》。
④ 《资治通鉴》卷249，大中五年春正月，第8045页。

为平夏川的河流大概是一块族帐聚集的好牧场。这一河名被用于在鄂尔多斯沙漠南缘的党项族畜牧中最重要的无定河上游地区，在该流域有党项族发展过程中的重要据点——夏州。居住于夏州的人后来又被称为平夏部。由此大致可以推定，横山北麓无定河流域的党项族在拓展势力的过程中，将四川藏族的重要据点，平夏川的"平夏"二字用于命名夏州附近的地区。因此，在宋代，一般将横山以北的鄂尔多斯沙漠称为平夏，同时也特指银州至盐州一带。无定河流域是水草茂盛的牧地，夏州为贸易之地，盐州为产盐之地，是党项族发展中的重要地区。

过去中国边境地区的地名中，有很多以遥远的塞外地名命名的情况。这种情况下，通常都是以原有的地名去命名有相同地域特色的地方。所以，在平夏一名在党项族势力发展过程中，发挥了重要作用。从四川盆地取了平夏一名，以指夏州为中心的鄂尔多斯沙漠南缘地区。

九　银　州

银州的范围

《新唐书·地理志》《元和郡县志》《太平寰宇记》《宋史·地理志》等史籍均记载银州有四领县：儒林、真乡、开光、抚宁。因此可以确定自唐代到宋初，有这四个县构成银州。其中抚宁县，在前面绥州一节叙述过，位于绥州龙泉县以北，今米脂县以西，在银州治所南80里。抚宁县旧治以北15里有滴水崖，如前所述，此处有啰兀城，这一带是银州最南端附近的要地，与绥州北境相接。

儒林县为银州治所，有银州城，大致位于今榆林河和无定河汇合点附近，在无定河南岸①。《新唐书》卷37《地理志》"银州儒林县条"中提道："儒林，中。东北有无定河。"② 儒林县东北有无定河。《太平寰宇记》卷38《关西道》"银州儒林县之条"记载："无定河，自夏州界流入。"③ 因此，儒林县以西为夏州境，无定河在这里向东流淌。考虑到前文提及抚宁县在其南方，我认为当时的银州治所儒林县的位置应该是在榆溪河与无定河汇合点附近的南岸。

《元和郡县志》卷4"银州真乡县条"记载："真乡县，中下。西至州一百里。"④《太平寰宇记》卷38《关西道》"银州儒林县条"亦载："真乡县。东北一百里，旧四乡。"⑤ 所以大致可以推定，其位置在今榆林县东海拔1500米的山地南麓附近。《大清一统志》卷187"榆林府古迹真乡故城条"中记载，真乡故城位于葭州以西，并引用《延安府志》中位于葭州西北100里的记载。由此可推断其位于儒林县东北面或东面100里之处，所以大致是在今无定河、榆林河汇合点与葭县中间的稍稍偏北处。从地图上来看的话，应该在榆林县东的海拔1500米的山地南麓附近，即现在玉女河上游北面一带。⑥ 根据《新唐书·地理志》《元和郡县志》《太平寰宇记》中所载，以真

---

① 《读史方舆纪要》卷57《陕西绥德银州城》载："银州城县西北百八十里。赵珣《聚米图经》：银州南至绥州百六十里，西至夏州二百里。秦上郡地。汉为圁阴县地，后没于戎。宇文周保定二年，于县置银城防。三年，改置银州。相传其旁有谷，尝牧骢马于此。土语谓骢马为乞银，州因以名。州治儒林县。"中华书局2005年版，第2746页。《大清一统志》卷187《榆林府》亦有类似记载。——译者。
② 《新唐书》卷37《地理志》，第974页。
③ 《太平寰宇记》卷38《关西道银州》，中华书局2007年版，第803页。
④ 《元和郡县志》卷4，中华书局1983年版，第105页。
⑤ 《太平寰宇记》卷38《关西道14银州》，中华书局2007年版，第804页。
⑥ 《中华民国新地图》第23图（此处玉女河应为五女川之误。——译者）。

乡县西北为源头的茹卢水应该是现在的玉女河①。

据《元和郡县志》《太平寰宇记》记载，开光县位于儒林县东北200里处，因此《大清一统志》中将其比定在葭县北方是正确的②，而《读史方舆纪要》中将其定位在绥德州西北30里的记载有误③。比照地图来看的话，开光县应该在今秃尾河下游一带。综合前文考察，下面以略图表示银州的位置情况。

地图三　银州及周边水系图

---

① 茹芦水应该是现在的佳芦河。五女川应为佳芦河的支流。——译者。
② 《大清一统志》卷187《榆林府古迹开光故城》。
③ 《读史方舆纪要》卷57《陕西绥德州》开光城载"开光城在州西北三十里。西魏置开光县，兼置开光郡。"中华书局2005年版，第2743页。——译者。

《太平寰宇记》记载银州的位置为："东至石州界黄河一百六十里。南至绥州一百六十里。西至夏州二百里。北至胜州柘珍驿二百五十里。"① 至东北方的麟州300里。当然，这里的里数是距银州治所在地儒林县的距离，银州的州境"东西二百七十里，南北三百二十八里"。② 这应该是北含开光县，南括抚宁县，跨无定河、榆林河、玉女河、秃尾河流域的范围。这和夏州沿无定河流域东西狭长的州境范围形成鲜明的对照。银州的真乡县、开光县与夏州的宁朔县一样，都是分布在鄂尔多斯沙漠与陕北盆地农耕区接壤地带上的绿洲。

缺水和银州地形

和绥州相比，银州更靠近沙漠，北接鄂尔多斯沙漠，所以比绥州更缺水。银州基本没有农耕地，比绥州的耕地更为贫乏。从银州曾牧骢马的故事③借可推断银州曾为牧场。④ 但是，从防御西夏的角度出发，对于宋朝来说，银州有着更为重要的意义。因此宋朝克服困难，尝试在银州发展农耕。虽然永乐城被西夏攻陷，宋朝依然有此想法。《续资治通鉴长编》卷344，元丰七年三月庚申条知太原府吕惠卿之言："其略曰：'今葭芦、米脂里外良田不啻一二万顷。西人名之歇头仓，或曰真珠山，或曰七宝山，言其出禾粟多，而国中所资多出于此也。果能为之法，稍耕其地，则两路新寨养兵之费略已备具，而所资之内地者无几矣，况尽辟之乎？然而所以不敢耕者，前无捍卫，而贼马犹复出没于其间，而官中未有法以耕之故也……今

---

① 《太平寰宇记》卷38《关西道银州》，中华书局2007年版，第803页。
② 同上。
③ 同上。
④ 《新唐书》卷50《兵志》："太和七年，度支盐铁使言，银州水甘草丰。"第1339页。——译者。

葭芦西南去米脂才一百二十里，若两路各建一寨，则每寨相去不过四五十里。又于其间置小堡铺，以相照望，则延州之义合、白草与石州之□堡、克乌以南诸城寨，凡千余里之边面，皆为内地……'"①

西夏人将葭芦、米脂等地的良田称作"歇头仓"②。此外，起了真珠山、七宝山等地名，表明这一带米粮的收获量大。因此，吕惠卿上疏建议宋朝建城寨守卫农田，发展农耕策略，或许看起来有些夸张，但值得注意的是，每当这一带从西夏那里收复，就有这样的想法提出。③

在无定河、榆林河汇合点附近一带，也是山势险要的地形。元丰年间在银州故城南25里处所建的永乐城位于断崖之上。元丰五年九月，宋夏两军激战，最终宋军守卫的永乐城失陷。从记载了这场激战的军事记录中可以看到附近的地形状况：《西夏书事》卷26，元丰五年九月记载："悖麻闻括（沈括）兵入塞，悉众自明堂川入驻河西，与夏州烽台相对。禧（徐禧）率兵赴救，大将高永能请及未阵击之，禧曰：'尔何知！王师不鼓不成列。'执刀率士卒拒战。夏步卒谓'步跋子'，多山间部落，上下山坡，出入溪涧，能逾高超远，轻足善走；骑兵谓'铁鹞子'，尤骁健，倏忽百里，往来若飞。凡山谷险要处用'步跋子'掩击，遇平原旷野可以驰骋，则用'铁鹞子'奔冲。是日，悖麻先纵铁鹞军渡河，曲珍望见，白

---

① 《续资治通鉴长编》卷344，元丰七年三月庚申，第8264—8265页。

② 《西夏书事校证》卷26，夏大安九年春三月载："葭芦、米脂二城，里外良田不下一、二万顷，国人谓之'歇头仓'，又名'真珠山'、'七宝山'，言其出禾粟多也。自为中国收复，梁乙埋日夜图之，引兵由女萌骨堆驻西岭，将袭米脂，为河东将薛义所败。"甘肃文化出版社1995年版，第300—301页。——译者。

③ 关于熙宁三年收复之后，在《续资治通鉴长编》卷228，熙宁四年十二月甲寅记述中可以看到。

图 3-15 银州古城的西城墙

禧曰：'此锐卒也，当半渡击之，乃可以逞，得地则不可当也。'禧不从。铁骑既渡，震荡驰突，大众继之，禧众大败，……悖麻围之，厚数重，游骑直掠米脂，且据其水寨。城中乏水，渴死者十六七。"①

沈括率兵由明堂川进入，和西夏烽台对峙，明堂川指今榆林河，在《宋史》卷334《徐禧传》中有如下记载："禧言：'银州虽据明堂川、无定河之会，而故城东南已为河水所吞，其西北又阻天堑，实不如永乐之形势险厄。'"② 此处明确记载，银州位于明堂川与无定河的合流点，所以可以确定宋代的明堂川就是今天的榆林河。为进攻永乐城，西夏军派出步跋

---

① 《西夏书事校证》卷26，大安八年九月，甘肃文化出版社1995年版，第297页。

② 《宋史》卷334《徐禧传》，第10722页。

子，采取了于山间溪谷穿行的战法，并取得成效。从铁鹞子的配合使用，可以对断崖山谷重重的复杂地形察之一二。

据《续资治通鉴长编》卷133，庆历元年八月记载，银州缺水，城中宋军受到元昊围攻时，宋军士卒濒临渴死。同样，永乐城受到西夏军的围攻时，城中因缺水而渴死者过半。虽城寨多建于高地之上，但这一带，城中多无泉水，永乐城就是其中之一，饮用水汲取自无定河。①

蕃部

在前面"夏州"一节曾提及，太平兴国末年及雍熙二年时，有很多蕃部前来归附夏州，其时，银州的蕃汉人户也有增加。《续资治通鉴长编》卷24，太平兴国八年十二月壬午记载："壬午朔，令绥、银、夏等州官吏，招诱没蕃民令归业，仍给复三年。"② 淳化四年夏四月，有蕃汉人户8000余帐来降银州、夏州管内。《宋会要辑稿》方域二十一府州条中记载："淳化四年四月，御卿上言，银、夏州管内蕃汉户八千帐族悉来归附，录其马牛羊万计。"③ 如前所述，翌年，即淳化五年夏四月，北宋毁夏州城，将其民迁至绥、银州，所以抚宁县一带人口应该有增加。

如前所述，自宋初到李继迁叛乱时，来降银州的不仅蕃族帐数，汉户也逐步增加。进入西夏时代后，银州境内几乎都陷

---

① 《读史方舆纪要》卷57陕西六绥德州"永乐城"。关于永乐城址的所在地学术界争议颇多，主要有陕西省榆林市榆林区上盐湾说、陕西省米脂县马湖峪说、陕西省横山区王家洼说。经过笔者实地考察并结合文献记载，永乐城址应为今陕西省横山县党岔镇石峁村的王家洼古城。参见杨蕤《永乐城址今何在？》，载《榆林日报》2016年8月29日"人文地理"版。——译者。
② 《续资治通鉴长编》卷24，太平兴国八年十二月壬午，第560页。
③ 《宋会要辑稿》方域二十一之二，第7662页。

没于西夏。在《宋史·地理志》银州条中可以看到银州多次被收复的记载。我认为和夏州一样，在西夏时代银州的汉户数没有增加。由于沙漠南缘反复陷入战争，汉户数应该有所减少，蕃帐数在各个时期应该随着形势的变化有所增减，但其详情现在难以查明。族帐呈分散状分布在无定河、榆林河、五女河、秃尾河等流域，生活以羊马畜牧为主。《太平寰宇记》也只记载"开元户六千一百二十"①。

十　鄂尔多斯沙漠中的藏才族（藏擦勒族）

在讨论横山地域结构的过程中，必须对散布于其北面鄂尔多斯沙漠中的藏才族进行考察。藏才族是大族，族帐分布于自阴山山脉至六盘山山脉北部的广阔地区。当然也跨越了横山地区。

《宋史》卷491《党项传》中记载了他们的分布范围："今灵、夏、绥、麟、府、环、庆、丰州，镇戎、天德、振武军并其族帐。"② 此处的丰州不是唐代的丰州，而是宋代位于府州西北200里的灵州③，在《宋会要辑稿》方域21丰州，《续资治通鉴长编》卷124，宝元二年秋七月戊辰中可以看到，藏才族（藏擦勒族）的首领王承美归降宋朝之后，在府州西北200里处建了丰州。④ 镇戎军位于六盘山主峰的北麓原州，这一点已无须赘言。天德军应该是在唐代的中受降城和西受降城之

---

① 《太平寰宇记》卷38《关西道14 银州》，中华书局2007年版，第803页。
② 《宋史》卷491《党项传》，第14138页。
③ 此处灵州应为丰州之误。——译者
④ ［日］和田清：《关于丰州天德军的位置》，载《史林》16之2。

间,这里说的是曾在阴山西部的古代天德军。① 振武军位于阴山以南,唐代单于都护府的位置,即现在的归绥县南方、黑河上游。党项的族帐分布于灵州、夏州、绥州、麟州、府州、环州、庆州、丰州、镇戎军、天德军、振武军等地,由此看来,他们居住于鄂尔多斯沙漠周围,跨阴山山脉南麓、贺兰山脉东麓、横山、六盘山北部。据《新五代史》卷49《冯晖传》记载,后晋天福末年,冯晖镇守灵武时,拓跋彦超为党项族中最大的酋豪,他们的归路被彦超一手控制。

《续资治通鉴长编》卷35,淳化五年春正月、《宋史》卷264《宋琪传》等文献有如下记载:宋初时,党项常被和吐蕃混淆,风俗也相似,既有进入汉界的熟户,也有远离汉界为寇的生户②,整体较为散漫,也没有酋首统率他们,他们分布于在鄜延以北,在河西(麟州、府州)与灵州之间。咸平末年,灵州危急,几乎要陷落时,西凉府(凉州)的吐蕃为保障灵州贩马路频繁协助北宋,防卫李继迁。当时,凉州吐蕃向内地输送马匹途中,经过灵州一带时,常常受到党项的掠夺。③ 据五代北宋的诸文献记载,党项的贩马活动也很频繁,关于这一点,后面再做讨论。

灵州是四面为沙漠包围的大绿洲,国际交通道路上的要地。宋初,灵州是北宋在西北边境上的最前线的军事据点。大梁族、小梁族等吐蕃、党项各族以灵州为中心,居住于黄河西

---

① 这里的天德军应该是辽代天德军。——译者。

② 《续资治通鉴长编》卷35,淳化五年春正月甲寅载:"大约党项、吐蕃,风俗相类,其帐族有生、熟户,接连汉界、入州城者谓之熟户,居深山僻远、横遏寇略者谓之生户。其俗多有世仇不相往来,遇有战斗,则同恶相济,传箭相率,其从如流。虽各有鞍甲,无魁首统摄,并皆散漫山川,居常不以为患。"第768页。——译者。

③ 《宋史》卷492《吐蕃传》载:"又吐蕃卖马还过灵州,为党项所略。"第768页。——译者。

岸、贺兰山脉东麓。汉人在蕃帐的包围中，以灵州为中心进行农耕。三条大渠环绕灵州城，大小沟浍纵横，在灌溉农耕方面非常出色。此外沿其南方的山水河、长岭（一名积石岭，六盘山北麓），经清远、青冈峡、环州，和宋朝内地交通往来。这一点，前面已经有过论述。所以这里仅对横山西北方，曾存在大面积绿洲——灵州，党项曾居于此的史事做一提醒①。

图 3-16 贺兰山

灵州和其东面的丰州挟鄂尔多斯沙漠相望，都是大族党项的据点。有 38 部族，十余万人居于此，是横山东北面的党项大集团。《宋会要辑稿》方域 21 中提道："丰州本河西藏才族都首领王，居之。契丹辅佐千牛卫大将军。太祖开宝二年率众归顺。又命其子承美为丰州衙内指挥使。"② 自开宝二年归附

---

① ［日］前田正名：《关于北宋初期灵州的地域构造》，载《东洋史历史地理研究》1。

② 《宋会要辑稿》方域二十一之九，第 7665 页。

北宋以来，王承美态度忠顺的子孙世袭了首领地位。对于北宋来说，其位置不仅在对契丹防卫方面发挥了重要作用，在抵御西夏方面也受到重视。在《续资治通鉴长编》卷124，宝元二年秋八月戊辰记载："戊辰，秦凤部署司言，筚篥城蕃部唃厮啰波等内附，请补本族军主，从之。知庆州、礼宾使张崇俊言：'知丰州王庆余之祖承美，本藏才族首领，自其归朝，于府州西北二百里建丰州，以承美为防御使，知蕃汉公事。藏才凡三十八族，在黑山前后，每岁自丰州赍锦袍、腰带、彩茶等往彼招诱，间将羊马入贡京师，其部族或有过则移报丰州，以蕃法处之。天圣初，承美死。其后，子孙虽相袭知丰州，然官不出侍禁、殿直，又多年少不习边事，而威望不振，以致藏才各置首领，而不常至丰州。且藏才族十余万觿，人马勇健，与昊贼世为仇。臣请选王氏族中有才干机略者优与除官，令知丰州，密遣人赍金帛并募斩昊贼敕，散与诸族，其势必能共力讨贼。又闻唃厮啰已发人马入西界，若更使藏才交攻之，是贼有腹背之患也。'从之。"①

这里的藏擦勒族是指《宋会要辑稿》《宋史》中的藏才族。据记载居于黑山前后，据《大清一统志》卷187"榆林府山川黑山条"记载"黑山，在榆林县西十里。有黑水出其下，水甘草茂，北人相侵必驻此，以便水草。"黑山位于榆林县西方10里处，是水甘草茂之地。为海拔1500米的高原状山块，为榆林河支流的发源地。② 这里水草繁茂，适合发展畜牧。居于此处的以38个大族为主。《读史方舆纪要》卷61"陕西榆林镇黑山条"中将黑山的位置推定为榆林镇南10里处显然有误。总的来说，广泛分布的藏才族的中心是在今

---

① 《续资治通鉴长编》卷124，宝元二年秋八月戊辰，第2920页。
② 《中华民国新地图》第23图。

榆林镇西不远的山地之麓，由王承美统率，其牙帐位于府州西北 200 里处。若诸族中出现罪犯，就移报于丰州，他们一直向宋进贡马匹。天圣初年，王承美死后，虽有子孙世袭，但权威则大不如前，各个部族都有了的首领。他们势力强大，足以和西方的元昊对抗，是当时横山以北，鄂尔多斯沙漠中最强的部族。

藏才族的分布范围非常之广。在《续资治通鉴长编》卷 81，大中祥符六年十二月庚申记载："庚申，回纥可汗夜落纥遣使来贡。泾原钤辖曹玮言，发兵夜过渭州，袭原州界藏才族。讨违命者，捕获甚众。"① 曹玮讨伐原州界的藏才族。渭州位于六盘山东麓，距其主峰较近。曹玮帅军是从这里北上，到原州界讨伐藏才族，所以很有可能是在原州和渭州之间，即原州南境遇到藏才族的。据《宋史》卷 87《地理志》原州条记载，宋代的原州所在位置不同于唐代原州，是以泾源县为治所的。在今镇原县。据同书《地理志》渭州条记载，渭州治所在平凉县。今平凉市附近。这样一来，当时的原州和渭州之间，应该有泾河支流——潘阳涧、潘阴涧等大小诸多河川向东南方向流入泾河。藏才族的范围延伸至此，其族帐应该在六盘山主峰东麓海拔 2000 米高处也有分布②。

《宋会要辑稿》方域 21，丰州大中祥符四年正月记载："四年正月，丰州北藏才西族、中族首领奴移、横全等遣其子罗儿、埋保来贡马。"③ 又《续资治通鉴长编》卷 75，大中祥符四年春正月庚辰记载："丰州北藏才西族、中族首领奴移、横全等，并遣其子来贡。"④ 据前者记载，丰州以北有藏才族

---

① 《续资治通鉴长编》卷 81，大中祥符六年十二月庚申，第 1854 页。
② 《中华民国新地图》第 21 图"最新中国分省地图陕西省"。
③ 《宋会要辑稿》方域二十一之十一，第 7666 页。
④ 《续资治通鉴长编》卷 75，大中祥符四年春正月庚辰，第 1707 页。

和西族居住，据后者记载，有中族分布。而《宋会要辑稿》中记载，藏才族的西族分布于丰州以北至六盘山主峰东麓的广阔区域。

藏才族的东族散布于黄河以北，《宋会要辑稿》方域21，丰州至道二年四月记载："至道二年四月，丰州河北藏才东族蕃部首领啜啥，都判连埋伊也，香埋也，啜克泥等各遣蕃部弟及男旨阙进奉。"① 丰州河北藏才族应该是指丰州黄河以北的藏才族。淳化五年这个藏才东族首领向宋朝派遣子弟朝贡。② 由此看出，藏才中族无疑是位于丰州以西的藏才西族和黄河以北的藏才东族之间。以位于榆林县西面的黑山为中心散布于鄂尔多斯沙漠的族帐就是藏才中族。从这一点看，前面提到的关于大中祥符四年春正月来贡的记载及《续资治通鉴长编》中的"丰州北方的藏才中族"的提法是正确的。

总之，藏才族中有东族、中族、西族三大派别，那是强盛的38族十余万党项诸部的总称，分布于自黄河北方的阴山南麓至六盘山主峰东麓的广阔区域。横山也是藏才族的居住地，但其主要居住地域为丰州、黑山附近。《宋会要辑稿》兵24、马政6杂录太平兴国四年提道："又有招马之处。秦渭阶文州则有吐蕃、回纥。麟、府州则有党项。丰州则有藏才族……"③ 丰州是藏才族的居住地，被视为招马之地。

在《宋会要辑稿》《续资治通鉴长编》《宋史》以及其他的宋代史书中可以见到藏才东族、藏才中族、藏才西族、藏才

---

① 《宋会要辑稿》方域二十一之十，第7666页。
② 《宋会要辑稿》方域二十一之十载"淳化五年四月，藏才东族首领岁罗啜先遣其子弟朝贡。"第7666页。——译者。
③ 《宋会要辑稿》兵二四之二，第7179页。

三族、藏才八族等名称，是38族十余万众的党项族中的大族，所以在史书记载中，这些族并不是以东族、中族、西族等名称出现的，而是以其固有部族名称出现的。我认为宋代西北边境的蕃部多为200—300帐左右一起集体生活。藏才东族、藏才中族、藏才西族等名称，应该是从整体上考察藏才族分布范围的过程中出现的。不过是从整体分布上，做了大致区分。横山地区几乎都是藏才西族的居住区域。

换言之，从藏才族的分布范围来看，横山地区在其西南部，藏才族隔鄂尔多斯沙漠，连通了丰州北方、阴山南麓。这种情况下，他们的贩马活动成为横山地域结构方面重要因素，我们必须给予足够的重视（后叙）。

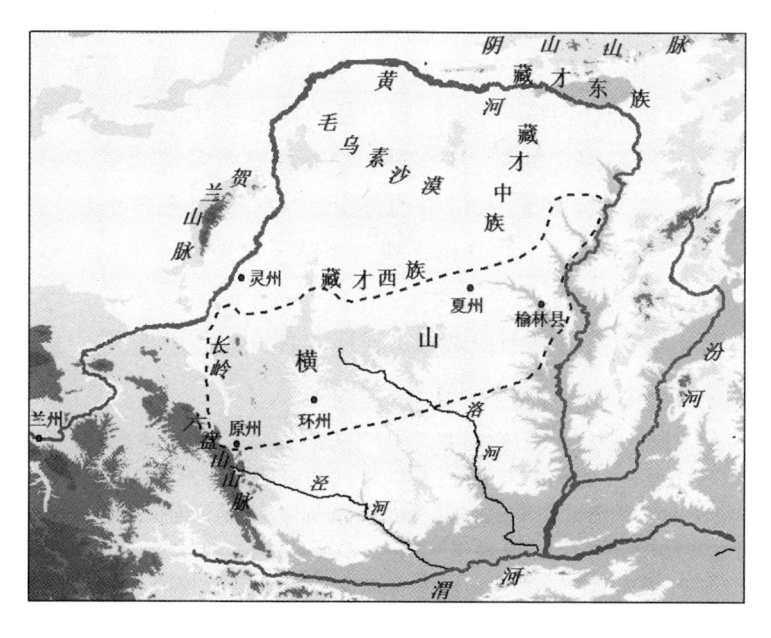

地图四　藏才族分布

十一 麟州

麟州范围——屈野河沿岸的南北狭长地带

麟州位于横山东北部，鄂尔多斯沙漠南缘的东南端，对宋而言，麟州是离沙漠最近的绿地。从地域结构角度来看，麟州和黄河以东的河北地区有着密切的关联①，在描述横山的自然和住民时必须涉及。唐代以来，麟州由新秦、银城、连谷三县构成，这一点在《新唐书·地理志》卷37麟州、《元和郡县志》卷4麟州、《太平寰宇记》卷38《关西道》麟州中的记载均一致。

新秦县有麟州治所所在地，建有麟州城，但是据《大清一统志》卷187"榆林府古迹麟州古城条"中的记载，新秦县位于神木县以北，《明一统志》则记载为神木县以北40里，顾祖禹对此也持相同意见②。从地图上来看，麟州城应指神木县以北不远，东流河川汇入窟野河之处③。据《太平寰宇记》记载，汉武帝迁贫民于此开拓土地，于险要高地建立了壁垒坚实的城池。《欧阳文忠公文集》卷115《河东奉使奏草》卷上"论麟州事宜劄子"中记载："其城（麟州城）壁坚完，地形

---

① 麟州作为抵御西夏的军事据点，除了从府州运送军粮外，还有来自黄河东岸地区的补给。在交通和经济方面，麟州和河东方面有着紧密的联系。这一点从宋夏之争中可以看出来，尤其是通过庆历初年关于固守麟州的议论和方案。译者按：这里的河北应该是宋朝的河东路较为准确。

② 《读史方舆纪要》卷57，陕西6绥德卫神木县条载："麟州城县北四十里。唐天宝初，置新秦县于此，为麟州治。"中华书局2005年版，第2751页。——译者。

③ 《中华民国新地图》第23图（此处的东流川意为向东流的河流，不应理解为河流名。事实上，麟州古城位于今神木县城北20公里的地方，附近仅有一条小河注入窟野河。——译者）。

高峻,乃是天设之险,可守而不可攻。其至黄河与府州,各才百余里。"《续资治通鉴长编》卷133,庆历元年八月条也有麟州城依山而建的记载。后面会看到,根据嘉祐以降围绕麟州的议论以及宋夏之争的记录,当时的麟州城应该是在屈野河东岸①。

关于银城县的位置,根据《元和郡县志》《太平寰宇记》中的记载,应位于麟州南方40里处。《大清一统志》《读史方舆纪要》中都记载为神木县南方40里处。虽然《元和郡县志》《太平寰宇记》都记载了位于麟州南40里,但这里还是依据《大清一统志》《读史方舆纪要》记载,将银城县比定在神木县南方40里处②。从地图上看,今屈野河在神木县自北向南流淌,于神木县南不远处和向南流来的另一河流合流后,自石盘头山西麓南下。由此推定这一带应该是故银城县。③银城以南农耕地较多,据《续资治通鉴长编》卷185,嘉祐二年五月记载,这里多筑堡寨守备,是宋抵御西夏的重要对策。

据《元和郡县志》《太平寰宇记》载,连谷县位于麟州北40里。但《大清一统志》卷187,榆林府古迹连谷故城记载其位于神木县。此外,《延安府志》中记载其为今神木县北70里处。《读史方舆纪要》卷57"陕西绥德卫神木县连谷废县条"记载为神木县北50里处,麟州城位于神木县北40里处。由此,当时连谷县的位置可以推定为麟州城北方30—10里处。从地图上看,勃牛川河和乌兰水伦河等在神木县北方汇入窟野

---

① 此推测是正确的,今天麟州古城位于窟野河东侧的山崖之上,又称"杨家城",2006年批准为全国重点文物保护单位。——译者。

② 《大清一统志》卷187,榆林府古迹银城古城;《读史方舆纪要》卷57,绥德卫神木县银城废县。

③ 《中华民国新地图》第23图。

河，连谷县应该就在这一带。①

经过上述分析，可知麟州范围是沿窟野河流域呈现南北狭长的地带，窟野河则成为构成其州境的重要因素。当然，麟州的范围随着宋夏关系的变化也发生变化，这一点将在后面讨论。

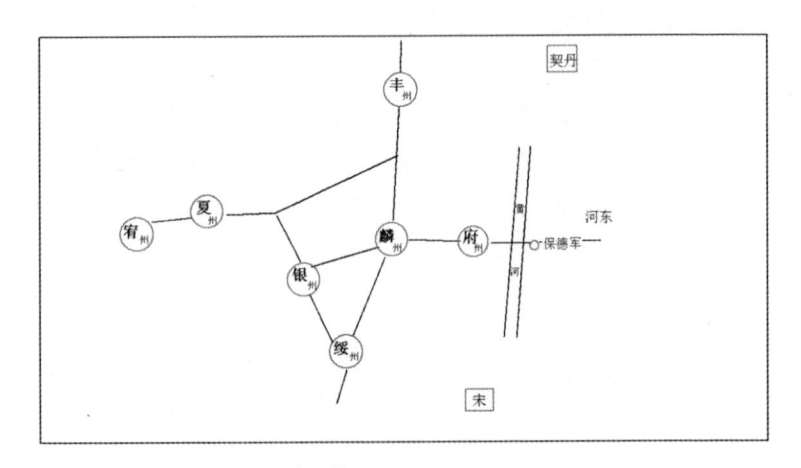

麟州与所辖三县位置示意图

缺乏水源的麟州

在鄂尔多斯沙漠南缘的绿洲中，麟州是最为深入沙漠，所以和其他同处沙漠南缘的绿洲相比，其缺水的问题也尤为突出。《续资治通鉴长编》卷52，咸平五年六月壬辰记载："壬辰，上始闻麟州捷奏。谓左右曰：'……初，城乏井泉，而被围之际，暴雨沾洽，人皆置器凿池以贮之，城外虽有泉水，列寨为防，而垣墙阔远，难于固守。'"② 宋咸平五年时，麟州城

---

① 考古调查发现连谷故城位于今神木县店塔乡黄羊村西100米，与文中推断基本一致。——译者。
② 《续资治通鉴长编》卷52，咸平五年六月壬辰，第1139页。

中没有井泉，只有城外才有井泉存在，当时以器皿接雨水以解决饮水困难。又《续资治通鉴长编》卷123，宝元二年二月甲戌记载："甲戌，知麟州、供备库使朱观请筑外罗城以护井泉，从之。"① 这里提到为保护城外水泉，计划筑外罗城包围。《涑水纪闻》卷12中也载："庆历初，赵元昊围麟州二十七日。城中无井，掘地以贮雨水。至是水竭，知州苗继宣拍泥以涂藁积，备火箭射。贼有谍者潜入城中，出告元昊：'城中水已竭，不过二日，当破。'元昊望见涂积，曰：'城中无水，何暇涂积？'斩谍者，解围去。"庆历初，元昊围攻麟州时，城中无水泉缺水。如前所述，麟州城建于险要高地，因此缺水问题也能理解。

《续资治通鉴长编》卷226，熙宁四年八月庚午记载："知麟州、崇仪副使张居为西京左藏库使。先是，州城井泉不足，军民汲于城外沙泉，前后守欲筑城以包之，而土多沙砾，不果城。居命凿去旧土而筑之，城成，人以为便，故赏之。"② 这里提到，麟州城外有沙泉，军民在此汲水，故筑城包围，守卫这一珍贵水源。通过麟州城的攻防战，我们得知城中没有水泉，依存于城外泉水。

麟州的堡寨

在边境修筑城堡主要有以下几点理由：一是守卫耕地，二是保护水泉，三是保障军粮补给道路的畅通，四是占据军事要地等。为保障军粮补给道路，在麟州和府州之间筑了五座堡寨。在《欧阳文忠公文集》卷115河东奉使奏草卷上载有"麟州五寨兵粮地理"的图示。从该图可知，在麟州东方23里处

---

① 《续资治通鉴长编》卷123，宝元二年二月甲戌，第2896页。
② 《续资治通鉴长编》卷226，熙宁四年八月庚午，第5506页。

图 3-17　麟州故城遗址

有镇川堡，其东 28 里处有建宁堡，再向东 22 里处为中堠堡，此处向东 25 里处为百胜堡，清塞堡位于其东 20 里处，清塞堡以东 20 里处为府州。据《宋史》卷 324《张亢传》记载，麟州有崖谷，还有条河名为兔毛川。崖谷应该为麟州城附近的断崖。另外，据《大清一统志》卷 187"榆林府山川兔毛川条"记载，兔毛川为今神木县以北 10 里处的河流。清塞、百胜、中堠、建宁、镇川这五寨，为庆历元年时修筑①，当时西夏军队占据军事优势打通了麟、府州间的道路。根据《宋会要辑稿》方域 18 裴家垣之嘉祐四年二月十日条记载了清塞、百胜、中堠、镇川等城寨的情况，兹成表 3-3：

表 3-3　　　　　　　　　　麟州城寨

设置时间	所在政区	堡名	出处及备注
庆历二年	新秦县	镇川堡	《会要》方域 20

---

① 《宋史》卷 324《张亢传》载："筑清塞、百胜、中堠、建宁、镇川五堡，麟、府之路始通。"——译者。

续表

设置时间	所在政区	堡名	出处及备注
庆历五年	新秦县	惠宁堡	《会要》方域20
庆历五年	银城县	神木堡	《会要》方域20
庆历五年	连谷县	横阳堡、肃定堡	《会要》方域20,《长编》卷185,嘉祐二年二月条
治平二年	连谷县	栏杆堡	《会要》方域20
元丰六年	今神木县北	神棠寨	《长编》卷185,嘉祐二年二月条,大中祥符二年一度修筑,《长编》卷335,元丰六年六月辛亥条

译者注:《会要》为《宋会要辑稿》,《长编》为《续资治通鉴长编》简写。

屈野河西面的景观

图 3-18 黄河和窟野河

屈野河(注:现在的窟野河在宋代写为屈野河)两岸是可农耕地带,宋的城、寨、堡主要集中于河东岸。宋和西夏两大势力在屈野河西相接，至和嘉祐年间，围绕河西地区，两大阵营一直有纷争，关于宋夏国境线划于何处，双方发生了激烈的争论。史书中记载了诸臣关于屈野河西的视察报告、宋廷内的争议及西夏的侵耕之事。至和二年十一月，张安世奉命管辖"屈野河北界"①。嘉祐元年秋七月下诏，命边吏保卫屈野河西的耕地不受踩践，若有西夏侵耕，必要驱逐。即《续资治通鉴长编》卷183，嘉祐元年秋七月乙巳记载："诏麟、府州，见定屈野河界至，其令边吏毋得踩践田苗，如西人内侵，即相视远近驱逐之。"②

当时，司马光的意见具申产生了很大影响，《宋史》卷336《司马光传》中载："麟州屈野河西多良田，夏人蚕食其地，为河东患。籍命光按视，光建：'筑二堡以制夏人，募民耕之，耕者众则籴贱，亦可渐纾河东贵籴远输之忧。'籍从其策。"③ 又《宋史》卷485《夏国传》载："初，麟州西城枕睥睨曰红楼，下瞰屈野河，其外距夏境尚七十里，而田腴利厚，多入讹庞，岁东侵不已。至耕获时，辄屯兵河西，经略使庞籍每戒边将使毋得过屈野河，然所距屈野河犹二十里。"④ 从中可知，麟州城位于屈野河东岸，屈野河西70里处为北宋耕地，以及西夏为得到此处耕地东侵，北宋为守护耕地在此屯兵。

诸史书中关于屈野河西地带有许多记载，其中《续资治通鉴长编》卷185，嘉祐二年二月壬戌的记载最为详细，在此不厌烦琐，引用如下：

"初，麟府西南接银州，西北接夏州，皆中国地也。庆历中，元昊既纳款，知麟州、礼宾副使张继勋奉诏定界至而文案

---

① 《续资治通鉴长编》卷181，至和二年十一月己巳，第4384页。
② 《续资治通鉴长编》卷183，嘉祐元年秋七月乙巳，第4430页。
③ 《宋史》卷336《司马光传》，第10758页。
④ 《宋史》卷485《夏国传》，第14001页。

无在者，乃问州人都巡检王吉及父老等，皆云继迁未叛时，麟州之境，西至俄枝、盘堆及宁西峰，距屈野河皆百余里；西南至双烽桥、杏子平、弥勒、长干、盐院等，距屈野河皆七十余里。咸平五年，继迁围麟州，陷浊轮、军马等寨。大中祥符二年，始置横阳、神堂、银城三寨，皆在屈野河东，以衙前为寨将，使蕃汉义军分番守之。又使寨将与缘边酋长分定疆境。横阳寨西至故俄枝寨四十里，州城西至大横水六十里，西南至浪爽平五十里。神堂寨西至伺候峰三十五里，西南至赤犍谷掌四十里，次南至野狸坞三十里。银城寨西至榆平岭四十里，西南至清水谷掌五十里，次南至洪崖坞四十里，次南至道光谷、中岭上六十里。

天圣初，州官相与讼河西职田，久不决，转运司乃奏屈野河西田并为禁地，官私不得耕种。自是民有窃耕者，敌辄夺其牛，曰：'汝州官犹不敢耕，汝何为至此？'由是河西遂为闲田，民犹岁输税，不得免，谓之草头税。自此敌稍耕境上，然亦未敢深入也。及元昊之叛，始插木置小寨三十余所于道光、洪崖之间，盗种寨旁之田，比至纳款，所侵才十余里。是时，朝廷以更定誓诏，不欲与敌分明界至，乃令修河滨堡。合门祗候张宗武谕张继勋曰：'若西人来，即且答以誓诏。惟延州、保安军以人户所居中间为定，余路则界至并如旧。未定之处，若西人固欲分立，则详其所指之处，或不越旧境，差官与之立牌堠以为界。'继勋遂列前后界至地名奏之，且云：'今若以河西为禁地，则益恣其贪心，进逼河西之地，耕垦畜牧，或兴置寨栅，与州城相距，非便。若用咸平五年以前之境，则太远难守，请以大中祥符二年所立之境为定。'诏继勋与宗武先审定之，不得明行检踏以致生事。继勋复申经略司：'前所议疆境已得其实，无以复易。'乃遣临寨堡监押、三班借职马宁，指使、殿侍康均待西人于境上，及令麟州通判领其事。西人言我马足所践，即为我土，与相辩诘久之。

会西人数遣人求通宁星和市，继勋使均等以此邀之。其把关太尉曹勉及管勾和市曹勋谓均等曰：'若通宁星和市，其麟府疆界请一切如旧。'经略司令诣保安军自陈。未几，果诣保安军，朝廷以为疆界既如旧，乃许之。及继勋坐事去，后知州事者惩其多事取败，各务自守，以矫前失。

会有指使过河西，为西人所掠，乃禁吏民皆不得过河西。王吉尝过河西巡逻，州司辄移文劾之，自是无敢过者，诸堡寨亦利民不过河，而敌无踰境，岁满得迁官，故禁之尤急。西人初犹顾望未敢，数岁之后，习知边吏所为，乃放意侵耕。然州西犹距屈野河二十余里，自银城以南至神木堡，或十里，或五七里以外，皆为敌田矣。敌明指屈野河中央为界，或白昼逐人，或夜过州东，剽窃资畜，见逻者则逸去，既渡水，人不敢追也。

及管勾军马司贾逵行边，见所侵田，以责主者，知州王亮惧，始令边吏白其事。经略司遂奏土人殿直张安世、贾恩为都同巡检，以经制之。然敌侵耕久，宴然自以为己田，又所收皆入其酋没藏讹庞，故安世等迫之则格斗，缓之则不肯去，经略司屡列旧境檄之使归所侵田。讹庞之妹使其亲信部曲嘉伊克来视之，还白所耕皆汉土，乃召还讹庞，欲还所侵地。会嘉伊克作乱诛而国母死，讹庞益得自恣。

甲戌，经略使庞籍言：'西人侵耕屈野河地，本没藏讹庞之谋，若非禁绝市易，窃恐内侵不已。请权停陕西缘边和市，使其国归罪讹庞，则年岁间可与定议。'诏禁陕西四路私与西人贸易者。"①

将这段文字内容简要概括如下：

---

① 《续资治通鉴长编》卷185，嘉祐二年二月壬戌，第4469—4471页。

一、李继迁叛乱之前，即咸平以前，麟州的边界在距屈野河100余里的俄枝、盘堆、宁西峰。麟州西南边界在距屈野河70余里处的双烽桥、杏子平、弥勒、长干、盐院等地。

二、咸平五年，浊轮寨、军马寨，陷于继迁军，大中祥符二年，始建横阳寨、神棠寨、银城寨，均位于屈野河东岸。寨中置汉蕃义军，轮流守备，寨中守将和附近部族首领协议决定边界。

三、麟州城西60里有大横水。

四、天圣初年以来，屈野河西的田地为禁地，禁止官民耕作，成为闲田。

五、元昊起兵反宋后，开始在此设西夏城寨，虽有西夏盗耕的情况，也只是侵耕十余里，当时宋夏疆界并不分明。

六、张继勋提出：对宋来说，咸平以前的疆界太远，因此建议以屈野河为界，并和西夏协商，未果。西夏以通宁西和市为条件，恢复了旧的疆界，即大中祥符二年所定疆界。

七、由于知州疏忽怠慢之原因，曾有宋朝使臣在河西为西夏所掠的情况发生，后来宋朝又下令禁止宋人越过屈野河西面，而西夏侵耕的范围到了屈野河西20里处。

八、当时，西夏认为宋夏疆界应该在屈野河中央。这一点虽在本处引用中没有明示，但从至和十年以前的形势可以得出这一结论。

九、张安世成为都巡检后，节制西夏，但未能止住西夏侵耕的势头，他们耕获之物均落入酋首密藏鄂特彭处，因此屈野河西岸地区侵耕是得到密藏鄂特彭的支持。

十、为防止西夏到屈野河西岸地区侵耕，宋朝不得已停止和市，并最终下诏禁止了陕西四路和西夏的私下贸易。

如前所述，宋与西夏的疆界线划于屈野河西方农耕地带，距屈野河的距离在不同时期有所变化，咸平以前，宋朝势力达到屈野河西方。后来，随着两方实力的一进一退，疆界线渐渐向河岸靠近。宋朝城寨主要位于河东，西夏筑城寨于河西。此外还可察知屈野河西岸地区的农耕地一直为西夏所垂涎。

银城南面洪崖与道光谷间的土地为西夏觊觎已久。《续资治通鉴长编》卷185，嘉祐二年五月庚辰关于银城地形有详细记载："然银城以南侵耕者犹自若，盖以其地外则蹊径险狭，杉柏丛生，汉兵难入，内则平壤肥沃宜粟麦，故敌不忍弃也。"①

从中可知，位于银城南面的这块土地，外侧杉柏丛生，树木包围内部为肥沃平壤，产粟麦，西夏不忍舍弃。关于麟州城西的屈野河西地带，至和年间司马光曾视察过，并有详细报告，收录于《温国文正司马光集》卷17"论屈野河西修堡状"，其中有如下记载："州城之西，临屈野河。自河以西，直抵界首，五六十里，并无堡障斥堠。以此，夏得恣耕其田，游骑往往直至城下，或过城东，州人不知。去岁已于河西置一小堡，以处斥堠之人……自州城以西至大横水、浪爽平数十里间，绝无一人一骑。若乘此际，急于州西二十里左右，增置二堡，每堡不过十日可成。比至夏人再行点集，此堡已皆有备，寇不能为害。为此，则麟州永无侵轶之虞；州兵出入有所宿顿；堡外先侵之田，夏皆不能耕种。臣之愚心，亦为国家固争屈野河西田者，非少此尺寸之地，盖以夏侵耕至河，则麟州孤危。果能成此二堡，以为麟州耳目藩蔽。"

位于麟州城西的屈野河西岸50—60里处为疆界线，无堡障，西夏在此耕作。西夏游骑时常渡过屈野河，到东岸的麟州城东来。大横水流经屈野河西方，虽有一堡寨爽平，但并无宋

---

① 《续资治通鉴长编》卷185，嘉祐二年五月庚辰，第4477页。

兵守卫。司马光因此提出，如在麟州西 20 里处建堡寨守备，可消除西夏侵寇之忧。此举不止能守卫屈野河西方耕地，且能防止麟州城孤立。从这段文字中可以看出到至嘉祐时，司马光尤为强调了筑城守卫屈野河西方耕地的必要性。对比前述《续资治通鉴长编》卷 185，嘉祐二年二月条文献，都是记载麟州城西屈野河西岸地域状况的代表性史料。

西夏在屈野河西岸也修筑了堡寨，但据《西夏书事》卷 20 记载，嘉祐六年五月初次确立了宋夏双方在此处的疆界。《续资治通鉴长编》卷 193，嘉祐六年六月庚辰记载，苏安静献上麟州屈野河地图，图中详细标记了西夏堡寨的位置：

"庚辰，太原府代州钤辖、供备库使、忠州刺史苏安静上麟州屈野河界图。自郭恩败，敌益侵耕河西，无所惮。李思道、孙兆相继往议，皆不合。至是，安静与其国人辄移吕宁、拽浪獠黎始议定，其府州自桦泉骨堆、埋浪庄、蛇尾掊、横阳河东西一带，筑堠九；自蛇尾旁顺横阳河东岸西界步军照望铺间，筑堠十二；自横阳河西以南直埋井烽，筑堠六；自埋井烽西南直麟州界俄枝军营，筑堠三；自俄枝军营南至大横水、染枝谷、伺堠烽、赤犍谷、掌野狸坞西界步军照望铺相望，筑堠十二。

其榆平岭、清水谷头有西界奢俄寨二，从北讹也山成寨一，次南麻也乞寨一，各距榆平岭四里；其大和拍攒有西界奢俄寨四，从北讹庞遇胜寨一，次南吾移越布寨一，次南麻也吃多讹寨一，次南麻也遇崖寨，一各距大和拍攒五里；其红崖坞有西界奢俄寨三，从北冈越崖寨一，距红崖坞二里，次南讹也成布寨二，各距红崖坞一里；其道光都隔有西界奢俄寨二，并系讹也成布寨，在道光都隔上。其十一寨，并存之如故。寨东西四里，各有西界步军照望铺，亦筑堠十二。乃约自今西界人户,毋得过所筑堠东耕种。其在丰州外汉寨及府州界蕃户旧奢俄寨,并复修完,府州沿边旧奢俄寨三十三,更不创修。麟州界人户,更不耕屈野河西。其麟、府州不耕之地,亦许两界人户就近樵牧,即不得插立梢圈,起盖庵屋,违者并捉搦赴官……"① 西夏堡寨间隔均在数里以内,分布于屈野河以西,在麟州西形成了完整的宋夏疆界线。

以上,分析考察了麟州西面屈野河西岸地区的可耕地,虽在不同时期有所变化,但宋与西夏在屈野河西岸形成了疆界,嘉祐六年,西夏在屈野河西岸修筑了密集的堡寨。

麟州居民

《新唐书》《旧唐书》的地理志均记载麟州户数为2418户,人口数为10903人,《元和郡县志》卷4"麟州条"没有记载其户口数。《通典》卷173"州郡新秦郡条"记载户数为1754户,人口数为1903人。《太平寰宇记》卷38"关西道麟州条"记载:"唐开元不供户,长庆户一千七百五十四。皇朝管主客户主二千三百五十。"②

宋代麟州主客户数合计大致和两唐书地理志相差不多。同书关于银州、宥州、盐州等处户口数均没有记载。和夏州2096户数相比,麟州稍多。《新唐书·地理志》记载的户数为天宝年间数据,和银、夏、宥、盐等州相比,是最少的。与此相反,宋初麟州是鄂尔多斯沙漠南缘绿洲中户口数较多的城市。

和其他鄂尔多斯沙漠边缘绿洲一样,麟州也是宋初时因蕃帐归降,户口数逐渐有所增加。开宝元年十二月,东邻府州有

---

① 《续资治通鉴长编》卷193,嘉祐六年六月庚辰,第4679—4680页。
② 《太平寰宇记》卷38《关西道麟州》,中华书局2007年版,第807页。

十二府大首领吹裕勒、十二府大首领罗阿归附①，太平兴国八年十二月，绥、银、夏州招诱了汉民归业②，太平兴国九年三月有35000帐归降夏州，雍熙二年六月，银州、麟州、夏州这三州的诸蕃悉数来降，总计125族、16189户③。据同月辛卯，麟州巡检郭守文上言中记载，同年4月至6月（雍熙二年），今米脂县西方的三族寨，有诸蕃47族来降复业，另据秋七月丙午府州上言中记载，有500余户来降三族寨。至咸平五年十一月又有麟州界首领拉勒结玛等三族1500帐来降④。景德元年春正月300余帐来降麟、府州⑤。

从这一形势判断，位于鄂尔多斯沙漠东南端的麟州、府州的宋朝管下蕃汉户口数增加。府州自宋初就作为蕃汉杂居之州以难治闻名，《太平寰宇记》卷38 "关西道府州条"中载"皇朝管主客汉户五百七十。"⑥ 蕃帐居多，包围着少量汉户。《宋会要辑稿》方域21府州景德二年八月条提到"府州蕃汉杂处号难治"。⑦

至李继迁叛乱，麟州人口减少耗散。在西夏侵寇严重的宝元康定至庆历年间，户口数大量减少。《范文正公集言行拾遗

---

① 《续资治通鉴长编》卷9，开宝元年十二月乙丑载："十二月，乙丑，遣使来贡方物。是岁，党项直荡族首领啜佶等引北汉入寇府州，为守将所败。诏内属蕃部十六府大首领屈遇与十二府首领罗崖帅所部诛啜佶。啜佶惧，挈族来归，乃以屈遇为归德将军，罗崖及啜佶并为怀化将军。"第213页。——译者。

② 《续资治通鉴长编》卷24，太平兴国八年十二月壬午载："十二月壬午朔，令绥、银、夏等州官吏，招诱没蕃民令归业，仍给复三年。"第560页。——译者。

③ 在夏州部分提到过，《太平治迹统类》卷2雍熙二年六月条。

④ 《续资治通鉴长编》卷53，咸平五年十二月壬午载："麟州界首领勒厥麻等三族千五百帐。"第1171页。——译者。

⑤ 《宋史》卷7《真宗本纪》载"景德元年春正月丙戌朔，大赦，改元。丁亥，麟府路言契丹言泥族拔黄三百余帐内属。"第123页。——译者。

⑥ 《太平寰宇记》卷38《关西道府州条》，中华书局2007年版，第813页。

⑦ 《宋会要辑稿》方域二十一之五，第7663页。

事录》卷3载:"麟府州、岢岚军极边之地。人户稀少,其色役公人并差主户客户,祗应轮差出入,应副军期,多致陪备……"这里提到麟州人户稀少。《续资治通鉴长编》卷148,庆历元年夏四月己亥记载了章得象之言:"麟州四面蕃汉,皆为元昊所掠。今野无耕民。"①《宋会要辑稿》蕃夷二契丹庆历四年三月亦有麟州户口减少的记载:"三月,监察御史里行李京言:'近闻契丹筑二城于西北,南接代郡,西交元昊,广袤数百里,尽徙沿边生户及丰州,麟州被虏人口居之,使绝归汉之路。违先朝誓书,为贼,其畜计不浅。'"②

庆历四年,契丹尽数迁徙了边境生户及丰州、麟州的被虏人口。当时,麟州的蕃汉人口也为契丹所掳掠。关于当时麟州户口的增减,从《范文正公集·言行拾遗事录》第三中可以获得重要启示:"麟州元无酒务。至庆历二年十二月,官中刑置酒务。后据百姓刘迁状申公斟会。麟州元管三县六蕃落。蕃汉户二千五百余家。朝廷以河东极边不榷酒利。今来残破之后四面并无居民入城交易。只有城中主客户二百余户,别无经营,从去年十二月官自开沽在市居民更无营利之地。"

无须赘言,麟州元管三县,是指新秦、连谷、银城三县,写作"六蕃落",很有意思。"蕃汉户二千五百余家"这一点和《新唐书·地理志》《太平寰宇记》中所记载的户数基本一致,所以前面的记载应该是在宋初时。元昊侵掠之后,四面残破,户口数减少,城中主客户减少至200余户,麟州城往来的贸易者也有减少。

《欧阳文忠公文集》卷116河东奉使奏草卷下"乞放麟州百姓沽酒札子"中,对当时的状况记载如下:"臣伏见麟州元

---

① 《续资治通鉴长编》卷148,庆历元年夏四月己亥,第3582页。
② 《宋会要辑稿》蕃夷二之一六,第7700页。

是百姓沽酒自经事宜，后来转运司擘画，官自开沽。臣昨令本州勘会一年，自去年十二月开沽，至今年六月，用米、曲本钱三千五百贯，所收净利只及一千八百贯。然官私劳费不少，自并、岚等州造曲，千里般运，又配百姓造酒黄米，远行输纳。麟州自经贼马，后来人户才有三二百家，又榷其沽酒之利，市肆顿无营运，居者各欲逃移。今来麟州既不移废，则凡事却须葺理。其沽酒之利，官中所得不多，而劳费甚大。臣今欲乞令百姓依旧开沽。所贵存养一州人户，渐成生业。今取进止。"

这里提到的"去年十二月开沽"是指庆历二年十二月，这一点在《范文正公集·范文正公年谱补遗》中也得到了验证。大意是开沽，利益不多，官私劳费多，其中因百姓输送造酒用黄米的距离太远，而成为苦役。且贼马来犯之后，麟州城人户仅剩200—300户，城民中外逃者很多。麟州人户的存养问题尤为重要，为使百姓安于生业，应废止官中酒沽。庆历三年时，由于除元昊侵寇外，还有官中酒沽之苦役，造成了百姓的逃亡。

如前所述，元昊的大肆侵犯麟府州是在庆历元年时，后来在北宋朝廷渐渐形成放弃和死守麟州两种不同意见的观点。前文也提及，庆历年间，宋朝在麟州各县修筑了很多堡寨，这是因为北宋确定了死守麟州的政策。庆历年间，北宋的蕃官兵在麟州境内守备各堡寨，据《欧阳文忠公集》卷115河东奉使奏草上"论麟州事宜札子"中记载，当时有2000名官兵守备麟州，同书同一章节中的麟州五寨兵粮地理图中也有相同记载。但是，虽宋朝兵数充实，但人户却在逃亡减少，到庆历初年仅剩200—300户。

根据《续资治通鉴长编》卷124，宝元二年秋七月辛未记载，宝元二年秋七月，府州州境已皆为党项部落占据。庆历元年九月，西夏军围攻，麟府二州州民不能出城。西夏游骑出没于州城附近。① 《范文正公集》"范文正公尺牍"中有如下记载："旧闻，麟州当移兼曾上言，及往视之，知前言之失。始谓无民。今问得当时西贼急攻府州，谓麟州可自下而不甚房掠。百姓属户皆东渡多免。今存八分在河内旅寄，惟俟州城寨即来复业。本州已抄到一千四百户。续陈奏，次乞留意，再造此方，自重自重。"此书信中的准确年月一时难以确定，但应该是在庆历初年。麟州为西夏军房掠，余1800户，且散布于城寨之外。还有许多逃往黄河以东。

《续资治通鉴长编》卷152，庆历四年冬十月壬子所载范仲淹条提道："仲淹又言：'麟、府二州，山川回环五六百里，皆蕃、汉人旧耕耘之地，自为西贼所掠，今尚有三千余人散处黄河东涯。自来所修堡寨，只是通得麟、府道路，其四面别无城寨防守，使边户至今不敢复业。地土既荒。故粮草踊贵，官中大费钱帛籴买河东。百姓苦馈运之役。'"② 据范仲淹之言，庆历四年西夏抄掠之后，麟府二州合计有3000余户，散布于黄河东岸。文中提到边户不复业的情况也容易理解。前文关于麟州只有200—300户的记载，应该是指当时麟州城内的居民数量，和宋初时的两千余户相比，人口规模大幅度减少了，且残存的人户多散布于城外，等待城寨修复。

当时位于麟州西北200里处的丰州的状态，在司马光上言中如下记载："庆历初，元昊攻陷州城（丰州城），民及三寨

---

① 《续资治通鉴长编》卷133，庆历元年九月庚戌载："时元昊已破丰州，引兵屯琉璃堡，纵骑钞麟、府间，二州闭壁不出。民乏水饮，黄金一两易水一杯。朝廷议弃河外，守保德军，以河为界，未果。因徙兖使经之。兖单骑扣府州城，门关不启。"第3172页。——译者。

② 《续资治通鉴长编》卷152，庆历四年冬十月壬子，第3709—3710页。

蕃族，尽为所房，扫地无遗。今州城之中但有邱墟瓦砾，环城数十里皆草莽林麓而已。"① 没有居民，丰州城外数十里处都是草莽林麓。如前所述，《续资治通鉴长编》卷185，嘉祐二年五月条中提到麟州银城县外"蹊径险狭"②。参照这两处记载，可以查知当时的丰、麟、府州附近地区的荒废和人户散亡的状况。接下来，说一下麟州的土豪。

麟州土豪

居于麟州东面建宁县的土豪王吉势力较大。《欧阳文忠公文集》卷115"河东奉使奏草上论麟州事宜劄子"中记载："况所谓土豪者，乃其材勇独出一方，威名既著，敌所畏服，又能谙敌情伪，凡于战守，不至乖谋。若委以一州，则其当自视州如家，系己休戚，其战自勇，其守自坚。又其既是土人，与其风俗情接，人赖其勇，亦喜附之，则蕃、汉之民可使渐自招集。是外能捍贼而战守，内可辑民以实边，省费减兵，无所不便，比于命吏而往，凡事仰给于朝廷，利害百倍也。必用土豪，非王吉不可。吉见在建宁寨，蕃、汉依吉而耕于寨侧者已三百家，其材勇则素已知名，况其官序，自可知州。一二年间，视其后效，苟能善守，则可世任之，使长为捍边之守。"据同文集的"麟州五寨兵粮地理"记载，建宁寨位于麟州城东

---

① 《续资治通鉴长编》卷195，嘉祐六年十二月丁亥载："伏见国家复修丰州故城，仍差人知州。此诚河西险要之城，修之甚便。然其地势孤绝，外迫寇境。曩者王氏知州之时，所部蕃族甚众，有永安、来远、保宁三寨，皆以蕃族守之。庆历初，元昊攻陷州城，州民及三寨蕃族尽为所房，埽地无遗。今州城之中，但有邱墟瓦砾，环城数十里，皆草莽林麓而已。"第4732页。此外，在《温国文正司马光集》卷21"论复置丰州劄子"中也有出现。——译者。

② 《续资治通鉴长编》卷185，嘉祐二年五月庚辰，第4477页。

面51里处。在建宁寨附近有300户农户的耕作依赖王吉①。土豪者"材勇独出",威名远播,为西夏所畏惧。

在宋代边境史上,当时渐有势力的土豪是不容忽视的。《宋史》卷325《刘平传》中记载了刘平在宝元元年时的建言,兹转录如下:

"献攻守之策曰:五代之末,中国多事,唯制西戎为得之。中国未尝遣一骑一卒,远屯塞上,但任土豪为众所伏者,封以州邑,征赋所入,足以赡兵养士,由是无边鄙之虞。太祖定天下,惩唐末藩镇之盛,削其兵柄,收其赋入,自节度以下,第坐给奉禄,或方面有警,则总师出讨,事已,则兵归宿卫,将还本镇。彼边方世袭,宜异于此,而误以朔方李彝兴、灵武冯继业一切亦徙内地。自此灵、夏仰中国戍守,千里运粮,兵民并困。

其后灵武失守,而赵德明惧王师问罪,愿为藩臣。于时若止弃灵、夏、绥、银,与之限山为界,则无今日之患矣。而以灵、夏两州及山界蕃汉户并授德明,故蓄甲治兵,渐窥边隙,鄜延、环庆、泾原、秦陇所以不能弛备也。

今元昊嗣国,政刑惨酷,众叛亲离,复与唃厮啰构怨,此乃天亡之时。臣闻寇不可玩,敌不可纵。或元昊不能自立,别有酋豪代之,西与唃厮啰复平,北约契丹为表里,则何以制其

---

① 《续资治通鉴长编》卷149,庆历四年五月丁丑载:"今议麟州者,存之则困河东,弃之则失河外。若欲两全而不失,莫若择其土豪,委之自守。麟州坚险,与兵二千,其守足矣。所谓土豪者,其材勇独出一方,威名足以畏敌,又能谙敌情伪,凡于战守,不至乖谋。委以一州,则当视其州如家,系己休戚,其战自勇,其守自坚。又既是土人,与其风俗情接,众亦喜附之,可使自招集蕃汉之民。是外能捍贼而战守,内可缉民实边,省费减兵,无所不便。不比于命吏而往,凡事仰给于朝廷,利害百倍也。然必用土豪,非王吉者不可。吉见在建宁寨,蕃汉依吉而耕者已百家。其材勇素已知名,况其官序,自可为知州。一二年间,视其功效,苟能善其守,可以世任之,使为捍边之臣。"第3612页。——译者。

侵轶？今元昊国势未强，若乘此用鄜延、环庆、泾原、秦陇四路兵马，分两道，益以蕃汉弓箭手，精兵可得二十万，三倍元昊之众，转粮二百里，不出一月，可收山界洪、宥等州。招集土豪，縻之以职，自防御使以下、刺史以上，第封之，给以衣禄金帛；又以土人补将校，使勇者贪于禄，富者安于家，不期月而人心自定。及遣使谕唃厮啰，授以灵武节度，使挠河外族帐，以窘元昊。复出麟、府、石州蕃汉步骑，猎取河西部族，招其酋帅，离其部众，然后以大军继之，元昊不过鼠窜为穷寇尔，何所为哉！"①

自五代到宋代，中国一直采取封边境土豪为州邑，享征赋权的做法，防止"边鄙之虞"。文献中刘平建议在征讨西夏之后也采用招集土豪的方式，通过授官职、赐予衣禄金帛等手段加以笼络。对于河西（此处指麟、府州），也可采取羁縻酋帅的政策。《宋史》卷253"折德扆传"中也载，晋汉时代以来，府州有土豪折氏，"中国赖之"。由此可知宋代府州的土豪折氏势力较大。在宋代边境的城寨中，原本就是由蕃部的熟户和汉兵共同轮流守备的。蕃部的酋领，自大首领以下，根据其地位被派为指挥。

《宋史》卷191《兵志五》"乡兵蕃兵条"中记载："蕃兵者，具籍塞下内属诸部落，团结以为藩篱之兵也。西北边羌戎，种落不相统一，保塞者谓之熟户，余谓之生户。陕西则秦凤、泾原、环庆、鄜延，河东则石、隰、麟、府。其大首领为都军主，百帐以上为军主，其次为副军主、都虞候、指挥使、副兵马使，以功次补者为刺史、诸卫将军、诸司使、副使、承制、崇班供奉官至殿侍。"② 其中提道，大首领为都军主、百帐以上为军主，其余根据地位补为相应职务。由此可见，麟州

---

① 《宋史》卷325《刘平传》，第10501—10502页。
② 《宋史》卷191《兵志五》，第4750—4751页。

附近的土豪也多被委派，参与城寨守备。庆历年间，在麟州附近的镇川堡有1200人，建宁堡有2788人，据麟州稍远，和府州之间的中堠寨有727人，白胜寨有1026人，清寨堡有1777人①。据《欧阳文忠公文集》卷115《河东奉使奏草卷上·麟州五寨兵粮地理》载，守卫整个麟州的兵数为4061人，从这些数据可以了解到麟州汉蕃兵数量之多。如此一来，麟州城中200—300户的居民数相较而言显得过少。大多数城寨城市的住户数量和军兵数量是成一定比例的。

熙宁以后的状况

前面讨论了屈野河西岸地域情况，在考察庆历末年以后麟州的户口数时必须注意到宋夏之争导致的屈野河西岸的边界变化。西夏后来也没有终止攻占麟州的野心，至和二年没藏讹庞侵耕屈野河西岸，嘉祐四年占据此处，嘉祐六年五月，这一地区才正式被定为宋夏国境。②治平末年到熙宁二年期间，双方一直保持着和平关系，但熙宁三、四年进入战争状态。庆州的大顺城受到西夏军的猛攻，抚宁堡也被攻陷。熙宁七年九月西夏军进攻麟州，但宋军大败西夏军于长城壕。翌年十一月西夏破坏了麟州沿边的界堠，因此嘉祐六年，屈野河西岸的两国边界再次陷入不明状态。西夏方面攻占麟州的意欲更为强烈，熙宁九年春正月，攻打麟州、府州，向宋朝示威。③元丰初年，

---

① 《欧阳文忠公文集》卷115《河东奉使奏草卷上》中的"麟州五寨兵粮地理"中有记载。

② 《西夏书事校证》卷19载："至和二年三月，没藏讹庞侵耕屈野河西地。"卷20载："嘉祐四年五月，没藏讹庞据屈野河。""嘉祐六年五月，始正屈野河地界。"甘肃文化出版社1995年版，第225、231、234页。——译者

③ 《西夏书事校证》卷24载："熙宁九年，国主始亲政，以兵犯麟、府。秉常时年十六，惧中国兵入界，用梁乙埋言，点集人骑，出入麟、府二州间，以示兵威。"甘肃文化出版社1995年版，第275页。——译者

麟州边境仍处在不安定状态，元丰四年以后基本是宋军大规模进攻西夏的时期，但是元丰六年五月、元祐六年九月、元祐八年四月，都是西夏进攻了麟州。①

《续资治通鉴长编》卷397，元祐二年三月辛巳载有王严叟之言："元丰元年，河东经略使韩绛奏，以麟、府、丰三州招置到弓箭手逃亡及放免外，其阙额人，自来为地土瘠薄招刺不得。元初招置之时，惟仰借请官中牛具、农器、钱斛以徇目前之利，复值连年不丰，官给口食养育，逃免者二千人，逋欠钱斛一万七千余贯、石，及有不会农作，只在城市卖熟食之人，其空闲地土，又大半砂瘠不堪耕种。此奏具在，乞赐考详。"② 文献提道，麟州的土壤大半沙瘠，不适合耕种，所以当地谷物不足。据载，自熙宁年间至元丰初年，因麟、丰、府三州州民贫困，朝廷多次赐予特支钱、蠲免等诏书③。因麟、丰、府三州曾受西夏入侵，耕牛、人户损失惨重。元祐六年九

---

① 《西夏书事校证》卷26载："元丰六年五月，攻麟州。"卷29载："元祐六年九月，分兵寇麟、府二州。""元祐八年夏四月，乘间犯延、麟二州。"甘肃文化出版社1995年版，第301、331、336页。——译者。

② 《续资治通鉴长编》卷397，元祐二年三月辛巳，第9685页。

③ 《续资治通鉴长编》卷221，熙宁四年三月丙申载："麟州已弃所修第一寨，诸防托军马可并罢遣，兵众暴露日久，各赐特支钱有差。"第5379页；《续资治通鉴长编》卷233，熙宁五年五月癸巳载："上批：麟、府、丰三州蕃户，方之陕西诸路，尤为贫乏，宜依天申所请，于近赐陕西䌷绢数内拨令赐泾原、鄜延路五万匹，为河东本钱。"第5659页；《续资治通鉴长编》卷238，熙宁五年九月辛亥载："河东路安抚司言：府、丰等州蕃兵续入队丁壮有下户无力者，欲乞御贼器械并从官给，常时与免上番。"第5769页；《续资治通鉴长编》卷239，熙宁五年十月庚辰载："麟府州归投蕃部，前以新附，储蓄未充，所给口食，如合住支，可且减半，至来年十月罢。"第5807页；《续资治通鉴长编》卷300，元丰二年冬十月壬子载："诏麟、府二州乡村户毋出役钱。韩绛言麟、府、丰三州上番义军已免输役钱，而并边土薄，乡村户贫乏，宜亦蠲之。事下司农寺，以为丰州初无役钱，麟、府州乡村户岁输二千余缗，请如绛奏，而以太原、汾、泽、晋、绛宽剩役钱补之。"第7312页。——译者。

月，宋朝对这一地区农民的耕牛购买给与过借钱方面的优惠政策①。熙宁以后，宋朝对麟州和丰州、府州仍然实施了休养生息、发展农耕的政策。《宋会要辑稿》食货六三之八一哲宗元符二年十月九日记载："元符二年十月九日，河东路经略司干当公事陈敦复言：'本路进筑堡寨，自麟、石、廊、延，南北仅三百里，田土膏腴，若以厢军及配军营田一千顷，岁可入谷二十万石。可下诸路将犯罪合配人拣选少壮堪田作之人配营田司耕作。'从之"② 其中提及自横山东面的麟州至延州、鄜州，共有南北300里间的膏腴之地。显然，麟州的农垦之计在元符二年时已经得到了贯彻。绍圣四年夏四月，在横山东部的宋夏边界大致位于大理河北岸③，从地图上观察延州至麟州间的北宋统治区域，很容易发现麟州是北宋深入鄂尔多斯沙漠中的据点。

总之，自宋初的李继迁之乱以来，麟州多次陷入被孤立于西夏军精锐包围的危机中，但是经历了宝元、庆历初年的最危险时期后，直至北宋末，宋朝都成功地守住了麟州。屈野河西面的宋夏疆界随着两大阵营的势力关系变化，在不同时期有一定的变化。由于疆界变化，以及西夏的抄掠，宋兵的屯驻数量，归降宋朝的蕃部数量，逃亡于西夏的汉户等因素，麟州的汉蕃户口数变化较为明显。在鄂尔多斯沙漠南缘的绿洲中，户口数相对较多的麟州由于饱受西夏侵寇之苦，宝元至庆历初

---

① 《续资治通鉴长编》卷466，元祐六年九月庚戌载："诏河东路提刑司，将麟、府、丰州曾经西贼劫掠耕牛人户，特许于常平钱内借钱收买耕牛，其所借钱，仍渐次催纳。"第11135页。——译者

② 《宋会要辑稿》食货六三之八一，第6027页。

③ 《西夏书事校证》卷30载："夏四月，令民耕大理河东地。夏国近边二三百里人户众多，资粮易集。乾顺令蕃部扬言城里是汉家，城外是蕃家。常于夜间直至大理河东葭芦境上侵耕旷地，昼则却归本界。经略使禁之，不能止。"甘肃文化出版社1995年版，第342页。——译者

年，住民大部分四散逃亡，户口数显著减少。府州、丰州也基本上处于同样情形。

最后对麟州的住民进行总结如下：

一、宋初，自开宝至雍熙年间，来降的蕃部较多，特别是雍熙二年六月，麟、银、夏三州，有125族16189户来降，在当时受到了重视。李继迁之乱加剧了形势的紧张，尽管如此，咸平景德年间仍然有蕃部来降。

二、宝元至庆历初年由于西夏侵寇影响，汉户减少到300—200户。

三、至北宋末年，麟州蕃汉人户数量也没有显著增加。虽然西夏对麟州的攻击没有间断，但是麟州城最终没有陷落。

四、麟州城的军粮运输、军力增援来自府州及河东方面，为避西夏抄掠而逃亡的百姓大多东渡黄河，这一点值得关注。

五、麟州城东的建宁寨一带，在土豪王吉的势力保护下，残存的300户居民得以耕作。

六、有大量汉蕃兵力守备麟州等诸多城寨。庆历年间随着城寨的建立，宋兵数也有所增加。与因逃亡而所剩不多的一般人户相比，宋朝兵员数量惊人。这也形成了城寨都市的景观。换言之，庆历之后的麟州完全成为军事型城市。麟州作为深入沙漠的北宋城寨都市，在遭受西夏猛攻下的重兵防守，以及城寨构筑等方面，展现出了显著的军事型都市、城寨都市特征。

十二　横山蕃部

前文分析了北宋时期"横山"一词的地域概念后，又考察了横山各地在北宋时的自然地理、居民、聚落景观，最终目的还是阐明横山的地域结构。接下来将对横山地区的居民状况进行考察。

安史之乱后，吐蕃逐渐散布于河西、陇右等地，也进入党项长期居住的横山。《宋史》卷492《吐蕃传》记载："自仪、渭、泾、原、环、庆及镇戎、秦州暨于灵、夏皆有之，各有首领，内属者谓之熟户，余谓之生户。"① 吐蕃族帐分布于六盘山山麓、横山，位于鄂尔多斯沙漠西缘贺兰山东麓的灵州也有居住。由于唐中期以后的这一形势变化，原来居于此处的党项诸部开始役属于迁徙至此的吐蕃，吐蕃将其称为"弭药"②。党项和吐蕃的杂居状态，历经唐宋五代一直延续到宋代。北宋初期，已经分不清哪些是原来居于此地的党项，哪些是后来迁入的吐蕃。首先我们必须明确的一点是，唐代安史之乱后，横山地区的居民和聚落产生了历史性的变化。

五代时期，在鄂尔多斯沙漠缘边各地，中原同党项及吐蕃之间的马匹贸易繁荣。这是由于唐代兴盛一时的周边民族同中原地区间的朝贡贸易的势头延续而致。这些蕃部的马匹贸易活动给横山的聚落景观注入了活力，横山也逐渐在历史上显现出了其地域特色。《新五代史》卷74《夷附录第三党项》关于党项有如下记载："唐德宗时，党项诸部相率内附，居庆州者号东山部落，居夏州者号平夏部落。部有大姓而无君长，不相统一，散处邠宁、鄜延、灵武、河西，东至麟、府之间。"③

唐德宗时归附的党项中，居于庆州的为东山部落，居于夏州的为平夏部落，散布于邠宁、鄜延、灵武、河西到麟、府州之间，所以由此得知不仅横山为其族帐包围，灵州、邠州，以

---

① 《宋史》卷492《吐蕃传》，第14151页。
② 《唐会要》卷98《党项羌》载："党项在古析支之地……后吐蕃强盛。拓拔氏渐为所逼。遂请内徙。始移部落于庆州。因置静边等州以处之。故地陷于吐蕃。其处者为其役属。吐蕃谓之弭药。"中华书局1955年版，第1755—1756页。——译者。
③ 《新五代史》卷74《夷附录第三党项》，第912页。

图 3-19 陕西横山李继迁寨村

及泾水流域都有分布。据《资治通鉴》卷 249 "大中五年春正月条"记载，居于南山的称为南山党项①，这应该是为了区别夏州的平夏部落，庆州的东山部落，专指横山诸山谷中居住的党项应该是由于横山东部，位于鄜州、延州北方的山地当时被称为南山野利（南山叶勒），所以分布于今白于山主峰东南斜坡的山谷、溪谷的党项被称为南山党项②。到北宋时期，党项其分布范围进一步扩大。《宋史》卷 491《党项传》载："今灵、夏、绥、麟、府、环、庆、丰州，镇戎、天德、振武军并

---

① 《资治通鉴》卷 249 载："上以南山、平夏党项久未平，颇厌用兵。"第 8045 页。——译者。

② 《续资治通鉴长编》卷 35，淳化二年春正月甲寅载："党项界东自河西银、夏，西至灵、盐，南距鄜、延，北连丰、会。厥土多荒隙，是前汉呼韩邪所处河南之地，幅员千里。从银、夏洎青、白两池，地惟砂碛，俗谓平夏，拓拔，盖蕃姓也。自鄜、延以北，地多土山柏林，谓之南山，野利，盖羌族之号也。"第 768 页。与《宋史》卷 264《宋琪传》记载一致。——译者。

其族帐。"① 东到绥、麟、府州，北到天德、振武军，几乎在鄂尔多斯沙漠周围及沙漠东部均有分布。前引《宋史》卷492《吐蕃传》中有明确记载，宋代吐蕃分布于鄂尔多斯沙漠周围，夏州、镇戎军、灵州等地的横山、六盘山山脉、贺兰山山脉的山麓一带。这样看来，进入宋初之前，横山地区的党项、吐蕃的融合、交融已经发展到了一定程度。②

《续资治通鉴长编》卷35，淳化五年春正月关于以延州为中心的横山党项有详细记载："吏部尚书宋琪上书言边事，曰：臣顷任延州节度夷判官，经涉五年，虽未尝躬造夷落，然常令蕃落将和断公事，岁无虚月，戎夷之事，熟于闻听。大约党项、吐蕃，风俗相类，其帐族有生、熟户，接连汉界、入州城者谓之熟户，居深山僻远、横遏寇略者谓之生户。其俗多有世仇不相往来，遇有战斗，则同恶相济，传箭相率，其从如流。虽各有鞍甲，无魁首统摄，并皆散漫山川，居常不以为患。党项界东自河西银、夏，西至灵、盐，南距鄜、延，北连丰、会。"③ 从这段记载中我们了解到党项和吐蕃的风俗相近，有熟户和生户；各部族间因有世仇，相互之间没有往来；没有首领统帅，只是散布于山川，以及成为宋朝之患等情况。

关于党项的分布地域，虽文中未见麟、府州等地名，但是前文所引《宋史》卷491《党项传》中记载，麟、府二州是党项居住地带。此处引用中的"河西"就是指麟、府二州④。据

---

① 《宋史》卷491《党项传》，第14138页。
② 此处引用了小野川秀实博士的观点。对这一问题，我想以后有机会专门讨论。因不是本书的主题，所以暂时放弃。
③ 《续资治通鉴长编》卷35，淳化五年春正月甲寅，第767—768页。
④ 在宋代麟州、府州一带被称为河西，意为黄河以西，当然，和过去同样，宋代也将包括凉、甘、肃、瓜、沙洲在内的走廊地带称为河西。此外也有将灵州一带称为河西的说法。关于这一点，我想专稿讨论。

《唐会要》卷91《党项传》记载，魏晋时代，党项势力微弱。同书卷98"党项羌"中载，党项有大小诸多部落，其中强大的部落有细封氏、费听氏、往利氏、颇超氏、野辞氏、房当氏、米擒氏、拓跋氏等，其中拓跋氏最为强盛。宋代时党项部族间不相往来，大概是因为自唐代就已经分出大小众多的族帐集团，并各自生活的原因。

横山的党项、吐蕃各部族都尽量居住在便于开展畜牧、农耕的河流、溪谷、泉地、山间盆地等处。虽有黄土层覆盖于丘陵之上，但是横山大部分地区草木不生。越往北，离沙漠也就越近，干燥、缺水的特征也越发明显。在这样的情况下，水成为居民、聚落、景观的决定性因素。夏州、麟州因为地处沙漠中，所以这一特征表现得尤为突出。

汉人处在蕃部族帐的包围中，即使是在横山地区，汉人也能够在农耕的地方进行着农业生产。在当时，横山是蕃汉人混住地区。在宋代历史上，横山是随着在鄂尔多斯沙漠南缘的宋夏战争发生而出现于史书的；随着战争的进行，北宋军队越来越强调占据横山地区在军事地理方面的重要性。在这一背景下，横山地区的党项、吐蕃诸部对于北宋来说就变得尤为重要。他们被称为横山蕃部、山界蕃部、横山之众、横山羌等。西夏、宋朝都积极地想要拉拢他们到自己的阵营，借此占据横山，进而赢得战争的胜利。对于横山的党项、吐蕃诸部，即横山蕃部，宋朝的笼络政策是宋夏战争期间一直坚持的一项战术。自宝元康定起，经历了元丰四、五年的征讨，直至北宋末年，这一态度都是非常明确的。例如，元符元年秋七月甲子时的曾布之言指出，北宋占据了横山之后，西夏的犯寨变得困难①。

---

① 《续资治通鉴长编》卷500，元符元年秋七月甲子载："今天都、横山尽为我有，则遂以沙漠为界，彼无聚兵就粮之地，其欲犯塞难矣。"第11912页。——译者。

在《范文正公集》"政府奏议下·边事三陕西政策"中，虽是记载的是元昊猖獗时期之事，但我认为是一个典型例证："元昊巢穴实在河外。河外之兵，懦而罕战。惟横山一带蕃部，东至鄜、府，西至原、渭，二千余里，人马精劲，惯习战斗，与汉界相附，每大举入寇，必为前锋。故西戎以山界蕃部为强兵，汉家以山界属户及弓箭手为善战。以此观之，各以边人为强，理固明矣。所以秦汉驱逐西戎，必先得山界，彼则远遁，然后以河为限，寇不深入。倘元昊归款，则请假和，策以待之。如未通顺，或顺而翻复，则有可攻之策，非穷兵黩武角胜于绝漠之外也。臣等尝计陕西路之兵，总数凡三十万，非不多也，然分守城寨，故得岁战兵，大率不过二万余人，坐食储粮不敢举动，岁岁设备，常如寇至。不知贼界则不然，种落散居，衣食自给，勿尔点集并攻一路，故犬羊之众，动号十余万人。以我分散之兵，拒彼专一之势，众寡不敌，遂及于败。且彼为客当劳而返逸，我为主当逸而反劳，我若复用此计，彼劳我逸，则取胜必矣。臣等请于鄜延环庆泾原路，各选将佐三五人，使臣一二十人，步兵二万，骑兵三千，以为三军，以新定阵法训练岁余，俟其精勇，然后观贼之隙，使三军互掠于横山，更进兵。降者纳质厚赏，各令安土，拒者并兵急击，必破其。假若鄜延一军先出，贼必大举来应，我则退守边寨，或据险要不与大战，不越旬日，彼自困敝，势将溃归，则我环庆之军复出焉。彼若再图点集来拒，王师则又泾原之师乘间而入，使贼奔命不暇，部落携怨，则我兵势自振，如宥州绥州金汤白豹折疆等寨皆可就而城之。其山界蕃部去元昊且远，求援不及，又我以为坚城据之，以精兵临之，彼既乐其土，复逼以威，必须归附，以图安全。三五年间，山界可以尽取。此春秋时吴用三师破楚之策也。元昊若失横山之势，可谓断其右臂矣，矢引汉唐之旧疆，岂今日之生事也？"

现将以上关于横山蕃部的要点总结如下:

一、横山一带的蕃部分布于东起麟州、府州,西至原州、渭州的 2000 余里间,人马精劲,能征善战,和汉界相接。

二、西夏军入侵时,曾为其先导。

三、西戎将山界(横山)蕃部视为强兵,北宋也同样将山界属户和弓箭手视为善战者,所以可以明确横山蕃部实力强大。

四、秦汉时期也是为驱逐西戎,必须首先得此山界蕃部。如果得到横山蕃部,西戎就会远遁。

五、如果能寻西夏军间隙,鄜延、泾原、环庆三路进军夺取横山,并在宥州、绥州、金汤、白豹、折疆等寨筑城,横山蕃部就会离开元昊,归降宋朝。而宋朝就会占据整个横山。

六、元昊如果失去横山,就如同断其右臂,是一个沉重打击。

补记:

《范文正公集》"政府奏议下",《安阳集家传》卷三等处也有横山蕃部的简单记载。因为横山的党项、吐蕃势力强大,所以西夏在苦战中也会依赖他们。《宋史》卷 485《夏国传·上》中,在记载了景祐年间的兵制后,提到"而苦战倚山讹,山讹者,横山羌,平夏兵不及也"。[1] 横山羌被称为山讹,因他们比平夏兵(居住在沙漠的兵)还要强壮,西夏在苦战中要倚靠他们。《西夏书事校证》卷 12,景祐四年夏五月记载:"而御边善战,尤倚山讹。山讹者,横山羌。田况奏议:山界人户繁庶,元昊入寇,则科率粮糗,多出其间。山界之民,引弓甚劲。夏人谓之步奚。"[2] 山界人户繁庶,元昊入寇之际,

---

[1] 《宋史》卷 485《夏国传》,第 13995 页。
[2] 《西夏书事校证》卷 12,景祐四年夏五月,甘肃文化出版社 1995 年版,第 146 页。

利用其居民和农产。元丰征讨时期也是如此,《东都事略》卷128附录6中记载:"初夏国恃横山诸族帐强劲善战,故用以抗中国。种谔谋取横山,故兴灵州之师,及王师失利,李宪始献进筑之策,神宗厌兵,不克行。童贯旧常从宪得其仿佛,故献议进筑,遂领六路边事,将诸路兵六七年进筑军垒,建立保砦,遂得横山之地。夏人失所恃,遂纳款,夏国自此少衰矣。"这里提到,西夏依仗骁勇善战的横山诸族帐来对抗北宋。但是,宋军占领横山后,西夏因失去了横山蕃部的力量,开始衰落。这里失去横山导致了西夏衰落的说法很有趣。①

---

① 我认为宝元、康定、庆历年间,西夏大举进军的目的是占领河西走廊地带(指凉、甘州等的河西)。鄂尔多斯沙漠南方侵寇力量的强弱和横山的得失有着密切关系。

第四章　从居民情况看北宋时期横山的范围

通过北宋时期的相关史料对当时横山的自然地理和居民聚落进行考察，进而确定横山的地域范围。

在开篇时讨论过现代横山自然地理条件的基础上，可以确定横山的疆界应该是在东起无定河流域，西至环县东北面山地，北到鄂尔多斯沙漠，南到清涧河流域的安定县与周水河流域的保安县的连线处①。这是探究北宋时代横山的地域特色，考察其地域结构过程中的第一阶段，所做的必要假设。这一假设将会结合后文中的史料分析，根据当时的自然地理、居民聚落的条件，进行修正。接下来，将结合这一假说，对北宋时代的横山范围进行考察。

一、本书开篇时曾将横山东部地域的界限设定到无定河流域，结合对北宋时代的自然地理、居民聚落的分析，我想将当时横山的范围界定到麟州、府州一带。

从现在的自然地理来看，白于山主峰山块向东以及东北方向绵延，一直延伸至无定河西岸。但是，如前所述，从李继迁之乱后的宋夏之争的记录来看，在屈野河（窟野河）西面有大面积耕地。由于西夏侵耕，宋初以来在屈野河西划分了宋夏疆

---

① 安定县为元朝所设，后世沿用，1939年为了纪念革命先驱谢子长，陕甘宁边区政府将安定县改为子长县，县城由安定迁往瓦窑堡。——译者。

界线。因此北宋的城寨主要建于河东岸。嘉祐年间，宋夏两阵营的城寨沿河向南北方向扩展，呈对立状态。北宋的麟州沿屈野河流域而建，南北走向呈细长型。其中银城南面的耕地尤为重要，但是从整体上来看，麟州的管辖范围还是沿现在的屈野河向北方沙漠方向延伸的。

麟州西南部的银州，也有少量的农牧产业，而其南面的绥州蕃部族帐骤然增多，还有大面积耕地。即使按照现代自然地理角度看，以无定河为界，当时从银州到夏州，缺水性越加显著，呈现出与绥州完全不同的样子。这样，虽然缺少水泉，但是北宋在对西夏战争中固守的麟州拥有沿屈野河流域南北走向的耕地，再加上围绕黑山分布的藏才族族帐等因素，虽然横山特色稍弱，但还应属于横山东端部。尽管来自河东方面的军粮运送，是经由黄河东岸、府州到达的，但是作为鄂尔多斯沙漠南缘的绿洲，应该将麟州纳入横山地域范围内去。

二、前文根据自然地理条件将横山西境推定为环县东北方的山地，这一推定也有更正的必要。北宋时期，环州和原州之间集中了敏珠尔、密桑、康奴三大羌族。这三大羌族介于北宋和西夏之间，对于双方阵营有重要的军事影响。三大羌族聚集地和环县西北面青冈峡以北的长岭（积石岭）之间的连线形成了横山西界。

从现在的自然地理来看，长岭由六盘山山脉向北延伸至灵州南部，容易和以白于山为中心的沙漠南缘山脉区分。据北宋时的史料记载，长岭几乎草木不生，是呈丘陵状的土山。我曾专文论述过当时的六盘山山麓是山深草茂之地[①]。因此，从几乎不生草木的景观来看，长岭和横山的状况相近。随着西夏侵

---

① ［日］前田正名：《〈续资治通鉴长编〉中记载的宋初秦州》，载《史学杂志》67之6。

犯活动的激烈化，兴平城、横山寨、白豹城等城寨作为军事地理上的边界也越发明显。而从居民的角度看，将环原二州间三大羌族密集的地域设定为北宋时代横山的西端更为自然。

三、横山的中心在今天的白于山主峰东部及东南面的斜坡地带。宋夏之争的白热化时期，和泾河上游的东河、柔远河流域相比，周水河、延水、清涧河、无定河等流域更多见诸史料。这一带有众多大小河流，是横山山麓中最为适宜的农牧之地，所以蕃帐集中，而此处北宋城寨也较多，后面还会提到，有交通道路纵穿横山南北。

四、横山南面的地势趋于平坦，与陕北盆地的农耕地带相接，所以横山南部的边界不太分明。但宋夏战争时期，将其界限认定为绥州、大理河流域、清涧河流域的安定堡、周水河上游的保安军一线较为合适。如果将南部的延州、鄜州一线界定为横山的南部边界的话，在南部边境上和麟州、夏州等地在自然地理、人文景观等方面都相差太大。总之，由于处在向农耕区渐渐过渡的地域，所以边界不分明。

不过值得注意的是，当时汉界和蕃界是有大致区分的。如咸平六年时，镇戎军为蕃界，渭州为汉界；环州为蕃界，庆州为汉界①。绍圣四年，大理河南岸为汉界，米脂寨一带为生界（蕃界）②。但是，如果在延州划分汉界、蕃界的界限的话，只能划到大理河南岸以南地区。如《续资治通鉴长编》卷35，淳化五年春正月甲寅记载，延州北面及金明寨北面为蕃界。金

---

① 《续资治通鉴长编》卷54，咸平六年春正月壬寅："又镇戎军在蕃界，渭州在汉界，渭州斗米高于镇戎军二十。环州在蕃界，庆州在汉界，而庆州斗米高于环州六十，粟亦高三十。"第1175—1176页。——译者。

② 《续资治通鉴长编》卷492，绍圣四年冬十月丙戌载："然徐图其次，即非为米脂等寨在生界为难而不敢筑，安远已包汉界为易而先之也。"第11680页。——译者。

图 4-1　陕北地区的黄土高原

明寨位于延州北方 40 里处，因金明寨境内属于汉界，所以现在的安定县一带、中山河流域应该属于蕃界。

有蕃部集中居住的横山地区无疑是蕃界。汉界受宋朝的支配较多，且汉人居多。我这个说法应该是反了。蕃部诸族集中居住地区才称之为蕃界，汉人集中居住地方才称之为汉界，且涉及横山蕃部集中居住的蕃界，就要考虑横山的范围，汉界、蕃界的边界对于横山边界的确定有重要意义。在这一问题上，绥州和保安军一线值得关注，此外，大理河流域作为横山地域性阶段性变化的分界地带尤为重要。

五、因为横山北接鄂尔多斯沙漠，其北界就非常明了。以白于山主峰为中心，麟州屈野河西的绿地，银州、黑山麓、无定河上游、夏州、古乌延城、宥州、盐州等呈弧线状包围着鄂尔多斯沙漠，成为沙漠南缘，北面就是浩瀚的沙漠。另外，横山在西北面一直延伸到灵州南部，是为长岭。被沙漠包围，而严重干燥的横山北界绿地也成为鄂尔多斯沙漠的南缘。

总括以上内容成横山范围略图 4-1。

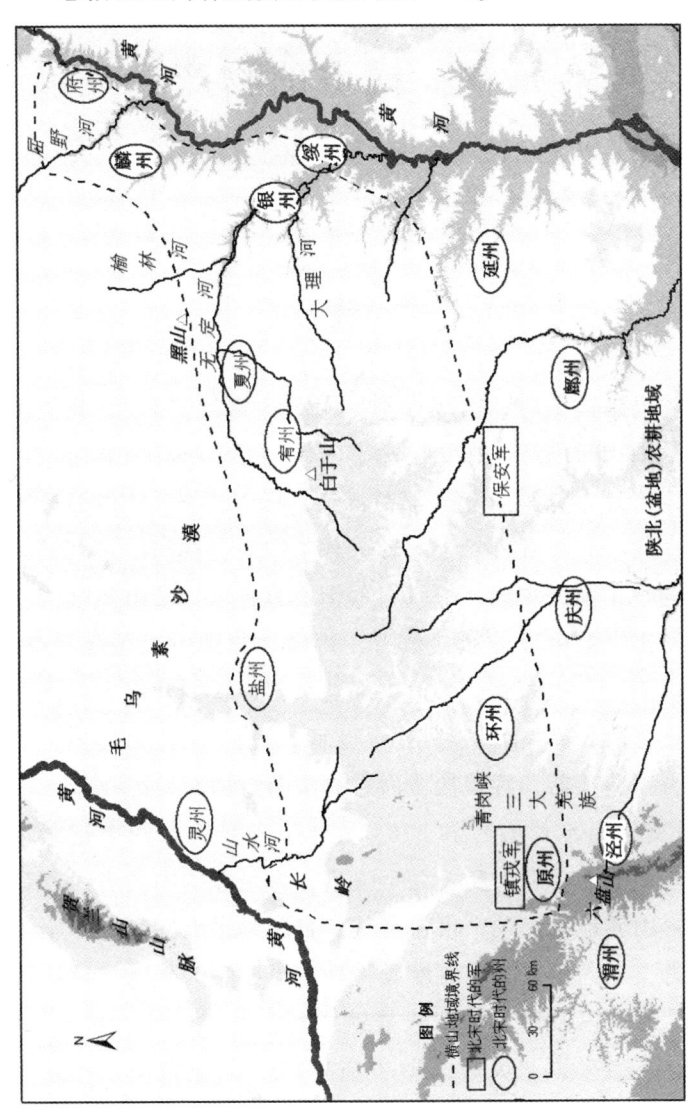

地图五　陕北盆地农耕区域

第五章　横山的物产

一　铁

宋军出兵横山时，屡次提到横山有"铁盐之利"，我们由此得知横山当时出产铁和盐。元丰四年、五年征讨西夏时，占据横山成为宋军克制西夏的重要行动目标。《宋会要辑稿》方域十九，元丰五年五月二十六日记载了作为占据横山之利的诸事项，列举了粟、牧地、战马、盐池和铁冶："又山界既归于我，则所出之粟可以养精兵数万，得房之牧地可以蕃息战马，盐池可以来四方之商旅，铁冶可以益兵器，置钱盐以省山南之漕运。彼之所亡者如此，我之所得者如此。"① 其中提道，可得铁冶，铸造兵器，置钱盐，而省去山南漕运。

《续资治通鉴长编》卷328，元丰五年秋七月丙申记载了通直郎张尧的上言："夏人百年强盛，力足以抗中国者，其势在山界。山界地沃民劲，可耕可战。自王师之出，夏人尽驱丁壮于河外，以固巢穴。今可度其控扼之处，急为堡障，然后筑银、夏、宥州以及洪、盐，取盐铁之利，以实边粟，通清远，修韦川，下瞰平漠，灵武之壁可拔也。"② 其中指出，西夏得

---

① 《宋会要辑稿》方域十九之四七，第7649页。
② 《续资治通鉴长编》卷328，元丰五年秋七月丙申，第7900—7901页。

以和宋抗争的原因在于，西夏的势力在山界，即横山，土地肥沃，民风彪悍，现在宋军应过横山设置堡障，筑银、夏、宥、洪、盐州等城，得"盐铁之利"，扩充沿边。同月丙戌条中记载了种谔之言："始，谔还延州，乞对，论事章十一上，乃听之，而禧与李舜举实来计议。谔入见，言：'横山亘袤，千里沃壤，人物劲悍善战，多马，且有盐铁之利，夏人恃以为生。'"①《宋史》卷335《种谔传》也有如下记载："横山延袤千里，多马宜稼，人物劲悍善战，且有盐铁之利，夏人恃以为生。"② 上述记载均提到了横山有西夏恃以为生的盐、铁。

图 5-1 陕北境内的西夏遗存"牛碾子"

根据文献记载，茶山是横山当中出产铁品最有名的地方。《续资治通鉴长编》卷220，熙宁四年二月壬戌记载了范育之

---

① 《续资治通鉴长编》卷328，元丰五年秋七月丙戌，第7893页。
② 《宋史》卷335《种谔传》，第10747页。

言,其中提道:"小利者,使绥、麟府路通,内省沿河屯守之备,外收西贼所恃茶山铁冶竹箭财用之府。"① 根据范育之见,麟府附近的茶山是西夏铁冶的主要来源。又同书同卷同月乙酉记载:"传闻葫芦山以北一带,茶铁财用之饶。贼界所恃,极力来争。我怠贼奋,进必无功,三不可也。"② 葫芦山以北为"茶铁财用之饶"之地,此处"茶铁"是指茶山的铁矿产,其产地在葫芦山北侧,熙宁四年时的葫芦山的具体位置,现在一时难以明了③。现在的葭县西接葫芦河,葫芦繁茂。宋人在此筑城寨,称葫芦河寨④。从杨守敬的《宋地理志图》来看,葭县北紧接晋宁军,流入葭县的今五女河上游为葫芦河。葫芦山应该是指这附近的葫芦繁茂的一座山⑤。

《续资治通鉴长编》卷130,庆历元年春正月记载了范仲淹之言,其中有一句"茶山、横山一带蕃汉人户"⑥,将茶山和横山并列来写。此外,同书卷131同年二月辛巳之条中有如下记载:"又鄜延走马承受安仪言故绥州去延州东路长宁寨四十里,皆旧日驿路,宽平,乞初春先令延州诸将并力趋绥州,荡除贼界,抚宁和市场、义合镇、茶山一带人户,近蒙朝廷调发,军须不少。今范仲淹却奏王师若自泾原镇戎入界,则臣令保安、金明并东路延州,环、庆等州整兵耀武,为入界之势,

---

① 《续资治通鉴长编》卷220,熙宁四年二月壬戌,第5344—5345页。
② 《续资治通鉴长编》卷220,熙宁四年二月乙酉,第5363页。
③ 宋代的葫芦山应为今天的葫芦山,呈现西北—东南走向,直抵黄河,长120余公里。——译者。
④ 《读史方舆纪要》卷57陕西绥德卫葭州载:"葫芦河,州西五里。中多葫芦,因名。"中华书局2005年版,第2749页。——译者。
⑤ 《大清一统志》卷187榆林府,《读史方舆纪要》卷57陕西绥德卫中也没有明确记载。
⑥ 《续资治通鉴长编》卷130,庆历元年春正月,第3081页。

使绥、宥、银、夏一带贼兵不敢西去。""鄜延走马承受安仪"①是指建议延州诸将合力进军绥州,平定贼界的抚宁、和市场、义合镇、茶山一带的人户。自延州向绥州进军,因入贼界,所以应该是沿无定河逆流而上,进入银州。前文在绥州、银州章节中已经提道,抚宁县自唐代到宋初都隶属于银州。位于银州最南端,绥州的龙泉县以北。据《宋史》卷87《地理志》"绥德军条"记载,义合镇位于绥德军东方40里处。和市场的具体位置一时无法察知。但是茶山的位置根据安仪之言推断,应该是与抚宁镇、义合镇一样,在绥州附近,且庆历元年时,均在西夏的统治下。从地图上来看,应该是位于现在的米脂县和五女河流域之间的位置②。中岛敏氏论述西夏的铜铁钱铸造时,提及过茶山的位置,认为茶山位于今米脂县内③。

有关横山产铁的重要史料还有《范文正公集》"范文正公年谱拾遗"康定元年十月载:"时西贼大将刚浪唆兵马最为强劲。在夏州东弥陀洞居止。又次东七十里有铁冶务。即是贼界出铁制造兵器之处。去河东麟府界黄河西约七八十里。可出麟府并石隰州兵马与隰州兵马与延州兵马回合,掩袭以分贼势。惟朱观久在麟。"

材料中提到夏州东方的弥陀洞,由西夏大将刚浪唆镇守,兵马最为强劲。铁冶务在其东方70里处,据河东麟府界有70—80里,位于黄河西面。《西夏书事》卷12景祐三年载:"右厢朝顺(监军司),驻夏州弥陀洞。"④"右厢朝顺驻夏州弥陀洞"这里提到西夏十二监军司的右厢朝顺驻扎在夏州弥陀

---

① 《续资治通鉴长编》卷131,同年二月辛巳之,第3093页。
② 《中华民国新地图》第23图。
③ [日]中岛敏:《西夏铜铁钱的铸造》,载《东方学报》7。
④ 《西夏书事》卷12景祐三年,第142页。此处右厢朝顺监军司驻弥陀洞的提法有误,应为左厢神勇监军司驻弥陀洞。——译者。

洞。虽然弥陀洞的准确位置无法得知，但可以肯定是在夏州东境。如前文所述，宋初的夏州东部有德静县和宁朔县。德静县位于无定河北面海拔 1500 米的山块东南麓，宁朔县的位置可以推定为无定河和榆林河（榆溪河）汇合点稍稍偏北之处①。由此可以推测弥陀洞的位置大致是在榆林河西面不远处。而铁冶务位于其东方 70 里，黄河西方 70—80 里处，可以进一步推断其位置是在五女河上游，米脂县北面②。根据前面的史料判断西夏铁冶务的位置的话，应该是和茶山大致在同一位置③。由此得知，西夏在茶山设立了铁冶务，在此铸造兵器。

图 5-2　陕西横山魏家楼一带发现的铁矿石遗迹

由于西夏在茶山设铁冶务，铸造铁钱、兵器，所以很显然

---

① 参照前文夏州部分。
② 《中华民国新地图》第 23 图。
③ 中岛敏的论文中是将铁冶务和茶山看作同一地点的。

失去茶山对于西夏的经济和军事力量都会有沉重的打击。《宋史》卷185"食货志阬冶条"记载："又夏人茶山铁冶既入中国，乏铁为器，闻以盐易铁钱于边"①《西夏书事校证》卷36绍兴28年夏五月也有记载："自茶山铁冶入于中国，国中乏铁，常以青白盐易陕西大铁钱为用。"②西夏失去茶山铁冶之后，其国内缺铁，以青白盐代替陕西大铁钱在沿边流通。随着交换经济的发达，在西夏国内，茶山铁冶务所铸铁钱的流通对于西夏国内的流通经济的发展起到了重要作用。西夏自熙宁七年到元丰八年间允许向国外带出铜钱，但禁止带出铁钱。据《辽史》"食货志鼓铸之法"记载，禁止向回鹘卖铜钱。总之，当时西夏重视国内的铁钱流通，并禁止铁钱流出国外。《范文正公集·范文正公年谱拾遗》中也有记载，茶山铁冶务出产的铁也用于兵器制造，由此我们得知西夏的铁钱铸造、兵器制造都依赖茶山的铁产。

二 盐

如前所述，茶山铁冶务铸造的铁钱对西夏的流通经济发挥了极为重要的作用，在宋初，这一铁矿产地还未被西夏占领时，青白盐在横山蕃部曾作为货币流通，对于横山的党项吐蕃诸族来说，青白盐贸易是最大的获利手段。宫崎市定博士指出过，李继迁兴起的契机是宋朝禁止青白盐私市。由此可以推断，对于横山蕃部来说，盐的交易是支撑生活的重要经济

---

① 《宋史》卷185《食货志》，第4530页。
② 《西夏书事校证》卷36，绍兴二十八年夏五月，甘肃文化出版社1995年版，第423页。

活动①。

五代时期,盐州的乌白池就已经有了盐务的规定。《五代会要》卷26盐之条中记载:"周广顺二年三月敕,青、白池务,素有定规。只自近年,颇乖循守。"② 如前文盐州章所述,五原县北面90里处的白池为蕃部采盐之地。盐州除白池外,还有乌池、细项池、瓦窑池,都是产盐之地。关于引文中提到的"青白池",在原文的注释中有说明,是指盐州管辖下的四池。青白盐,在盐州所产的盐中最为有名。因此,五代以来,这里有很多蕃部聚居,以采盐、贩盐为生。《太平寰宇记》卷37《关西道盐州》"盐州土产条"提到"唯有盐池,百姓採漉以为业"③。《宋史》卷277《郑文宝传》有如下记载:"先是(太平兴国时),诸羌部落树艺殊少,但用池盐与边民交易谷麦,会馈挽趋灵州,为继迁所抄。文宝建议以为'银、夏之北,千里不毛,但以贩青白盐为命尔。请禁之,许商人贩安邑、解县两池盐于陕西以济民食。官获其利,而戎益困,继迁可不战而屈'。乃诏自陕以西有敢私市者,皆抵死,募告者差定其罪。行之数月,犯者益众。戎人乏食,相率寇边,屠小康堡。内属万余帐亦叛。商人贩两池盐少利,多取他径出唐、邓、襄、汝间邀善价,吏不能禁。关、陇民无盐以食,境上骚扰。上知其事,遣知制诰钱若水驰传视之,悉除其禁,召诸族抚谕之,乃定。"④ 诸羌部落不事农业,乃以池盐和边民交易谷麦来维持生计。他们赴灵州交易,以池盐交易贺兰山东麓绿洲所产的谷麦以及集散于该地的物资。其中郑文宝之言值得注

---

① [日]宫崎市定:《西夏的兴起与青白盐问题》,载《东亚经济研究》卷18第2号。
② 《五代会要》卷26盐,上海古籍出版社1987年版,第419页。
③ 《太平寰宇记》卷37《关西道盐州》,中华书局2007年版,第782页。
④ 《宋史》卷277《郑文宝传》,第9426页。

意，银夏之北为千里不毛之地，仅以青白盐的交易为生。

但是，如前所述，宋朝为了贩卖安邑解县两池之盐，禁止蕃部的青白盐交易，其后仅数月就发生了叛乱。且钱若水提出，若解除禁令，能够立刻起到安抚诸族的作用。不可能禁止横山蕃部以青白盐交换谷物的商业行为。至道二年，宋朝再次严令禁止青白盐的私市，这一禁令一直持续到北宋末年。但是从第二年的李至之言中可以得知，这一禁令终究没有能够彻底执行下去。《续资治通鉴长编》卷42，至道三年十二月辛丑记载了参知政事李至的上疏："当此之时，若不能改弦易辙，则前日之患未艾也。请粗言之：乡者郑文宝绝其青盐，不入汉界，禁其粒食，不及蕃夷，使彼有辞而我无谓，此之失策，虽悔何追。于是熟户之人，亦同叛涣。今若复令禁止，不许通粮，恐非制敌怀远，不战屈人兵之意也。"① 李至谴责了郑文宝的提议，认为应禁止青白盐进入汉界，同时禁止粮食进入蕃界，不能对蕃界采取怀柔政策。秦州方面也屡次发生类似情况，此不赘言。

《续资治通鉴长编》卷44，咸平二年六月戊午载："乌、白盐池，夏贼洎诸戎视之犹司命也。"② 这是秘书丞何亮之言，指出西夏因乌白盐池而富裕，诸戎将这一产盐地是做"犹司命也"，由此得知乌白盐池和他们的生死息息相关，成为他们赖以为生之业。《宋会要辑稿》方域十九之四九"请城山界条"所载种谔之言也提到"盐池可以来四方商旅"，在讨论横山铁业时也提及这一点。此外，种谔还指出："其沿边八州榷货客盐，自卖交钞，本为禁止青白盐立法。将来青、白盐池既归我，八州军自可不食解盐。乞以盐州隶本路，就收盐课应副沿

---

① 《续资治通鉴长编》卷42，至道三年十二月辛丑，第894页。
② 《续资治通鉴长编》卷44，咸平二年六月戊午，第951页。

边兼籴买粮草。"① 如宋朝收复盐州，获得青白盐，就不用再食用解盐，也可以以青白盐在沿边地区籴买粮草。

在横山的物产中，对于蕃部的生活而言，和铁比起来，盐更为重要，关乎横山蕃部经济生活的命脉，而盐州则是最重要的产地。

三 马

元丰五年五月二十六日，种谔陈述占领横山的效果时提到："得虏之牧地可以蕃息战马。"② 指出如果占领横山的话，可以获得牧地和战马。这是因为党项吐蕃诸部，尤其是党项在横山地区牧马。马匹和青白盐交易同样都是党项民族在鄂尔多斯沙漠南缘的重要贸易活动。另外，在横山的西南部，环州、原州之间集中了三大羌族，由此可以推定泾河流域及庆州一带也产马。在横山东部，府州被蕃部族帐围绕，因此难以治理。黑山麓、丰州也产马，所以麟、府、丰三州，黑山一带为横山东北端主要的的马产地。我们可以看出横山的马产地与党项、吐蕃诸族分布的密切关联。在此，我们有必要参照前文对横山居民的考察。

《五代会要》卷29《党项羌》天成四年四月载："四年四月敕：'沿边置场买马。不许蕃部至阙下。'自上御极已来，党项之众竞赴都下卖马。常赐食于禁廷。醉则连袂歌其土风。凡将到马无驽良，并云上进国家，虽约给价直以给之，然计其官给赐赍，每年不下五六十万贯。大臣以为耗蠹中原，无甚于此。因降敕止之。虽有是命，竟不能行。其年九月，首领折遇明等来贡方

---

① 《宋会要辑稿》方域十九之四九，第7650页。
② 《宋会要辑稿》方域十九之四七，第7649页。

物。十月，首领来有行来朝，进马四十匹。上御中兴殿阅所进马。枢密使安重诲奏曰：'吐浑、党项近日相次进马。皆给价直。对见之时，别赐缯帛，计其所费，不啻倍价，请止之。'上曰：'国家常苦马不足。每差纲收市。今蕃自来，何费之有？外蕃朝贡，中国锡赐，朝廷常事，不可以止。'自此蕃部羊马，不绝于路。"① 这段记载提道，后唐天成四年四月，在沿边置场买马，其后，党项开始为卖马频繁往来中原，而其中每年产生的"官给赐赍"都超过五六十万贯。疏密使安重诲提出对流出经费过于庞大的忧虑，提议停止党项卖马，但是没有获准。因此，蕃部的羊马不绝于路，党项的卖马活动更加频繁。进入长兴年间，党项的贩马活动愈发盛行。疏密使范延光的奏章中提道："见今西北诸道蕃卖马者往来如市。其邮传之费，市估之直，日以四五十贯。以臣计之，国力十耗其七。马无所使，财赋渐销。朝廷甚非所利。上善之。"② 这是在《五代会要》卷12《马》长兴四年十月之条中的记载，只选良壮之马，后唐就出钱购买③。后唐国力的十分之七都耗费于此，向诸蕃买马的经费流出惊人。当时，从事贩马活动的诸蕃之中，党项最为频繁。同时吐蕃诸族、凉州（西凉府）的六谷蕃部在六盘山麓、横山山麓进行的贩马活动也值得关注。而回鹘在当时的马匹交易中显得尤为活跃，关于这一点不再赘述。

《旧五代史》卷138"外国列传"第二"党项"中载："诸夷皆入市中国，有回鹘、党项马最多。"④ 宋代，党项的贩马活动依然频繁，自太平兴国年间起，宋朝在西北边州买马。横山山麓、

---

① 《五代会要》卷29《党项羌》，上海古籍出版社1978年版，第462—463页。
② 《五代会要》卷12《马》，上海古籍出版社1978年版，第208页。
③ 《五代会要》卷12《马》载："沿边藩镇，或有蕃部卖马，可择其良壮者给养，具数以闻。"上海古籍出版社1978年版，第208页。——译者。
④ 《旧五代史》卷138《党项传》，第1845页。

丰、麟、府、绥、银、夏、泾、原、环、延等州，浊轮寨、保安军等地，在雍熙、端拱年间都是著名的买马场。《续资治通鉴长编》卷104，天圣四年九月戊甲所载王曾之言提道："然马之孳息，不足以待国用，常市于边州。雍熙、端拱间，沿边收市：河东则麟府丰岚州、火山军、唐龙镇、浊轮寨，陕西则秦渭泾原仪延环庆阶州、镇戎保安军、制胜关、浩亹府，河西则灵、绥、银、夏州，川峡则益文黎雅戎茂夔州、永康军，京东则登州。自赵德明据有河南，其收市唯麟府泾原仪渭秦阶环州、岢岚火山保安保德军，其后止环庆延渭原秦阶文州、镇戎军置场。天圣中，犹得蕃部省马，总三万四千九百余匹云。"① 这里记载了宋初西北边境买马的状况。《宋会要辑稿》兵二二之一买马太平兴国八年十二月记载："先是，禁民於沿边诸郡私市马，及戎人卖马入官取其良而弃驽者。又民不敢私市，使往来死于道者众；戎人少利，国马无以充旧贯。自今边郡吏谨视马之良驽，驽者刻毛以记，许民市，庶羌戎获利而岁驱马通關市，有以补战骑之阙焉。"② 其中提道，在太平兴国以前沿边诸郡禁止私贩马匹，对戎人入官的马进行挑选，只取良马，禁止民间马匹私市交易。虽然此处表述有些夸张，但是可以从中看出马匹私市是蕃部民间的重要获利手段。

前面所引《续资治通鉴长编》卷104中提道，雍熙端拱年间，东起麟、府州，西至原、环州，设置了买马场，这一范围将横山完全囊括在内。赵德明占据河南之后，在横山山麓买马场减少，只剩麟、府、原、环、延州及镇戎军等地。但咸平年间在宋朝马政史上是一个革新时期，指定了市马场、招马场。《续资治通鉴长编》卷43，咸平元年十一月戊辰记载："凡市马之处，河东则府州、岢岚军，陕西则秦渭泾原仪环庆阶文州、镇戎军，川

---

① 《续资治通鉴长编》卷104，天圣四年九月戊申，第2421—2422页。
② 《宋会要辑稿》兵二二之一，第7144页。

峡则益黎戎茂雅夔州、永康军，皆置务，遣官以主之，岁得五千余匹，以布帛茶他物准其直。招马之处，秦、渭、阶、文之吐蕃、回纥，麟、府之党项，丰州之藏才族，环州之白马、鼻家、保家、名市族，泾仪延鄜、火山保德保安军、唐龙镇、制胜关之诸蕃。每岁皆给以空名敕书。"① 麟州的党项、丰州的藏擦勒族和其他吐蕃诸族一同出现在了招马场中。因继迁之乱，买马场、市马场都有所减少，在赵德明占据河南时期起减少尤为显著，尽管如此，宋朝并没有停止对蕃马购买的重视，虽在不同时期有官禁的紧弛之差，可以确定的是以买马场、招马场为中心集中了横山蕃部的马匹。据《宋会要辑稿》"兵·马政"中记载，大中祥符九年三月，宋朝臣僚禁止了边境地区马的私市，景德三年十一月，命沿边州军提高蕃马的收购价格。

随着西北边境逐渐被西夏占据，宋初开设于横山山麓的买马场、招马场都从北宋一方的记录中消失了，但显然不能由此认为横山蕃部的马产减少了，因为这里的马产并没有变化。《宋会要辑稿》"兵·马政"宝元二年七月二十二日记载："宝元二年七月二十二日诏，今后诸色臣僚更不得于府州买马"，"并许依旧例。具状闻奏，当议许令府州收买。先是宝元二年七月条贯，禁臣僚府州买马，至是，言者以官中价小，蕃马不来，故有是诏。庆历元年十二月禁沿边臣僚私市马。阙马者官为给之。"② 即使在西夏入侵活动频繁的时期，北宋也很重视蕃马的购买，禁止臣僚私市。此外我们还得知了当时府州是产马之地。同书"兵·买马之条"中有如下记载："二十九日（庆历五年七月），支内府绢二十万匹，付并、府州、岢岚军市马。""三年（至和）八月十五日，知并州庞籍言：'勘会本路马军，例各阙马，麟府见

---

① 《续资治通鉴长编》卷43，咸平元年十一月戊辰，第921—922页。
② 《宋会要辑稿》兵二四之一六，第7186页。

管马物帛数少。乞下三司支拨绢帛五七万匹。'诏令三司支绢三万匹，于府州下卸。是月，二十二日诏三司以绢三万市马于府州，以给河东马军。"① 庆历至和时，宋朝也从府州、麟州购入蕃马。被西夏占领的横山北麓的夏州、宥州肯定也有马产。从前文所考察的藏才族分布状况来看，不难判断出黑山一带，及其东北部都有牧马场，也是产马之地。

宋初时，灵州作为距横山最近的产马地而闻名。我曾撰文讨论过被称为六谷蕃部的凉州（两凉府）吐蕃到灵州的北宋买马场卖马。凉州马自古就负有盛名，在北宋时期也是名马。咸平末年，灵州城遭受了李继迁的猛烈攻击，将要陷落之时，凉州的六谷蕃部大首领藩罗支全力帮助北宋抵御继迁，其目的是保障凉州、灵州间卖马之路的畅通，继续维持马匹交易的利益②。《续资治通鉴长编》卷49咸平四年冬十月丁未，卷51咸平五年三月癸亥等处均可见到相关记载③。

在鄂尔多斯沙漠东侧的丰州、府州均为有名的产马之地，尤其府州蕃马在当时颇有盛名。在府州，黄河的中洲有牧场，名为"子河汊"，此处所产之马被视为最上等的良马。《宋会

---

① 《宋会要辑稿》兵二二之四，第7145页。

② ［日］前田正名：《五代及宋初时期六谷的地理构造考察——以居民构成为中心》，载《东洋学报》41之4。

③ 《续资治通鉴长编》卷49，咸平四年冬十月丁未载："且六谷者，西北之远蕃也，羌夷之内，推为雄豪。若计平时，但以市马，须示羁縻，则一怀化将军，亦已厚矣。"第1077页；《续资治通鉴长编》卷51，咸平五年三月癸亥载："兼闻近年麟、府缘边失于抚御，大族蕃部多已归投继迁。如此，则二三年间，麟、府州界蕃汉人户，渐更衰耗。只如朝廷每年买马，不补死数。西北未平，战马为急。旧日女真卖马，岁不下万匹，今已为契丹所阻。臣闻贼迁声向西凉云'我与彼蕃，自来无事'，盖为万山潜发人往。彼万一实有此言，若不和诱西凉以防后患，即恐今年秋冬来劫镇戎军。蕃部若断却六谷入京道路，即大梁、小梁蕃部无路向化，以至陇山后蕃族势亦难保。"第1121—1122页。——译者。

要辑稿》"兵·马政杂录"中记载①："凡马所出以府州为最。盖在与黄河之中洲曰子河汊者有善种。出环庆者次之，秦渭马虽骨骼高大而蹄薄多病。文雅诸州为下。止给本处兵及充铺马。契丹马骨骼颇劣。"②

图5-3 今陕西横山地区的养羊业

从中可以看出宋朝对府州马的重视，大中祥符二年八月派遣官员前往麟州、府州省马，拣选马匹；大中祥符八年闰六月，禁止河北、河东、陕西的部署、钤辖、都监、知州等私买府州蕃马③。天圣八年，一度中断的麟府州买马又再度兴盛。从前文考察中可以了解到，在宝元、康定、庆历时期元昊的势力极盛时代，府州也有马产以及北宋禁止马匹私市的情况。麟

---

① 《续资治通鉴长编》卷260，熙宁八年二月庚午反而提到麟、府路之马匹劣弱，但是，整体上来说，府州马在整个北宋时代都较为有名。
② 《宋会要辑稿》兵二四之三，第7180页。
③ 《续资治通鉴长编》卷85，大中祥符八年闰六月乙丑载："乙丑，禁河北河东陕西缘边部署、钤辖、都监、知州等私买军衣绢染彩，博市府州蕃马。"第1941页。——译者。

州、府州等地，尤其集中于府州的党项诸部的马匹在北宋对西夏战争中有着重要的意义。

位于府州西北200里处的丰州也有大量马匹。宋初，丰州多次向北宋献马，太平兴国五年九月契丹企图组织献马，但丰州并未顺从，反而向宋通报。《续资治通鉴长编》卷21，太平兴国五年九月壬戌载："契丹以书遗丰州刺史王承美，令毋与中国市马。承美不从，具奏其事。契丹怒，率众掠丰州关以西部族三百余帐。"① 可以确定的是：丰州向北宋贡献了大量马匹，例如淳化四年正月藏才西族大首领等18人献马，同五年四月藏才东族首领进贡，至道二年四月，丰州河北藏才东族首领进贡，咸平二年十一月，丰州河北藏才族进贡名马②。

随着李继迁围攻灵州城的战事日益紧迫，西凉府的吐蕃及甘州回鹘都有协助北宋的意图，灵州附近的大梁族、小梁族及黄河北方的隆伊克美族也在藏才族的带领下来朝。《续资治通鉴长编》卷54，咸平六年春正月丙午记载："仁珪（丰州推官张仁珪）等言：'龙移、昧克、一云庄郎、昧克，其地在黄河北，广袤数千里。族帐东接契丹，北邻达靼，南至河西，连大梁、小梁族，素不与迁贼合。迁贼每举，辄为所败。常以马附藏才入贡。'"③ 黄河北岸的隆伊克美族随藏才族一同向北宋进贡马匹。除了横山蕃部的马，我们还可以看到穿越鄂尔多斯沙漠，或自灵州向南穿越鄂尔多斯沙漠西南部后，再翻越横山的马匹输送路线。

散布于横山北麓的绿洲中有畜牧发展，盐州、宥州、夏州、银州、麟州等地的牧场均产马。还有无定河流域及其支流

---

① 《续资治通鉴长编》卷21，太平兴国五年九月壬戌，第479页。
② 《宋会要辑稿》方域二十一之十载："淳化四年正月，藏才西族大首领罗妹等十八人来朝，贡马十八匹。""真宗咸平二年十一月，丰州河北藏才族以大首领皆赏罗等以名马来贡。"第7666页。——译者。
③ 《续资治通鉴长编》卷54，咸平六年春正月丙午，第1178页。

的大理河流域也是横山地区重要的产马地。但是，绵延于白于山主峰西部的土山，直到环州、原州一带，虽然占据了横山的大部分面积，除河川流域外，基本上没有重要的产马地。

总的来说，宋初，在横山山麓设置了买马场，延续了五代以来的官买蕃马。因李继迁叛乱、西夏侵寇等原因，一些买马场被西夏占据，导致这一带买马数量减少。但是即使在元昊势力猖獗时期，横山地区的马产量也并未降低。

横山地区的马产和党项、吐蕃等族的族帐分布密切相关，他们将族帐扩展到了水草地，其居住区域就成了马产地。从这一意义上讲，主要有横山西南端环、原二州之间的三大羌人居住区域，横山东端的麟州、府州、及丰州。从横山地区牧场的分布来看，有无定河流域、大理河流域、黑山麓、府州的子河汊、环州和原州间的葫芦泉一带。在六盘山山麓也有不少马产地，但不在本书讨论的范围内。横山以外，灵州、西凉府（凉州）、黄河北岸的隆伊克美族居住地，还有自鄂尔多斯，尤其是其东部到横山间的广阔区域中散布的藏才族居住地也是应该关注的马产地。总之，在横山东部有众多马产地。

四　农产

本书多次引用过的元丰五年五月二十六日种谔之言中提到的事情[①]：宋军如占领横山，能够获得粟米以养精兵。从农耕

---

① 《续资治通鉴长编》卷326，元丰五年五月丙午沈括、种谔言："又山界既归于我，则所出之粟可以养精兵数万，得敌之牧地，可以蕃战马，盐池可以来四方之商旅，铁冶可以益兵器、置钱监，以省山南之漕运。彼之所亡者如此，我之所得者如此。而又绝和市、罢岁赐，驱河南之民聚食于河外，彼将何以自赡？更使之赂契丹、结董毡，乃所以交困之也。山界城成，则下瞰灵武，不过数程，纵使坚守，必有时而懈。缘边修战备，积军食，明斥堠，待其弛备，发洮河之舟以塞大河，下横山之卒，捣其不意，此一举可覆也。"第7857页。——译者。

民族的角度来看，横山最重要的物产肯定是农产物。这里只做简单论述，但在前文的自然地理概述中提到过，横山是黄土覆盖的丘陵状山地，北接沙漠，故而越往北越干燥，不适宜居住。树木通常无法生长，只有延州北方有稀疏柏林。

耕地主要分布于无定河、大理河、延水、周水河、洛河等横山东部的大小河川流域，及西部的泾河流域、清水河流域。但保安军向西，直至环州，除定边川流域、定边军外，几乎没有绿地，都是土山绵延的丘陵，到环州北方不远的清远镇，就已完全草木不生，成了沙漠地形。

鄂尔多斯沙漠和横山相接地带有盐州、宥州、夏州、银州、府州等，均有绿地。而绥州则有大量耕地，大理河河岸也是有这一带的重要农耕区域，且是横山南麓渐渐过渡到陕北盆地的农耕地区。盐州大部分地区青白盐产地，因此不会有农产。横山北麓只有无定河流域有耕地，且上游地区几乎都是牧场，看不到农业生产的迹象，下游耕地则渐渐增多。从耕地分布来看，横山地区的耕地集中于东部，尤其是白于山主峰东南斜坡地带，有大小多条河流流经，在横山地区的耕地中尤显重要。①

---

① 参照《中华民国新地图》第21、23图。

第六章　横山地区的交通道路

在参照宋初和平时期的贸易及交通道路的相关记录，李继迁兴起和西夏侵寇频繁时期宋夏军事关系、外交关系等文献资料，以及宋朝收复横山时期的军事、地理关系等记录的基础上，对北宋时期横山周边交通道路状况进行考察。

一　纵贯南北的道路

（一）延州北部地区

《续资治通鉴长编》卷35，淳化五年春正月甲寅记载了宋琪的上书，纪录了纵贯横山南北交通要道的情况："从延州入平夏有三路：一、东北自丰林县苇子驿至延川县，接绥州入夏州界；一、正北从金明县入蕃界，至芦关四五百里，方入平夏，是夏州南界；一、西北历万安镇经永安城，出洪门，至宥州四五百里，是夏州西界。我师如入夏州之境，宜先招到接界熟户，使为向导，其强壮有马者，令去官军三五十里，踏白先行。缘此三路，土山柏林，溪谷相接，而复隘□不得成列。"①自延州有三条道路通往平夏，一条是向东北，经丰林县苇子驿，入延川县，自绥州界进入夏州；另一条是自延州从正北经

---

① 《续资治通鉴长编》卷35，淳化五年春正月甲寅，第768页。

金明县进入蕃界，行四五百里到达芦关，进入平夏，为夏州的南界；还有一条是自延州向西北经万安镇、承安城，出洪门，行四五百里到达宥州，此处为夏州西界。

关于引文中的"平夏"，在夏州的论述中提到过，指横山以北的沙漠，而"卢门"应该是笔误，应为"芦关"，即"芦子关"，位于塞门寨以北，其北方有乌延城等三城守卫着北上的交通道路①。

《西夏书事校证》卷3，太平兴国七年夏五月则记载了从夏州进入中国的道路："夏州入中国有三路。一由绥州历丰林县苇子驿入鄜、延东北。一由夏州越五百余里至芦关出蕃界，入金明境，为延州正北。一从夏州经四百里，至宥州入洪门。由永安城历万安镇，抵延州西北。此三处皆土山、柏林、溪谷相接，径路仄狭，驼马不得并行。"②与《续资治通鉴长编》中的记载几乎一致③，延州北方的金明寨以北为蕃界。土山柏林，溪谷相接，道路狭窄，驼马不能并行，人也无法成队列，这是延州与夏州之间横穿横山的道路状况。从自然地理角度看，自延州出发前往鄂尔多斯沙漠的话，一般都会选择沿无定河的道路，即前文三条道路中的东路和中路。大中祥符三年，西夏为了交通之便，想要在绥州、夏州间修筑馆舍④。此

---

① 《读史方舆纪要》卷61陕西榆林镇载："唐长庆四年，李祐为朔方节度使，筑乌延、祐川、临塞、阴河、陶子等五城于芦子关北，以护塞外，亦谓之五城。"中华书局2005年版，第2913—2914页。文中三城应有误。——译者。

② 《西夏书事校证》卷3，太平兴国七年夏五月，甘肃文化出版社1995年版，第36页。

③ 从史源学角度看，《西夏书事》中的这段话应来自《续资治通鉴长编》或其他宋代文献，实则一也。——译者。

④ 《续资治通鉴长编》卷73，大中祥符三年春正月己巳载："内侍副都知阎承翰使夏州还，言赵德明于绥、夏州各建馆舍以待王人，望于浦洛峡置驿。上以其地荒夐，劳于役守，不许。"第1651页。——译者。

外，元丰四、五年宋军北进时，是从绥州出发，沿无定河流域向银州方向路线进军的①。也就是当时利用率最高的延州夏州间道路。

中路是自延州，经金明寨、芦关，到达夏州南界，几乎是自延州向正北方行进的。金明寨位于延州北方40里处，西夏进攻延州时，大多首先进攻此处，其战略地位可见一斑。关于芦关，在宥州处已经提及，在今安塞县北面与靖边县界相接之处。至道年间，芦关和塞门寨同时被西夏占领，元丰四年又被收复。在塞门寨有蕃部旧寨，此处应为《元和郡县志》中记载的塞门镇，芦关在其北方18里或15里处。据《宋史》卷87《地理志》"延安府塞门砦条"记载："塞门砦，延州北蕃部旧砦，至道后与芦关、石堡、安远砦俱废。元丰四年收复，仍隶延州肤施县。东至殄羌砦五十里，西至平戎砦六十里，南至安塞堡四十里，北至乌延口九十里。"②

塞门寨位于殄羌寨西面50里，平戎寨东面60里处。据《大清一统志》卷182延安府"关隘条"记载，殄羌寨位于安定县西北70里处，平戎寨位于保安县东北90里处，由此可以推定塞门寨的位置应该是在今中山河上游附近③。这样一来，其北方十数里处的芦关应该是位于靖边县界的延水上游附近。据《大清一统志》记载，自芦关南下，进入塞门的道路被称为金明路。芦关北面自古就有一些守备交通的城寨，古乌延城就在这些城寨的北端。《新唐书》卷37《地理志》"夏州朔方县条"记载："长庆四年，节度使李祐筑乌延、宥州、临塞、阴

---

① 《宋史》卷486《夏国传》载："以河东军渡无定河，循水北行，地皆沙湿，土马多陷没，遂继谔趋夏州，而民皆溃，军无所得。"第14011页。——译者。

② 《宋史》卷87《地理志》，第2147页。

③ 塞门寨在今陕西省安塞县镰刀湾镇政府驻地附近，位于今延河上游，遗迹尚存。——译者

河、陶子等城于芦子关北，以护塞外。有木瓜岭。"①

图6-1 今塞门寨遗址附近景观

唐朝在芦子关北建了五座城寨，显示了延州正北的金明路在交通方面的重要性。关于金明路的重要性，在《范文正公集》卷9"上疏密尚书书"中可以见到如下记载："今至延安北入金明。视城垒之役，且欲深见边事。戎马之后，原野萧条。金明北百里之间，元有塞门、栲栳二寨，并李士彬下蕃部寨三十六所，悉已荡去，尽没蕃路，人不敢诣。又此间随川取路，夹以峻山，暑雨之期，湍走大石，秋冬之流，屈曲如绕，一舍之程，渡涉十数。山川之恶，诸处鲜并。兵马出入所宜慎重。又，将帅无谋，不务训练，坐困粮道。"因为是沿川道路，所以许多地方不得不涉水而行，这一点从地图上也可以看出来。金明寨北面有不少蕃寨，当时为蕃境。

---

① 《新唐书》卷37《地理志》，第973—974页。

西路是自延州向西北，到万安镇，经承安城、洪门、宥州，到达西夏西境。《大清一统志》卷182延安府"关隘万安砦"记载，万安寨位于万安县西，根据"延安府志"的记载可以推定万安城的位置为现在的安塞县西南100里处。《太平寰宇记》卷39"关西道宥州"的四至八道之条中记载"南至洪门镇八十里为界"。① 由此可见，宥州南面80里处为洪门镇，此处是宥州南界。参照地图来看，西路大概是沿延水西岸或周水河流域北上，通往今靖边县方向的。

《续资治通鉴长编》卷64，景德三年九月丁卯条记载："张崇贵久在延州，善识蕃人情伪，西人畏服。凡德明有所论述及境上交侵，必先付崇贵裁制。先是，夏州趋边有二路，己巳，诏缘边诸州无得承接夏州章奏移牒，并令纳于延州，其遣使往来，亦勿取他州，以崇贵故也。"② 其中提道，"夏州趋边"意为自夏州赴宋边境，有两条路：一条应该是为沿无定河之路，另外一条则是前面考证过的中路，或西路，这一点还未查明。无论如何，宋初纵贯横山之路应位于夏州和延州之间，大致可分为东路——无定河路，中路——金明路，西路——延水西岸路或周水河路。其中值得注意的是，三条路均在白于山主峰东南斜坡地带，要渡过大小多条河流，北上可达夏州，即在横山东部集中了连结鄂尔多斯沙漠和陕北盆地的交通道路。

这些横山东部的南北纵贯道路在五代和宋初时期最为繁荣。李继迁之乱后，咸平年间以降，通过这里的和平国际交通线就不像以往那样频繁了。咸平之前，夏州无疑是宋朝通往北方、西北方的重要交通枢纽。五代、宋初时，党项诸部向中原王朝进贡马匹，也是通过这里的。西域诸国及漠北诸国在当时

---

① 《太平寰宇记》卷39《关西道宥州》，中华书局2007年版，第824页。
② 《续资治通鉴长编》卷64，景德三年九月丁卯，第1428页。

也是先抵夏州，而自夏州南下抵达宋都。当时利用的也是前文讨论的横山东部三路，尤其是沿无定河的东路①。

（二）保安军顺宁寨和宥州间的交通道路

宝元康定以降，元昊的侵寇活动进入白热化阶段，宋朝的保安军顺宁寨和西夏的宥州之间有交通往来，这一点在史料中频繁出现。虽然文献侧重于军事、外交方面的记载，但是我希望能通过这些记载，对纵断横山南北的道路进行考察。

康定元年春正月，西夏军队入侵延州，五月进攻延州北方的塞门寨，庆历元年二月，进攻了渭州，七月侵犯麟州、府州，次年庆历二年九月侵犯定川寨②。西夏一方如此频繁的侵犯，在宝元之前的记录中是没有的。值得关注的是，这一变化发生在元昊控制河西（凉、甘、肃、沙州等），并占领西域诸国和中原交通道路之后。

庆历三年，宋夏双方的关系进入相对和平的时期，元昊死后，熙宁三年八月，西夏军大举进攻庆州的大顺城，两阵营再次陷入紧张局势，元丰四年以降，开始了有名的宋军征讨西夏，形式上扭转为宋占据上风和优势。元丰五年九月，西夏军攻陷永乐城后，战争的主导权再次被西夏掌握，战斗一直持续到了元丰七年。之后双方的关系又恢复了和平，元祐二年七月西夏军进攻镇戎军，双方再次进入战斗状态。一直到北宋末年，双方关系在和平与战争间反复变化。

这一期间，保安军北面40里处的顺宁寨是宋朝对抗西夏的最前线外交机构所在地，具有非常重要的地位和作用。顺宁

---

① 北宋时代经由灵州，向东南赴中原，为此不少西域商人来到灵州。灵州路被李继迁阻断后，改由沿湟河向东，到达中原。

② 《宋史》卷87《地理志》载："定川，熙宁。有硝坑堡。"第2158页。——译者

寨位于保安军和宥州之间，宋夏双方势力在顺宁寨和宥州之间相接。《宋史》卷87《地理志》"保安军顺宁寨条"记载："顺宁。东至平戎砦七十里，西至金汤城九十里，南至保安军四十里，北至万全砦四十里。"① 顺宁寨位于今保安县北方②。根据"四十里"这一距离，应该是在今九吾山的东面③。杨守敬考订的位置过于偏北。宥州基本是以现在的靖边县为中心的，所以顺宁寨和宥州之间的交通道路，应该是纵贯了白于山主峰向东延伸的2000米高地东端。庆历三年夏四月，保安军判官邵良佐出使西夏，许元昊封册，并约定每年赐绢十万匹、茶三万斤④。之后，在宥州和顺宁寨间多次有外交使节往来。

保安军榷场设立于庆历四年十二月，同时设立的还有镇戎军的安平寨榷场⑤。庆历六年十二月，保安军榷场的羊只博买数量被定为每年一万口⑥。庆历七年九月，保安军榷场迁至顺宁寨，但顺宁寨的榷场几乎没有被利用过，没有蕃商聚集。《续资治通鉴长编》卷161，庆历七年九月庚子记载："庚子，徙保安军榷场于顺宁寨。保安旧有榷场，自元昊叛命再请和，数使来乞增置之，朝廷为置榷场于保安、镇戎军。至是，又言

---

① 《宋史》卷87《地理志》，第2148页。
② 《大清一统志》卷182延安府关隘"顺宁寨"。
③ 九吾山位于今陕西省志丹县永宁镇境内，海拔1563米，又名云雾山、龙首山、药王山。山脉呈南北走向，山体陡峭雄伟，山峦起伏，群峰环绕，绵延数十里。——译者。
④ 《宋史》卷11《仁宗本纪》载："夏四月戊戌朔，幸琼林苑阅骑士。癸卯，遣保安军判官邵良佐使元昊，许封册为夏国主，岁赐绢十万匹、茶三万斤。"第215页。——译者。
⑤ 《续资治通鉴长编》卷153，庆历四年十二月辛亥载："置保安军及镇戎军安平寨榷场。"第3727页。——译者。
⑥ 《续资治通鉴长编》卷159，庆历六年十二月己酉载："诏保安军、镇戎军榷场，岁各市马二千匹，博买羊一万口。"第3854页。——译者。

驱马羊至无放牧之地，亦听保安场徙他处，然蕃商卒不至。"①

顺宁寨蕃商不至，是因为气候干燥，牧草不生，因而没有适宜放牧之地。像这种沙漠附近的高原，草木不生，交通也不会发达。所以不能拘泥于文字记录，还应从自然条件方面考察宋夏间军事外交方面的这种特殊交通现象。但是顺宁寨作为特别的极边之地，对于宋朝来说有着特殊的军事外交意义，这一点可以从治平年间杨定之事看出。《续资治通鉴长编纪事本末》卷83"种谔城绥州"记载了治平四年十一月保安军杨定作为使者出使西夏，觐见夏主谅祚时叩拜称臣，并许向西夏归还沿边熟蕃。不久种谔在绥州筑城，谅祚以杨定欺诈为由，诱杀之②。从这一事件中可以看出，当时保安军一带有宋朝熟户归附西夏的情况，这一带宋朝官吏、军人中也不乏与西夏私交往来之人③。据《续资治通鉴长编纪事本末》记载，熙宁元年时西夏界内和顺宁寨间的人员往来相当频繁。

保安军顺宁寨一带的蕃部有很多逃入西夏境内。《宋会要辑稿》兵二八《备边二》中记载："（熙宁）六年二月二十八

---

① 《续资治通鉴长编》卷161，庆历七年九月庚子条，第3888页。

② 《续资治通鉴长编拾补》卷2，治平四年十一月癸卯条载："杨定每奉使至谅祚所，常私见谅祚，称臣拜谒，许以缘边熟户归之。及种谔取绥州，谅祚以定为卖己，故并臻及时庸诱杀之。"中华书局2004年版，第74页。——译者

③ 据《续资治通鉴长编补拾》卷3，上熙宁元年五月丙戌记载："丙戌，郭逵言：'夏国遣人奉誓表，送杀杨定人伪六宅使李崇贵、韩道喜及所房去定子仲通已至界道。'诏遣使二人监管崇贵等，乘驿赴阙。杨定等死，逵密诇边吏，得杀定等首领姓名，谍告曰：'夏人将斩杀定之人於境以谢罪。'逵曰：'此特斩囚以绐我。'檄宥州诘夏人，且曰：'必执李崇贵等来。'房曰：'杀之矣。'逵曰：'崇贵等见存职任状貌如此，何可欺也？'夏人惧，乃以实告。初，薛宗道受韩缜所议，归白秉常，秉常不许。宗道始归，逵言：'朝廷欲以官爵授秉常左右任事之人，彼主幼国疑，当不受诏，藉或授之，必伪立姓名以邀金缯；且彼既恭顺，宜开布大信，以示威灵所加，不宜诱之以利。'秉常果不受诏，如逵所言。"中华书局2004年版，第98—99页。——译者

日，延州言，顺宁寨蕃部逃入西界，蕃官刘绍能以兵袭逐不及，及捕西人为质。上曰：'自许下国修贡以来，近边逃背生口皆送还，意极恭顺。今绍能以兵出界，人情必生愤激。可严戒边吏，自今毋或生事。'"①

顺宁寨的蕃部逃入西界，刘绍能发兵征讨，神宗下旨告诫，要警戒因此生事。此外，西夏使者自宥州南下到顺宁寨的例证也有不少，在此恕不列举。② 西夏还曾派遣使者索要保安军一带的汉界人户。③《续资治通鉴长编》卷224，熙宁六年夏四月丁酉记载了河东经略使的奏言，其中有来自西夏境内凉州逃回的两个陷蕃士卒的归言④。这一史料对于文献缺略的西夏河西地区来说是弥足珍贵的。根据士卒供述，凉州守备为原顺宁寨供奉官王某之子，他和家人同住，没有返宋的意愿。从这一事例也可得知，西夏不仅对于归宋的西夏国民严厉追查、索

---

① 《宋会要辑稿》兵二八之一三，第7276页。
② 《续资治通鉴长编》卷223，熙宁四年四月丙戌："枢密院言：'西人款塞达意，前此惟在延州顺宁寨，今若诸处城寨各与之语，恐应答差误，有失事机。且谓朝廷速欲开纳，启其骄慢。欲令赵禼委折克隽，候其再至语之，如必欲通意，须往顺宁寨依故例与军北巡检商量，转报上牙，当有处分。'从之。"第5416—5417页；《续资治通鉴长编》卷368，元祐元年二月丙申载："顺宁寨主许明申称，西人叶乌玛等来界首，言兴州衙头差下贺登宝位人使多时，为国信不来，未敢过界。"第8879页；《续资治通鉴长编》卷506，元符二年二月甲申载："鄜延路经略使吕惠卿言：'保安军顺宁寨据西界首领哆勿乜赍到宥州牒一道，称正月二十日国母薨，定差使令逊嵬名济、副使谟程田快庸等诣阙告讣，兼附谢罪表状。'"第12054页。——译者。
③ 《西夏书事校正》卷18庆历五年十二月条载"遣杨守素至保安军，索在汉人户。曩霄初上誓表言所掠蕃、汉人户，两不相还。"甘肃文化出版社1995年版，第210页。——译者。
④ 此文献应为《续资治通鉴长编》卷244，熙宁六年夏四月丁酉："河东经略司言，有陷蕃卒二人逃归言：'夏人恐我大兵至，修筑于凉州，而凉州守乃我顺宁寨供奉王某之子，每言我有家属于此，如何不早图南归。'"第5943页。——译者。

回，还经常引诱宋朝军民投奔夏国境内。这一点，因不在本书的讨论范围内，不做详解①。

《续资治通鉴长编》卷487，绍圣四年五月甲子条记载："鄜延路经略司言：'保安军顺宁寨蕃官巡检、供备库副使刘延庆，遣使均凌凌诈投西界，招诱到左厢，密约归汉。元系左班殿直、保安军顺宁寨蕃官，元祐六年投蕃，今复归汉。已书填空名宣补充右侍禁依旧住坐。其刘延庆及均凌凌乞优与推恩。'诏刘延庆转一官，均凌凌与下班殿侍，仍支钱十万。"② 这是宥州和保安军顺宁寨间策谋的一件特殊的交通事例。

元祐年间，宋夏双方为协议国境，在保安军、宥州间多次遣使往来③。元符年间也是如此④。由此可知，庆历以降直至北宋末年，往返于宥州和保安军顺宁寨之间的两军使者不绝于道。从整个横山地区来看，利用的仍然是横山东部地区的南北纵贯道路。这一交通现象，是政治、军事方面的特殊现象，决不是自然形成的人文现象，一旦西夏和宋朝间的军事交涉不再进行，这样的现象几乎就销声匿迹了。

---

① 《欧阳文忠公文集》卷30《兵部员外郎天章阁侍制杜公墓志铭》，《续资治通鉴长编纪事本末》卷83，《安阳集家传》卷2。

② 《续资治通鉴长编》卷487，绍圣四年五月甲子，第11570—11571页。

③ 《续资治通鉴长编》卷441，元祐五年四月壬戌载："是月，令保安军牒报宥州质孤、胜如建置年月。宥州牒兰州，所管至第三寨取直。"第10623页；《续资治通鉴长编》卷442，元祐五年五月丙子载："鄜延路经略司言：保安军封到宥州牒称，请度兰州胜如等处堡。"第10636页。《续资治通鉴长编》卷442，元祐五年五月壬申载："宥州牒保安军，兰州地界如前月。令保安军牒，再会熙州。"第10645页。——译者

④ 《续资治通鉴长编》卷517，元符二年冬十月甲子载："诏保安军牒宥州无得犯青唐界。"第12313页。——译者

(三) 横山西端的南北纵贯道路

横山西端有连接北方沙漠和南方农耕地带的交通要道，被称作灵州路，其路线为自环州向西北经青冈峡，到清远镇，北行于长岭（积石岭）之上，到山水河流域，沿河北上抵灵州。灵州路是鄂尔多斯沙漠西缘的南北道路，并与翻越贺兰山向西至凉州的道路等相连接。

五代宋初，灵州是国际化的交通枢纽城市，多数漠北、西域诸国都是经由灵州抵达中原，尤其在宋初，西域诸国通过河西走廊向东到西凉府，再沿额济纳河向东北，向东穿越阿拉善沙漠，翻越贺兰山到达灵州，然后南下进入中原，这一点在横山交通史上是非常重要的。毋庸置疑，多数情况下商旅使臣们都是穿过鄂尔多斯沙漠，到达夏州，自夏州穿过横山南下到达宋都。宋初在西域诸国和中原的交通路线中，灵州路发挥着重要作用。[1]

《续资治通鉴长编》卷35，淳化五年春正月载："灵武路自通远军入青冈峡五百里，皆蕃部熟户。向来人使商旅经由，并在部族安泊，所求赂遗无几，谓之'打当'，亦如汉界逆旅之家宿食之直也。此时大军或须入其境，则向导踏白，当如夏州之法。况彼灵州，便是吾土，刍粟储蓄，率皆有备，缘路五、七程，不烦供馈。"[2] 自通远军入青冈峡，只行五百里，就能到达灵武。通远军位于环州，青冈峡则在环州北面。[3] 自青冈峡经由清远镇，北上到达灵州，这一路线在《宋史》卷

---

[1] ［日］前田正名：《北宋初期灵州的地域结构》，载《东洋史历史地理研究》1。

[2] 《续资治通鉴长编》卷35，淳化五年春正月，第769页。

[3] 《读史方舆纪要》卷57，陕西庆阳府环县载"青冈峡在县北。亦曰青冈岭。"中华书局2005年版，第2765页。——译者。

图6-2　今吴忠市及黄河（唐宋时期的灵州即在附近）

309《杨允恭传》中所记载的允恭之言中提及："允恭因建议曰：'自环州入积石、抵灵武七日程。'"① 清远镇位于积石岭上。《宋史》卷277《郑文宝传》中记载："清远据积石岭，在旱海中，去灵、环皆三四百里，素无水泉。"②

清远镇据积石岭，位于沙漠中，距灵州、环州约三四百里，且没有水泉，自此向北完全进入沙漠地带。我曾详细论考过清远镇的位置，这里只提结论，宋初的清远镇，大约是在现在的平远镇附近。③

自清远镇沿山水河赴灵州，在途中有浦洛、耀德两处要地，自古就是交通要道。位于环、灵二州之间的这条道路在咸

---

① 《宋史》卷309《杨允恭传》，第10162页。
② 《宋史》卷277《郑文宝传》，第9427页。
③ ［日］前田正名：《北宋初期灵州的地域结构》，载《东洋史历史地理研究》1。

平年间随着李继迁的异动，受到了宋朝的重视。《续资治通鉴长编》卷44，咸平二年六月戊午记载："自清远至灵武，有溥乐，有耀德，盖水草之地，为河西之粮道，而悉有古城之迹存焉。夏寇西掠诸戎，则此其要害之路也，故每扬言曰：'朝廷如修溥乐城，我必力争。'其言不恭之甚，其实惧朝廷之城溥乐以通粮道而扼其往还要害之路也。"[1] 从中可以得知，山水河路自古就是要道。李继迁反叛之后，灵州城失去了国际化交通枢纽的地位和作用，成为西夏民众以及途经西夏来宋朝旅人的交通要道。在六盘山北麓为西夏统治的时期，这条道路作为鄂尔多斯沙漠西南部的交通要道发挥了重要作用。这条沿山水河的道路——山水河路无疑是在横山西端南北纵贯道路的北段部分。

二 横山北麓的东西交通路——鄂尔多斯沙漠南缘交通路线

从人文地理学的角度来讲，在沙漠和农耕地域的交界线处交通道路也就发达，且沿途贸易城市兴起和兴盛也是极为自然的事情。鄂尔多斯沙漠和中国农耕地区的相接地带就是本书中所考察的横山北麓地区。五代北宋时期，府州、麟州、银州、夏州、宥州、盐州等横山北麓诸州之间交通道路发达，从地理条件上来看是非常自然的人文地理现象，即使没有史书记载，任何一个历史时期在鄂尔多斯沙漠南缘地带都应该是人马往来的。基于自然地理条件的人文地理学角度来看，这一点也有充分的依据。我们可以在西夏兴起及宋夏战争时期的军事斗争记录中找到当时鄂尔多斯沙漠南缘地带交通道路的相关线索。

---

[1] 《续资治通鉴长编》卷44，咸平二年六月戊午，第948—949页。

太平兴国七年六月，银州的李继迁出兵夏州东北方的地斤泽，自地斤泽入侵麟州一带及银州、夏州、宥州，而讨伐夏军的宋军自绥州、银州出兵，进击夏州一带。雍熙年间，李继迁的军队和曹光宝等率领的宋军往返于地斤泽、浊轮川、银州、夏州之间，这也表明宋初横山东北部的麟州方面和夏州间有人马交通之路。当时，宥州、夏州、银州、绥州间的交通是利用无定河沿岸道路；而自银州通往东北方麟、府州方向的道路并不是河川沿岸道路，而是要穿行于鄂尔多斯南缘的绿地间。在此途中，沿着今无定河的支流榆林河、清水河北上的交通道路值得瞩目。这是经东胜县进而向鄂尔多斯沙漠前行的通道，并与黄河北岸及阴山南麓的东西向交通道路相接，这也是五代北宋时期藏才族的南下之路。①

宋初时，麟州、夏州间的人员往来及道路状况可以从《宋史》卷250《崇训传》中可窥知一二："崇训字知礼，乾中，以荫补供奉官，迁西京作坊副使，出为澶州河南北都巡检使。从太宗征河东，还，以贝、冀等州都巡检使权知麟州。雍熙中，李继迁寇夏州，崇训领兵赴援，大败之。徙监夏州军。历知越、泉、登、莫四州，徙知威虏军，改如京使。咸平初，出知石州。属继迁犯境，崇训追袭之，至贺兰山而还。二年，再知麟州，又败继迁于城下。"②

乾德中，崇训为权知麟州，继迁侵犯夏州，崇训讨伐获胜后，成为监夏州军。这里可以看到麟、夏州之间的交通状况：崇训在咸平初年成为知石州后，追袭继迁至贺兰山后返还。第二年，再次成为知麟州。他的这一系列行动显然是通过自麟州经夏州至贺兰山的鄂尔多斯沙漠南缘道路来回往返的。

---

① 关于藏才族，参照前述的《最新中国分省地图陕西省》。
② 《宋史》卷250《崇训传》，第8824—8825页。

图 6-3　毛乌素沙地中的牧场和湖泊

大中祥符年间麟州、府州方面和夏州间有民间贸易往来。《续资治通鉴长编》卷72，大中祥符二年十一月乙卯记载："乙卯，河东缘边安抚司言：'麟、府州民多赍轻货，于夏州界擅立榷场贸易。望许人捕捉，立赏丝以惩劝之。'上曰：'闻彼歧路艰崄，私相贸易，其数非多，宜令但准前诏，量加觉察可也。'"① 麟州、府州多有州民运输轻货至夏州界进行私市交易。尽管有河东缘边安抚司上书建言，但这类私市交易仍被允许。

夏州和银州之间则有李继迁运输军粮的道路。《宋史》卷257《李继隆传》中有如下记载："（淳化）四年夏，召还。太宗面奖之，改领静难节度……会密诏废夏州，隳其城。继隆命秦翰与弟继和及高继勋同入奏，以为朔方古镇，贼所窥觊之地，存之可依以破贼；并请于银、夏两州南界山中增置保戍，

---

① 《续资治通鉴长编》卷72，大中祥符二年十一月乙卯，第1640页。

以扼其冲，且为内属蕃部之障蔽，而断贼粮运。皆不报。至道二年，白守宗守荣、马绍忠等送粮灵州，为继迁所邀，败于洛浦河。"① 因继迁在银、夏两州间运粮，李继隆在这两州南界的山中筑堡寨，欲断继迁粮道。

咸平以降，灵州陷于李继迁后，继迁在鄂尔多斯沙漠南缘方面的势力得到加强。其后，麟、府、银、夏、宥等州间的交通一直持续到北宋末年。例如，熙宁元丰年间的宋军对西夏的行动就说明了这一点。下面的例子引自《续资治通鉴长编》卷218，熙宁三年十二月丙子："初，绛檄河东发兵与谔会银州，有不如期，令谔斩其将。然河东兵由麟州神木砦趋生界，度十五日仅得至银州，谔但与期五日，河东兵恟恟以为言。禼指图白绛曰：'麟、银地里，非五日可至。且深入贼境，猝遇贼，奈何？'"② 宋朝军队自府州东渡黄河，与河东方面交通往来的情况较多。这里提到的就是熙宁年间宋军自河东方面经麟州到达银州的例子。

从夏州、宥州向西，盐州是到达灵州途中最重要的交通要塞，此地不仅是沿横山北麓到达盐州的路，还有自环、庆等州翻越横山北上的道路。在《续资治通鉴长编》卷40，至道二年九月己卯载："己卯，夏州、延州行营言：'两路合势破贼于乌、白池，斩首五千级，生擒二千余人，获其酋末慕军主、吃啰指挥使等二十七人，马二千匹，兵器铠甲万数，贼首李继迁遁去。'先是，上部分诸将攻讨，李继隆自环州，范廷召自延州，王超自夏州，步军都虞候、容州观察使颍川丁罕自庆州，西京作坊使、锦州刺史张守恩自麟州，凡五路，率兵抵乌、白池，皆先授以方略。守恩，令铎子也……独王超、范廷召至

---

① 《宋史》卷257《李继隆传》，第8967页。
② 《续资治通鉴长编》卷218，熙宁三年十二月丙子，第5306页。

乌、白池，与敌遇，大小数十战，虽频克捷，而诸将失期，士卒困乏，终不能擒敌焉。时超子德用，年十七，为先锋，部万人战铁门关，斩首十三级，俘掠畜产以万计。及进师乌、白池，敌锐甚，超不敢进，德用请乘之，得精兵五千，转战三日。敌既却，德用曰：'归师过险，必乱。'乃领兵距夏州五十里，先绝其险，下令曰：'敢乱行者斩！'一军肃然，超亦为之按辔。"①

王超自夏州，范廷召自延州，李继隆自环州，颍川丁罕自庆州，张守思自鄜州出发，五路同时向盐州乌白池进发。其中，王超和王德用是自夏州出发，在横山北麓向西进军，环、庆二州方面的宋军应该是翻越了环州北面草木不生的土山向北进军的。盐州的乌白池盛产青白盐，很多蕃部赴灵州、横山山麓一带贩卖青白盐，由此我们可以得出，乌白池和灵州之间一定是有交通往来的，即乌白池一带采青白盐，装车运往灵州的交通现象。关于这一点因不在本书讨论范围内，兹不赘述。

灵州城受李继迁围攻，在咸平末年遭遇陷落危机，自内地向灵州守军运送军粮就变得极为重要，伴随军粮运送产生的交通现象也是值得关注的。大多是经环州、青冈峡、清远镇，自长岭北上，沿山水河到达灵州②。从《太平治迹统类》卷2《太祖太宗经制西夏》至道二年三月条等文献的记载中可以窥其详细③。盐州通往灵州的道路在灵州东南方不远处的清远镇与沿山水河北上的道路合二为一。

横山南麓有东西往来的交通道路，关于这一点无须赘言。如《续资治通鉴长编》卷132，庆历元年秋七月载："张亢言，

---

① 《续资治通鉴长编》卷40，至道二年九月己卯，第850—852页。
② ［日］前田正名：《北宋初期灵州的地域结构》，载《东洋史历史地理研究》1。
③ 我将其称为山水河路。

然环州至延州十四五驿，亦不下十驿。"从中我们可以得知，环州和延州间有交通道路，并有十四五个驿站。但这条横山南麓的东西交通道路不像北麓的那样明了。如前所述，横山南部是渐渐过渡到农耕地带，而不是骤然由草木不生的土山变为绿地的，从自然地理方面的来说，这也是正常现象。

三 府州、麟州与河东方面的交通

(一) 宝元以前的情况

府州和麟州的东部隔黄河与河东的农耕地带相接，因此，人马交通、货物运输多在黄河的结冰期自河东方面进行的。这一情况更强化了北宋加强麟州作为军事据点的作用和地位。但是在李继迁之乱之前，北宋多从延州向麟州运输粮食，且比自河东方面渡过黄河的交通，麟州和延州间的交通显得更为重要。例如，《宋会要辑稿》食货六八"赈贷乾德二年四月条"记载，朝廷下诏命令延州借五千石粟，救济麟州饥民："四月诏，延州贷粟五千石，济麟州饥民。又灵武言饥殍者甚众。命以泾州官廪谷三万石赈之。"①

藤枝先生指出②，在当时泾州是对西域方面的重要据点，为救济灵州饥民，从这里赈给三万石粮食。可以由此察知，麟州和延州间也存在同样的关系。可以看出在宋初朝廷对河东方面的控制上威势尚不足时，是通过延州实现对麟州的管理。前述《宋会要辑稿》中的记载显示，伴随着宋对麟州管理的渗透，连接延州、麟州间输送人马、货财的交通道路就发挥

---

① 《宋会要辑稿》食货六八之二八，第6267页。

② [日]藤枝晃：《李继迁的兴起与东西交通》，载《羽田博士颂寿纪念·东洋史论丛》。

作用。

另外，宋初史料中有一些零星记载，可以看到在黄河结冰期，麟州、府州和河东方面有交通往来的情况。据开宝九年冬十月甲午朔定难节度使李光睿之言记载，这一年，为进入北汉界，他率军等候黄河结冰[①]。自太平兴国四年北汉灭亡，宋的统治范围延伸向华北之后，黄河以东向府州、麟州的军粮运送一直平稳进行。

我们已知在景德三年以前，黄河对岸的保德军一直对府州军营进行军粮补给。将河西（府州、麟州等南流黄河西岸地域）军营粮草分与保德军承担，并在黄河上增设渡船。当然，此前黄河东岸也向府州运送军粮，但在这一时期保德军作为驻府州军营兵站基地的作用更为明显，因此位于黄河两岸的保德军和府州间的交通往来和过去相比更为频繁。《宋会要辑稿》中也有记载，此处引《续资治通鉴长编》卷62，景德三年二月癸巳记载："癸巳，诏河西军营在府州者，所给刍粮，自今增置渡船，仍旧于保德军请领。如水涨冰合，即听随处给遣，或预令辇载以往，委转运使专提赈之。先是，河东民常赋及和市刍粮，并输府州，而涉河阻山，颇为劳苦。寻诏徙屯河东保德军，其营在府州者，听量留之，而刍粟之资并给于保德军。条约以来，公私为便，至是，上封者言：'虑水涨冰结，则军士涉河，往来艰阻。'上志在爱民，故特申前诏。"[②]

景德三年，灵州已被李继迁占领，叛乱之前在黄河结冰期就存在的河东向府、麟二州的粮草运送，随着李继迁之叛，应该是更加频繁了。府州向麟州运送粮草主要是通过驰毛川路。

[①]《续资治通鉴长编》卷17，开宝九年冬十月甲午载："定难节度使李光睿率所部兵次于天朝、定朝两关，遣使言伺黄河冻合即入北汉界。"第376—377页。——译者。

[②]《续资治通鉴长编》卷62，景德三年二月癸巳，第1388页。

《续资治通鉴长编》卷71，大中祥符二年春正月己卯记载："令知府州折惟昌出兵护麟州所运刍粮，以驰毛川路乃戎人蹊径也。"① 其中"驰毛川"的具体位置暂时无法确定。

在元昊频繁进犯宋朝的时期，宋在麟州、府州间建了五座城寨，以保障二州间的交通道路。② 《宋史》卷253《折御卿传》记载："（大中祥符）七年，命河东民运粮赴麟州，当出兵为援，惟昌力疾领步骑屯宁远砦，冒风沙而行。时疾已亟，犹与宾佐宴饮，谈笑自若焉。明日卒，年三十七。"③ 其中提到河东民众运粮麟州的史实。

图 6-4 结冰的黄河

契丹人渡过黄河西行，多经府州境内到河西路。《续资治通鉴长编》卷78，大中祥符五年六月戊申记载："戊申，管勾麟府路军马事韩守英言，契丹人投河西，路由府州境上，望戒励逐处不得停止，从之。"④ 文中的河西是指前例提到的南流

---

① 《续资治通鉴长编》卷71，大中祥符二年春正月己卯，第1591页。
② 自麟州起，有清塞堡、百胜堡、中堠寨、建宁寨、镇川堡。参照《欧阳文忠公文集》卷115《河东奉使奏草卷上》所收"麟州五寨兵粮地理"。
③ 《宋史》卷253《折御卿传》，第8863—8864页。
④ 《续资治通鉴长编》卷78，大中祥符五年六月戊申，第1770页。

黄河西岸的麟州、府州一带。自契丹来降者渡过黄河，集中到府州。相反，也有自西夏东渡黄河抵达岚州一带的情况。《宋会要辑稿》方域二一"府州条"记载："仁宗天圣五年五月十一日，管勾麟府路军马王应昌言：'麟州界外西贼（指党项）以冰合渡河，入岚州劫掠，窃虑异日或深入为寇，乞下并代统管司，令每至河凌合时，羌兵屯戍巡托，以遏奸谋。'从之。"① 麟州界的西夏人在黄河结冰期时东渡黄河到岚州掠夺，所以宋臣建言每年黄河冰期，令羌兵屯戍，以防备西夏来犯。西夏兵的渡河地点虽不明确，但应该是在避开宋军远离府州的地方。

综上所述，在元昊大规模侵宋之前，麟、府二州和河东方面的交通主要以下几种情况：

（1）保德军对府州及其他河西地区的宋军军营运送军粮的情况。

（2）麟州城陷于危险时，临时驱役河东之民运送军粮的情况。

（3）契丹人渡过黄河，到府州降宋的情况。

（4）西夏自鄂尔多斯沙漠渡过黄河，侵犯河东岚州等地的情况。

实际上还有很多民间汉蕃间往来交易的情况，可并没有留存于官方记录之中。前文尝试将麟、府二州和河东方面的交通往来情况进行了大致分类，也是以北宋的官府记录为主要依据进行考察的，无非在宋的立场上能够观察到的一些交通现象。宋初麟州、府州都设有买马场，且贸易盛行，从中可以察知民间私市所带来的汉蕃民众的交往交通。如《续资治通鉴长编》卷79，大中祥符五年十二月乙亥记载："乙亥，遣常参官于

---

① 《宋会要辑稿》方域二一之四—五，第7663—7664页。

麟、府置场,和市军粮。"① 这里提到宋朝在麟府二州置场,进行军粮交易的和市。大中祥符八年冬十一月在麟州建立榷场,《范文正公集》"范文正公年谱补遗"中记载如下:"九月(庆历五年),举张肇知宁朔州。公以河西麟府田野空荒,城市穷困,使河东一路供馈粮草钱帛,未有休期。若置一榷务,一则招诱蕃部牛羊鞍马行货,供河东一路关税要用;二则麟府路收得客旅税钱,大段出得货利,就近供军;三则止绝得私下于外界交易,免犯令。初四日,奏乞于麟州置榷场。"

据《西夏书事校证》卷10记载,虽然德明的货客诱致之策是在麟州设置榷场的目的之一,在招诱蕃部牛羊供给河东一路的官税要用的同时,须收获麟府路客旅的税金和大贾的货利,以此来供养军队。总之,麟、府州和河东间以交易为目的的民间交通是确实存在的。

(二) 元昊频繁侵寇时期

庆历时期,元昊攻击麟、府州激烈化后,在宋朝救援麟州的军事记录中可以看到很多麟州与河东方面密切关系的记载。庆历之前,西夏军队主力就曾进攻过麟、府二州,庆历元年七月、八月,西夏大举侵犯麟州,攻破宁远寨,包围府州,并夺取了丰州。同年九月,西夏再次攻麟州,并将俘虏献与契丹②。北宋朝廷关于死守还是放弃麟州的问题上有过激烈争论,最终

---

① 《续资治通鉴长编》卷79,大中祥符五年十二月乙亥,第1808页。
② 《西夏书事校证》卷15载:"秋七月,河东属户乜罗导攻麟州,围十八日而解。""八月,破宁远寨,围府州不克,转攻丰州取之。""元昊既破丰州,回兵复扼麟、府,使二州隔绝,民闭壁乏饮,黄金一两易水一杯。又纵游骑抄袭饷道,邀击巡检使张:于深柏堰,不克,见近郊田比秋成,分兵据之。将步卒九百人来争,元昊易其兵少,列阵龙门川以待,奋力接战,夏兵被斩者数百级,失器械、牛羊数千计。献俘契丹。"甘肃文化出版社1995年版,第176、177、178页。——译者

决定死守麟州并开通了自河东向府州、麟州的军粮补给道路，特别是府州和麟州间建了五座城寨，这一点前文已有提及。《续资治通鉴长编》卷134，庆历元年十月丁亥记载："丁亥，知并州杨偕言：麟、丰二州及宁远寨并在河外，与贼接界，无尺帛斗粟之输以佐县官，而麟州岁费缗钱百万。今丰州、宁远寨已为贼所破。惟麟州孤垒，距府州百四十里，远在绝塞。虽宁远介二州之间，可以为策应兵马宿顿之地，又其中无水泉可守，若议修复，徒费国用。今请建新麟州于岚州合河津黄河东岸裴家山，其地四面绝险，有水泉，河西对岸又有白塔地，亦可建一寨，以屯轻兵。又河西俱是麟州地界，且不失故土。见利则进，否则固守之。"① 其中提出了放弃麟州，并在黄河东岸的岚州新建麟州的建议。② 理由是麟州偏远，为蕃汉杂居之地③，要救援已被孤立的麟州，所需费用巨大，其中最大的花费是军粮运送，需自岢岚军、保德军渡过黄河，运至府州，再经五寨到达麟州。据《欧阳文忠公文集》卷115《河东奉使奏草卷上》"麟州五寨兵粮地理"记载，宋朝筑有五寨，自府州出发，有清塞堡、百胜堡、中堠寨、建宁寨、镇川堡，最终宋得以坚守麟州，没有被西夏攻陷。前面在麟州一节中提到过，自嘉祐年间，宋和西夏关于屈野河西面的疆界签订协议后，就没有了之前河东兵站基地与府州、麟州间的人马往来之劳役。

---

① 《续资治通鉴长编》卷134，庆历元年十月丁亥，第3188页。
② 《宋会要辑稿》方域一八之七宁远寨条载"麟、丰二州及宁远寨并在河外，与贼接界，无尺帛门粟之输以佐官用，而麟州岁费缗钱百万。今丰州宁远寨已为贼所破，惟麟州孤垒，距府州百四十里，远在绝塞。虽宁远介二州之间，可以为策应兵马宿顿之地，又其中无水泉可守，若议修复，徒费国用。今请建新麟州于岚州合河津黄河东岸裴家山"第7613页。——译者。
③ 《安阳集家传》卷4康定二年。

河东之民饱受军粮搬运之苦,疲惫不堪①。

(三) 熙宁以降

熙宁以降,黄河两岸的交通往来继续进行。《续资治通鉴长编》卷220熙宁四年二月癸酉条记载:"先是,御史范育言,河东民夫送材木至麟州,留月余,不使之纳。"② 提到河东之民往麟州搬运木材。《宋会要辑稿》方域六中记载:"晋宁军,元祐二年八月二十四日,枢密院言:'河东经略使林希奏,元丰中进筑米脂、葭卢、吴堡三寨,以岚石之人始戍河西。'"③ 元丰年间,宋朝进筑米脂、葭卢、吴堡三寨,役使岚州、石州人保卫。据元符二年五月戊辰的枢密院之言记载,石州神泉寨和麟州银城寨间建城寨以确保交通道路,役使两州之民应兵马之急。④

(四) 麟州在交通方面的意义

从地图上可以看到,沿麟州北方的屈野河有道路通往丰州。如前所述,这条道路向北可达阴山山脉南麓,与黄河北岸的东西方向道路汇合,作为藏才族通往宋的贩马道路,有着重要意义。还有乘木筏沿南流黄河进行的南北水路交通。还有前文提及的自麟州渡黄河,与河东方面的人马往来。此外,麟州

---

① 《欧阳文忠公文集》卷115《河东奉使奏草卷上》"乞免诸州一年支移札子"。
② 《续资治通鉴长编》卷220,熙宁四年二月癸酉,第5354页。
③ 《宋会要辑稿》方域六之八,第7409页。
④ 《续资治通鉴长编》卷510,元符二年五月戊辰载:"枢密院言:'河东路外州军城寨,缓急差发兵马前去,经涉山险,颇为未便。访闻石州神泉寨至麟州银城寨之间,有形势之地,可以修建城寨,兼有材木采斫,应副使用。若两寨之间,踏逐要害有水泉去处,修建三两寨,移近里城寨成守兵马前去,使麟、府、岚、石州管下城寨通接,即缓急互为声援,颇为利便。"第12149页。——译者。

和西南面的银州、绥州方面也有交通道路连接。关于以上几点，在此不再举例说明。

灵州当时为国际化交通都市，有四面八方的交通道路。在11世纪初为西夏攻陷之前，灵州在西北边境史上所发挥的国际交通贸易方面的作用是值得瞩目的。① 自灵州向东，经横山北麓绿洲，到达麟州的道路也是不能忽视的。此外，麟州在交通方面处于契丹、西夏和宋这三大势力的相接之地，这一点尤为重要。前面提到，宋军的河东兵站基地向麟州、府州运送粮草，契丹人到府州来降等均可说明这一点，从政治地理角度来看的话也不难理解。

《契丹国志》卷22《州县载记》中提到"四至邻国地理远近"，其中值得关注的是以下记述："正西与昊贼以黄河为界。西南至麟州、府州界，又次南近西定州北平山为界。"契丹的西南边界接麟州、府州。② 重熙十二年（庆历四年）辽征讨西夏，设金肃州，迁燕民三百户，防秋军一千于此。开通西夏直通上京的道路，迁民五百户，建河清城，命名河清军，这两处都属辽西南招讨司。在《辽史》卷41"地理志西京道"及《读史方舆纪要》卷61《陕西榆林镇金肃城》记载，金肃城位于故胜州东北。《大清一统志》卷408《鄂尔多斯古迹》记载，胜州位于东流黄河拐向南的弯曲处，黄河南岸附近的沙漠内。同书引用《太平寰宇记》，记录胜州西北距黄河河岸10里，正东距黄河河岸20里。据《读史方舆纪要》同条之"河清城"记载，河清军位于金肃州东方。由此可见，重熙十二年辽设置的金肃州和河清军位于黄河自东流向南流的弯曲地点附近，远在麟州以北。这样西夏通往辽上京的交通道路得到了确保。这

---

① ［日］前田正名：《北宋初期灵州的地域结构》，载《东洋史历史地理研究》1。

② 《契丹国志》卷22《州县载记》，齐鲁书社2000年版，第167页。

条道路应该是在东流黄河南面的沙漠中在黄河附近并向东北而行的。

《辽史》卷41《地理志》"西京道",证实了这一推测:"金肃州。重熙十二年伐西夏置。割燕民三百户,防秋军一千实之。属西南面招讨司。河清军。西夏归辽,开直路以趋上京。重熙十二年建城,号河清军。徙民五百户,防秋兵一千人实之。属西南面招讨司。"① 引文中提道,自西夏开通了直达辽上京的道路。在东流黄河南岸的沙漠向东北通往辽上京的为直路,所以辽和西夏间的交通应该是利用了阴山山脉南麓的东向道路以及鄂尔多斯沙漠南缘、横山北麓的道路等。

嘉祐年间,辽和西夏间的交通常常经由吐蕃的唃厮啰和回鹘路,回鹘路是指不穿鄂尔多斯沙漠,自阿拉善沙漠西行,通过河西走廊迂回到达河湟的道路。《续资治通鉴长编》卷188,嘉祐三年九月乙亥载:"秦凤经略司言西番唃厮啰与契丹通姻……丹既与唃厮啰通姻,数遣使由回鹘路至河湟间,与唃厮啰约举兵取河西,河西谓夏国也。"② 辽讨伐过河西的甘州回鹘,大辽的武威远播河西。③《续资治通鉴长编》卷168,皇祐二年三月庚子载:"庚子,契丹遣殿前副点检、忠正节度使耶律益,彰德节度使赵崀之,来告伐夏国还。益自言契丹三路进讨,契丹主出中路,大捷;北路兵至西凯府,获羊百万,橐驼二十万,牛五百,俘老幼甚觿;惟南路小失利,恐夏人妄说军胜夸南朝。然得边奏,皆以为辽主济河不遇贼,无水草,马多

---

① 《辽史》卷41《地理志西京道》,中华书局1974年版,第515页。
② 《续资治通鉴长编》卷188,嘉祐三年九月乙亥,第4527页。
③ 《辽史》卷14统和二十六年十二月载:"十二月,萧图玉奏讨甘州回鹘,降其王耶剌里,抚慰而还。"第164页;卷15统和二十八年五月乙巳条载:"乙巳,西北路招讨使萧图玉奏伐甘州回鹘,破肃州,尽俘其民。"中华书局1974年版,第167—168页。——译者。

死，耶律贯宁大败于师子口，惟刘五常获陕西所陷属户羌二十余人，因而来献。其言多俘获，盖妄也。"①

文献提道，三路辽军中、北路进入西凉府，大胜，中路也大胜，南路稍有失利。从渡黄河、水草缺乏，大量马匹死亡这一点可以推测，南路可能是南下穿越了鄂尔多斯沙漠。从南路的辽军获"陕西所陷属户羌二十余人"这一点可以进一步推断，南路大概是沿横山北麓，自沙漠南缘向西南进军的路线。《续资治通鉴长编》卷314，元丰四年秋七月壬辰有以下重要记录："上批：'麟府路最当契丹、夏人交通孔道，今大兵进讨，深虑贼势穷蹙，遣使求援。宜豫有措置。'遂诏……"②其中提到麟府路为契丹和西夏交通的必经之路，这是关于麟州交通地理的重要记录。从政治形势方面考虑也是理所当然的。

综上所述，围绕麟州的交通进行了分析，可以看出麟州在横山北麓诸州中背负着最为特殊的意义，是为连接河东、辽、西夏的交通枢纽。

四　夏　州

在李继迁叛乱之前，夏州为北宋通往北方和西北方的门户，西域、漠北诸国的商旅多经夏州抵达中原地区，在夏州为西夏占领后这一交通现象几乎消失。但是，西夏时期也有来自西方的商旅经由夏州进入宋境的情况。例如，景祐三年来自天竺国的进奉僧就曾来到夏州。《西夏书事校证》卷12，景祐三年夏四月记载："夏四月，羁天竺国进奉僧于夏州。天竺入贡，

---

① 《续资治通鉴长编》卷168，皇祐二年三月庚子，第4035页。
② 《续资治通鉴长编》卷314，元丰四年秋七月壬辰，第7603页。

东行经六月至大食国，又二月至西州，又三月至夏州。"① 其中提到进奉僧由西州来到夏州②，西夏建国前，西域诸国频繁入贡宋朝，河西凉、甘、瓜、沙等诸州也多次入贡，其基本上循河西走廊到灵州，再由山水河路南下，或穿过鄂尔多斯沙漠并途径夏州的路线。关于这一交通状况前文已有论述③，仅作简略论述。

从建隆二年开始西域诸国向宋朝入贡，乾德三年前后朝贡甚为频繁。开宝年间，宋朝与大食、天竺方面的交通逐渐盛行，持续到太平兴国末年。咸平末年，因灵州城陷落这一重大事件的发生，导致宋初的西北交通格局出现了重要的变化。一段时期位于六盘山麓的泾州和西凉府（凉州）间出现了军事政治目的的交通，不久，西域诸国开始沿湟河东行而来。史上有名的王延德出使高昌是在太平兴国六年到雍熙元年期间，众所周知，他当时是自夏州出发向西北穿行沙漠的。当时，宋朝和高昌之间的交通一般经由夏州，据《续资治通鉴长编》记载，太平兴国八年入贡的高昌使者也是经由夏州返回的。由此我们可以看到宋初宋朝和西域诸国间频繁的交通往来主要通过两条

---

① 《西夏书事校证》卷12，景祐三年夏四月，甘肃文化出版社1995年版，第140页。

② 《宋史》卷490《天竺国传》载："雍熙中，卫州僧辞瀚自西域还，与胡僧密坦罗奉北印度王及金刚坐王那烂陀书来。又有婆罗门僧永世与波斯外道阿里烟同至京师。永世自云：本国名利得，国王姓牙罗五得，名阿喏你缚，衣黄衣，戴金冠，以七宝为饰。出乘象或肩舆，以音乐螺钹前导，多游佛寺，博施贫乏。其妃曰摩诃你，衣大绁缕金红衣，岁一出，多所振施。人有冤抑，候王及妃出游，即迎随伸诉。署国相四人，庶务并委裁制。五谷、六畜、果实与中国无异。市易用铜钱，有文漫圆径，如中国之制，但实其中心，不穿贯耳。其国东行经六月至大食国，又二月至西州，又三月至夏州。"第14105页。——译者。

③ ［日］前田正名：《北宋初期灵州的地域结构》，载《东洋史历史地理研究》1中的附表。

图 6-5　高昌古城

路线现实的：一条是经由灵州的山水河路，还有一条经由夏州的道路。从西域高昌到宋朝腹地，最近的路线是向东穿行阿拉善沙漠，渡过黄河，经由夏州的路线。因此，和灵州一样，夏州在宋初也是国际化的交通枢纽。

前面在分析横山交通地理的过程中，我们看到宋初灵州和夏州的特殊交通地位对横山地区的交通景观产生了很大影响。也就是说，宋初横山地区的交通表现出国际化的趋势，经由夏州者都是通过横山东部的南北纵贯道路进入中原地区的。①

五　总　结

本章考察了宋朝横山地区的交通状况，总结如下：

一、纵贯横山南北的交通道路在延州和夏州之间有三条。其中，沿无定河的道路最为重要。

---

① 在此省去了一一举例，只做了简单概述。

宥州和保安军顺宁寨之间有宋朝与西夏间政治军事交涉方面的交通往来，此外横山西端还有经环州、清远镇、青冈峡，沿山水河流域到达灵州的道路，但最为重要的还是在横山东部地区集中的南北纵贯道路。

二、在横山山麓，东西方向沿鄂尔多斯沙漠南缘有连接横山北麓盐州、宥州、夏州、银州、麟州、府州等地的道路。这条道路是沿沙漠与农耕地带的交界线发展起来的，从人文地理学的角度来看是正常现象。位于鄂尔多斯沙漠南缘的这条道路在所有时代应该都是存在的。

横山南麓也有东西道路，从延州、环州间有交通往来这一点可以得知；但是和北麓的东西道路比起来，由于其处在逐渐向农耕地带过渡之域，因此难以和其他道路明确区分开来。

三、麟州作为契丹、西夏和宋这三大势力的交界地带，位于鄂尔多斯沙漠南缘的东端，东渡黄河和河东地区、契丹以及西夏方面都有交通往来。此外，麟州和其北方的丰州、西南方的银州、绥州等州郡也有交通往来。因此和鄂尔多斯沙漠南缘的其他诸州比起来，麟州有道路通往四面八方，在交通条件十分便理。

四、夏州在宋初作为宋朝通往北方、西北方的门户，是国际化交通枢纽。此外，我还曾专门撰文论述过灵州是宋朝西北边境的国际化交通都市。虽然进入西夏时期后形势发生了变化，但是宋初时这两州的国际化交通盛况对横山地区的交通景观产生了重大的影响。

五、连通府、麟、银、夏、宥、盐州的横山北麓的东西道路也构成了围绕鄂尔多斯沙漠的交通道路的一部分，其交通状况和宋、契丹、西夏、西域诸国的政治形势有着密切的关系，故形成了不同的景观。

第七章　横山地区贸易景观的考察

一　西夏朝贡使的贸易活动

上一章考察了横山地区的交通道路，通过这些道路诸国朝贡使可以到达北宋首府，其中尤为频繁的是经过横山的西夏朝贡使。在考察了横山的物产、交通道路后，下面我想分析一下横山的地理构造，进而考察横山地区的贸易状况，将着眼点放在横山地区物资流通的路线上。

朝贡归根结底是一种由蕃夷之国对中原王朝进行的贸易活动。显然，蕃夷带来的朝贡品以及中原王朝赠予的回赐品、添赐品都是贸易品，宋和西夏之间也不例外。[①] 宋代以降，史料比五代以前更为丰富，关于贸易的状况也比过去更容易考察。宋和契丹、西夏、青唐等诸邻国之间的贸易，以及宋和于阗、大食、天竺等远方的西域诸国间的贸易都很容易考察到。

（一）西夏的朝贡道路

李继迁攻陷灵州后，自景德大中祥符年间直至北宋末期，西夏断断续续向北宋派遣朝贡使。随着宋夏之间政治关系的变

[①] 松田寿男博士的观点，笔者多次得到博士的指导。[日] 前田正名：《北魏官营贸易考察》，载《东洋史研究》6（13）。

化，朝贡使的派遣也有变化。在战争状态下，自然不会有西夏朝贡使经横山南下。西夏向宋派遣的朝贡使，主要是经由夏州，南下横山，到达北宋东京；或者自夏州沿无定河流域到绥州、再由绥州经延州继续南下。

《宋会要辑稿》方域十驿传大中祥符三年正月十九日记载："（大中祥符三年）三年正月十九日，内侍副都知阎承翰使夏州还上言，赵德明于绥、夏州界各建馆舍以待王人，望于洛浦峡置驿。帝以其地荒复，劳于役守，不许。"①

《续资治通鉴长编》卷73，大中祥符三年正月己巳也有同样的记载。从这段记载中我们得知了大中祥符三年正月十九日，内侍副都知阎承翰出使夏州返回后上言的内容。当时，赵德明为了向出使夏州的宋使者提供方便，在绥州和夏州边界建馆舍。在洛浦峡建驿站的意见虽然没有被采纳②，为了宋使在夏州和绥州之间建住宿之所，说明也有西夏的朝贡使自夏州来到绥州。

如前所述，在夏州和绥州间有三条纵穿横山的道路，东路沿无定河，中路在延州正北方，西路则在延州西北方，其中以东路最为重要③。前面提到西夏朝贡使往返应该是经由夏绥州界，无疑是指三路中的东路。

总之，西夏到宋内地有两条路径：经夏州南下横山的道路和经灵州沿山水河南下经由清远镇、环州的道路。此外，也曾有过自盐州出发经由橐驼口南下的时代。经由橐驼口的道路曾是自西夏入宋的要道，这一点在《西夏书事校证》卷4，端拱

---

① 《宋会要辑稿》方域十之一四，第7480页。
② 据《续资治通鉴长编》卷73，大中祥符三年春正月己巳载："内侍副都知阎承翰使夏州还，言赵德明于绥、夏州各建馆舍以待王人，望于浦洛峡置驿。上以其地荒复，劳于役守，不许。"第1651页。——译者。
③ 在前文考察交通道路时论述过。

二年有所体现："十二月，掠西蕃贡使于橐驼口。灵州橐驼口，夏州入中国要路。诸蕃由此贡马京师，继迁兵扼之，不得达。环州右班都知周仁美率骑士赴援，继迁兵乃退。"①

田村实造博士在收于《东亚学》第九辑的论文《辽和西夏的关系》中论述道，雍熙四年以来，李继迁的势力渐渐壮大，控制了灵州的橐驼口，掐断了诸蕃入贡之路。确实是有自灵州沿山水河南下经橐驼口到达环州的道路。橐驼口在清远镇、青冈峡、环州路线东面不远处，且位于环州北面，其详细位置在《读史方舆纪要》《大清一统志》中都没有记载，但是大致应该位于横山之中，在环、盐二州之间。淳化五年六月，李继迁屯驻橐驼路，受到熟藏族首领乩遇的攻击后，逃回平夏。至道二年八月李继隆经由青冈峡、橐驼路直驱平夏。咸平五年春正月，李继迁在赤沙川、橐驼口两地设市贸易。这两地是灵夏二州的蕃部屯集之地，《西夏书事校证》卷7，咸平五年春正月记载："赤沙川、橐驼口两路，为灵、夏二州蕃族屯聚处。"②

咸平六年冬十月，李继迁调集人马于盐州，企图分橐驼、车箱峡两路向环州、庆州入侵。从中我们可以推定橐驼口的位置是在盐州、环州之间，应为海拔1500米的平高之地上。但是，灵州陷于西夏后，西夏前往宋的使节也很少利用山水河路，多是经由夏州南下。例如《续资治通鉴长编》卷202，治平元年八月载："先是，夏国贺登极进奉人吴宗等至顺天门，欲佩鱼及以仪物自从，引伴高宜禁之，不可，留止厩置一夕，绝供馈。宗出不逊语，宜折之如故事，良久乃听入。及赐食殿门，愬于押伴张觐，诏令还赴延州与宜辨。宜者，延州所遣

---

① 《西夏书事校证》卷4，端拱二年冬十二月，甘肃文化出版社1995年版，第51页。

② 《西夏书事校证》卷7，咸平五年春正月，甘肃文化出版社1995年版，第81页。

也。程戡授诏通判诘之，宗曰：'引伴谓当用一百万兵，遂入贺兰穴，此何等语也？'"① 治平元年八月，西夏为贺英宗登基而派遣的进奉人吴宗等赴宋后，返回到延州。和吴宗等同赴宋都的高宜为延州所遣，是为吴宗等人带路并做引见的。这段文字中提到西夏进奉人经由延州，到达宋都，又返回到延州。我认为，进奉人是自夏州出发到达延州的。

由此可见，我认为比起山水河路，西夏派往宋的朝贡使在更多情况下应该是沿无定河南下，进入绥州，进而南下到延州后抵达宋都的。

（二）西夏朝贡使的贸易活动

很明显，西夏的朝贡使在宋都是以朝贡的形式展开与宋朝的贸易活动。《宋会要辑稿》蕃夷七历代朝贡使、《宋史·夏国传》等都记载了二者的朝贡品及回赐品，从中可以大致察知两国间进行的官营贸易活动。

《宋史》卷315《韩亿传》中记载了元昊派遣的使者在宋都进行民间私市的情况："景祐二年……元昊岁遣人至京师，出入民间无他禁，亿请下诏为除馆舍礼之，官主贸易，外虽若烦扰，实羁防之。"② 《苏学士文集》卷16中也有类似记载："夏贼称蕃日久，遣人至京师货易出入民间。"从这些史料中，我们可以得知西夏朝贡使及其他使者在宋都进行民间贸易的情况。不仅如此，西夏的朝贡使们沿途也进行了频繁的民间私市交易。值得关注的是，他们的交易货品为随身携带的物资。如果他们只是在宋都进行私市交易后直接返回西夏的话，那么在我们考察横山地域结构时就没必要涉及此事了。但是他们如果

---

① 《续资治通鉴长编》卷202，治平元年八月，第4905页。
② 《宋史》卷315《韩亿传》，第10299页。

在往返途中将携带的朝贡品、回赐品进行私市的话，这些物品就会在沿途流通。而他们所经路线如前文所考，是自夏州经由横山东部南下，因此在讨论横山地区货物流通的过程中就不得不重视了。

图 7-1　壁画中的回鹘形象

我们不难发现，一到大中祥符年间，史籍中关于西北边境和回鹘、西夏等国贸易关系的记载骤然增多。甘州回鹘在灵州路被断后，急于打通避开西夏与宋贸易的路径，西夏常常袭击掠夺甘州回鹘派往向宋的贡使。① 大中祥符初年，由于回鹘频繁的商业活动在宋都甚至出现了金银价贵的情形。② 从中我们应该可以理解当时的西夏是如何热切期望和宋朝贸易了。如前所述，李继迁在咸平五年春正月已经占领了赤沙川、橐驼口等

---

① 其中一例为《续资治通鉴长编》卷68，大中祥符元年春正月壬申条载："边臣言：'赵德明邀留回鹘贡物，又令张浦率骑数千侵扰回鹘。今岁夏州饥馑，此衰败之势也。'"第1520页。——译者。

② 《续资治通鉴长编》卷68，大中祥符元年春正月壬申条载："时京城金银价贵，上以问权三司使丁谓，谓言为西戎回鹘所市入蕃。乙亥，下诏约束之。"第1521页。——译者。

灵州东南方的便于蕃部屯集交易之地，为贸易获利，便在这些地方开市①。占领贸易要地，促进发展是西夏发展史上的一大特色。下面将对西夏朝贡使的贸易活动进行举例讨论。

《续资治通鉴长编》卷77，大中祥符五年二月丙辰记载："丙辰，诏：'如闻夏州贡奉人在道市物，颇或扰民。宜令所在有司，严示约束。'"②夏州供奉使沿途进行贸易扰民，宋朝廷命令有司加强管理。这里的夏州贡奉人无疑是指西夏派往宋的朝贡使。大概是由于经由夏州而来，才得此名。

《续资治通鉴长编》卷83，大中祥符七年十一月乙未记载："鄜延路钤辖张继能，言赵德明进奉人挟带私物，规免市征，望行条约。上曰：'戎人远来，获利无几，第如旧制可也。'"③赵德明的进奉人挟带私物，对其规免市征，并获皇帝允准。从进行报告的是鄜延路钤辖这一信息可以得知，西夏的朝贡使是自夏州南下延州的。而皇帝体恤戎人远途而来，获利不多，并未禁止，所以可以明确，西夏朝贡使沿途进行私物交易。同书卷84，大中祥符八年五月壬午记载的诏书中有如下内容："诏西来回纥赍碙砂，系禁物，并释其罪，以蕃部未知条约故也。禁缘边人收市夏州贡奉使所乘马。"④从中得知，沿途有人买西夏朝贡使所乘之马，还未到达宋都，连自己所乘之马都能卖掉，我对西夏使节的这一态度颇为吃惊。此外《辽史》卷115《西夏传》中有段记载值得关注："（重熙）二年，

---

① 《西夏书事校证》卷7，咸平五年春正月条载："咸平五年春正月，保吉置市于赤沙、橐驼等路。赤沙川、橐驼口两路，为灵、夏二州蕃族屯聚处，保吉各置会贸易，以诱熟户。于是归者日众，中国禁之不止。"甘肃文化出版社1995年版，第81页。——译者

② 《续资治通鉴长编》卷77，大中祥符五年二月丙辰，第1757页。
③ 《续资治通鉴长编》卷83，大中祥符七年十一月乙未，第1902页。
④ 《续资治通鉴长编》卷84，大中祥符八年五月壬午，第1928页。

来贡。十二月，禁夏国使沿路私市金铁。"① 西夏使节在赴辽都途中私市金铁。

元祐元年，关于是否禁止边境的西夏私市，宋朝廷内展开过激烈争论。司马光尤为强硬地主张禁止，他的意见中提到西夏朝贡使沿途频繁私市的问题。《温国文正司马公文集》卷50《论西夏劄子》中记载："旧制官给客人。公据方听与西人交易。传闻近岁法禁疏阔，官吏弛慢，边民与西人交易者，日夕公行。彼西人，公则频遣使者，商贩中国，私则边鄙小民，窃相交易。虽不获岁赐之物，公私无乏。"元祐初年，法禁不严，西夏人和宋边民的私下交易盛行，西夏官方频繁派遣使者到中国进行商贩贸易，民间和宋边民私相交易。综上所述，可以说西夏向宋派遣使者的很大目的是沿途进行私市交易。

《续资治通鉴长编》卷365，元祐二年壬戌有同样的记载："使者往来，得赐赉之物，且因为商贩耳。"② 明确指出，西夏使者的往来将自宋获取的赐赉之物进行商贩。同条中还有下文记载："司马光言，……然而去岁四遣使者诣阙，吊慰祭奠，告其母丧，并进遗物，礼虽不备，稍示屈服。臣窃料敌意不出于三：一者犹冀朝廷万一赦其罪戾，返其侵疆；二者阳为恭顺，使中国休息，阴伺间隙，入为边患；三者久自绝于上国，其国中贫乏，使者往来，得赐赉之物，且因为商贩耳。……何谓禁其私市？西夏所居，氐、羌旧壤，所产者，不过羊马毡毯，其国中用之不尽，其势必推其余与他国贸易。其三面皆敌人，鬻之不售，惟中国者，羊马、毡毯之所输，而茶彩百货之所自来也。故其人如婴儿，而中国乳哺之。"③

---

① 《辽史》卷115《西夏传》，中华书局1974年版，第1526页。
② 《续资治通鉴长编》卷365，元祐二年壬戌，第8750页。
③ 同上书，第8749—8752页。

司马光指出，元昊遣使的目的之一就是通过商贩赐赉之物获利，并提及其贸易中有一较强的趋势就是贩卖剩余羊马毡毯。将西夏比作婴儿，中国对其哺乳的比喻非常有趣①。同书卷404元祐二年八月条中记载了苏辙之言："使者一至，赐予不赀，贩易而归，获利无算。传闻羌中得此厚利，父子兄弟始有生理。"②其中提到西夏朝贡使将宋的赐赉之物沿途贩卖而归，借此获利。同书卷405，元祐二年九月丁巳有更为详细的记述："丁巳……翰林学士兼侍读苏轼言……昔先帝用兵累年，虽中国靡敝，然夏人困折，亦几于亡。横山之地，沿边七八百里中，不敢耕者至二百余里；岁赐既罢，和市亦绝，国中匹帛至五十余千；老弱转徙，牛羊堕坏，所失盖不可胜数。饥羸之余，乃始款塞。当时，执政大臣谋之不深，因中国厌兵，遂纳其使，每一使至，赐予、贸易，无虑得绢五万余匹。归鬻之其民，匹五六千，民大悦。一使所获，率不下二十万缗，使五六至，而累年所罢岁赐，可以坐复。"③一次朝贡可获绢五万余匹，返回途中贩卖。一次遣使可获利不下二十万缗，这一数目令人吃惊。

（三）西夏朝贡使的交易品

据《宋会要辑稿》蕃夷七历代朝贡、《宋史·夏国传》等史籍记载，可以得知西夏的朝贡品，显然是以畜产品为主的。例如，《宋史》卷485《夏国传上》中记载了德明的朝贡品："（景德三年）德明谓非先世故事，不遣。乃献御马二十五匹、散马七百匹、橐驼三百头谢恩。四年，又献马五百匹、橐驼三

---

① 《太平治迹统类》卷20《哲宗弃四寨》，《温国文正司马公文集》卷50《论西夏札子》。

② 《续资治通鉴长编》卷404，元祐二年八月，第9855页。

③ 《续资治通鉴长编》卷405，元祐二年九月丁巳，第9862—9863页。

百头，谢给奉廪，赐袭衣、金带、器币。及请使至京市所需物，从之。"① 景德三年，献御马、散马、橐驼等，次年，景德四年又献马五百匹。获赐袭衣、金带、器币等，并获准在宋都购买所需之物。其后，西夏的贡献品中也是以马匹居多。

景祐以降，西夏控制了河西走廊后阻断了西域诸国赴宋内地的道路，西域商品开始经西夏人之手进入宋，这一点值得关注。《东原录》中有如下记载："嘉祐七年贺正旦，西人大首领祖儒嵬，名聿正，副首领枢铭靳允中（祖儒、枢铭，乃西夏之官称大者〔姓嵬名聿正〕），其所贸易约八万贯，安息香、玉、金、精石之类，以估价贱，却将回。其余碙砂、琥珀、甘草之类，虽贱亦售尽。置罗帛之旧价例太高，皆由所管内臣并行人，抬压价例，亏损远人。其人至贺圣节，即不带安息香之类来，只及六万贯。"② 安息香、玉、金、精石、碙砂、琥珀、甘草等由西夏使节带入宋。中亚、西南亚所产物品随西夏朝贡使进入宋都这一点值得关注。

因此，景祐以降，西夏控制了河西走廊，在和宋的贸易商品中增加了中亚、西南亚的奢侈品和药物。③ 关于这一点在《宋史》卷291《吴育传》中有所体现："元昊第见朝廷比年与西域诸戎不通朝贡，乃得以利啗邻境，固其巢穴，无肘腋之患。跳梁猖獗，彼得以肆而不顾矣。"④ 从中得知，元昊使西域诸戎不能向宋朝贡，掠夺他们的货物，并以其中所获之利攻陷邻境，巩固领土。

以上论述可总结如下：

一、西夏朝贡使主要是自夏州沿无定河流域南下，经绥

---

① 《宋史》卷485《夏国传上》，第13990页。
② （宋）龚鼎巨：《东原录》，上海书店出版社1990年版，第19页。
③ 关于朝贡贸易的形式，在此不做详述。
④ 《宋史》卷291《吴育传》，第9728—9729页。

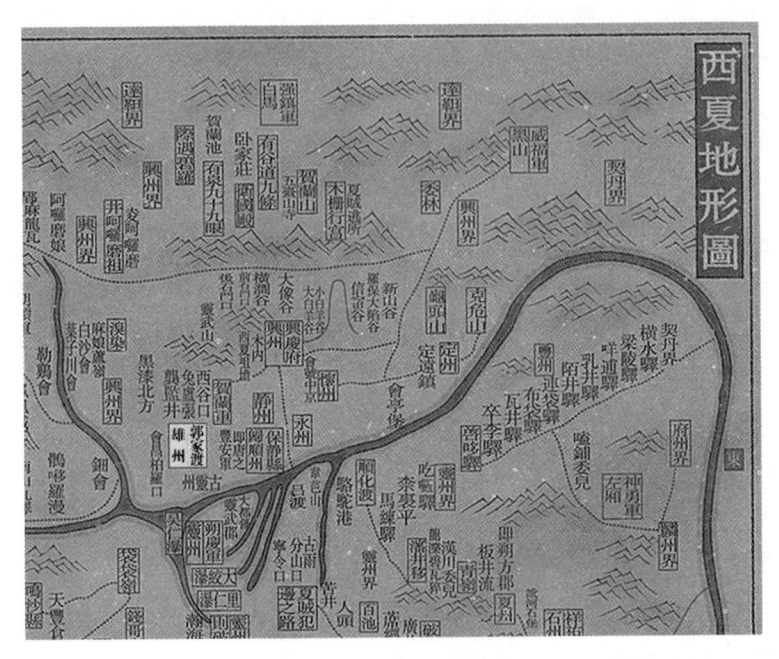

图 7-2 《西夏地形图》

州、延州到达宋都。较少利用自灵州沿山水河路南下，即经清远镇、青冈峡、环州南下的路线。

二、西夏朝贡使沿途频繁进行私市交易，因此从西夏带来的货物在沿途流通。宋赐予西夏朝贡使的回赐品也同样在他们返回的沿途流通。宋初，西夏带来的交易品以畜产品为主，但景祐以降，西夏控制了河西走廊后，阻断了西域诸国的朝贡路，来自西域的货物也开始由西夏带入宋。所以，各种货物、奢侈品、药材等都沿横山东部的南北纵断道路，尤其是沿无定河流域流通，这在考察横山地区的流通经济方面非常重要。

三、从元祐年间司马光的建言中也可得知，西夏和宋西北边境边民的私市交易盛行，非常容易，且无法禁止。除官府记录中的正式"朝贡"记录外，还有在西夏人和宋边民之间进行的民间私市，以及私市商品在西夏朝贡使往返沿途的大量流通。

二　横山所设的榷场

（一）咸平以前

北宋伊始，其统治范围扩展至江南地区后，南方交趾等国遣使朝贡日渐频繁，且府库日渐充实，收入了各类奇珍异宝。太平兴国二年春正月，江南设榷茶场①。北方边境设榷晚于江南，同年三月，镇、易、雄、霸、沧州设榷务，许可与契丹互市，并在各榷务任命常参官与内侍共同主持事务。《续资治通鉴长编》卷18，太平兴国二年三月庚寅记载："契丹在太祖朝，虽听沿边互市，而未有官司。是月，始令镇、易、雄、霸、沧州各置榷务，命常参官与内侍同掌，辇香药、犀、象及茶，与相贸易。"②

南方诸蕃的奇珍和茶等物品通过这些榷场与契丹进行交换。太平兴国年间，宋已经禁止了矾的私市③，同时禁止边民私下买契丹边界部落的马匹④。值得注意的是，榷务附近的边界契丹部落民众在榷务设置后很快便开始了私市活动，宋对此颁布了禁令。镇、易、雄、霸、沧州都在河北北境，不在横山

---

① 《宋史》卷4《太宗本纪》载："辛卯，幸讲武池。置江南榷茶场。"第55页。——译者。

② 《续资治通鉴长编》卷18，太平兴国二年三月庚寅，第402页。

③ 《宋史》卷4《太宗本纪》载："十二月丁巳朔，试诸州所送天文士，隶司天台，无取者黥配海岛。庚午，畋近郊。癸酉，诏定晋州矾法，私煮及私贩易者罪有差。"第57页。——译者。

④ 《宋史》卷4《太宗本纪》载："辛卯，禁民私市近界部落马。"第67页。——译者。

境内。

太平兴国七年夏五月，李继捧入朝，献银、夏、绥、静、宥州五州之地后，横山才进入宋的版图①，同年以及翌年，宋朝在银、夏诸州通过给复政策②，努力招诱迁民③。但是太平兴国末年，李继迁不断侵犯银、夏等河西诸州，导致民无宁日，横山北麓、东部地区最终未能实现宋和蕃部间和平交易物产的互市景观。《西夏书事校证》卷5，淳化三年夏四月记载："夏四月，请通陕西互市。保吉自婚契丹，岁时贡献悉取资于蕃族，财用渐乏。时陕西尚严边禁，碛外商旅不通，保吉上言：'王者无外，戎夷莫非赤子。乞通互市，以济资用。'太宗诏从之。"④"保吉"无疑就是指李继迁。李继迁向契丹贡献的资材皆取自蕃族，导致蕃族资财日渐匮乏，因此请求在陕西通互市，太宗诏令许可。可能自此后，鄜州、延州等处就开始了蕃汉互市。淳化四年冬十月，为平复横山蕃部之叛，放松了盐禁，蕃部开始了青白盐和边民谷麦的交易⑤。从这件事可以察知当时的蕃汉互市。

《续资治通鉴长编》卷67，景德四年冬十月乙未记载：

---

① 《西夏书事校证》卷3，太平兴国七年夏五月条载："夏五月，继捧入朝，遂献银、夏、绥、宥、静五州地。"甘肃文化出版社1995年版，第36页。——译者。

② 给复：免除赋税徭役。

③ 《西夏书事校证》卷3，太平兴国八年十二月条载："冬十二月，以西戎兵攻宥州。初，太宗诏绥、银、夏等州官吏，招引没界外民归业。"甘肃文化出版社1995年版，第40页。——译者。

④ 《西夏书事校证》卷5，淳化三年夏四月，甘肃文化出版社1995年版，第56页。

⑤ 《西夏书事校证》卷5，淳化四年冬十月载："冬十月，围环州，除盐禁。"甘肃文化出版社1995年版，第57页。——译者。

"麟州言赵德明于州西榷场，请行互市，上以延州已置，不许。"① 由此可知景德四年冬十月前，延州已设榷场。淳化五年五月李继迁之母被擒，羁于延州，当时宋军和李继迁军队在银州、夏州、宥州一带兵刃相见。当时无定河上游流域不属宋朝统治范围，在前文的交通考察中，论及夏州、延州间有三条道路，由此可以自然推断淳化末年延州为蕃汉交易之所。

《宋会要辑稿》食货市易咸平元年十二月记载："真宗咸平元年十二月，诏府州令直荡族大首领鬼啜尾于金家堡置津渡，通蕃族互市。"② 咸平六年五月记载："十一日，诏府州：'许唐龙镇民往来市易，常加存抚。'时本镇有往府州互市者，州之蕃汉邀杀之，夺其赀畜。镇主遣人诣阙上诉。故有是诏。"③ 咸平元年在府州与蕃族通互市，咸平六年降诏安抚唐龙镇赴府州市易之人。

咸平初年宋朝正处于庶政一新的时期，据《宋会要辑稿》兵马政六杂录咸平三年记载，府、原、环、庆州、镇戎军成为市马场。此外还有麟、府州面向党项族，丰州面向藏才族，环州成为面向白马、鼻家族等各族都开设了招马场。综上可见，宋初在麟、府、延、鄜、原、环、庆州、保安军等处进行马匹交易。

咸平五年四月，雄州复置榷场，但翌年五月再次被废。咸平六年灵州被攻陷后，银、夏、绥、宥州也被西夏控制，西夏的势力范围延伸到无定河流域。

（二）景德年间以及景德以降的榷场

景德年间，北方边境互市进入划时代时期。不仅榷场重新

---

① 《续资治通鉴长编》卷67，景德四年冬十月乙未，第1495页。
② 《宋会要辑稿》食货三七之二，第5449页。
③ 《宋会要辑稿》食货三七之四，第5450页。

设立，宋还颁布了关于榷场的种种禁令，此外还加强了贸易、交通方面的管理。景德四年秋七月，保安军设榷场。《西夏书事校证》卷9，景德四年秋七月记载："请置榷场于保安军。先是，夏州民刘岩等二十余人内属，给以延州旷土耕之。而所居当绥州要路，德明部族出入多为擒戮。及德明归顺，移牒求岩等复还，真宗难之，颇严边禁。德明请置榷场于保安军，许蕃汉贸易。朝议从之，令以驼马、牛羊、玉、毡毯、甘草易缯帛、罗绮，以密蜡、麝香、毛褐、羚角、冈砂、柴胡、苁蓉、红花、翎毛易香药、瓷漆器、姜桂等物，其非官市者，听与民交易。按：此西夏复互市之始。"① 以缯帛、罗绮等物品来交换西夏的驼、马、牛、羊、玉、毡毯、甘草等，此外以香药、瓷漆器、姜桂等物交换密蜡、麝香、毛褐、羚角、冈砂、柴胡、苁蓉、红花、翎毛等，非官方交易之物允许民间交易。

如前所述，景德四年冬十月，李德明请求于麟州西设榷场互市，宋以延州已设榷场为由没有允准。但是，翌年也就是景德五年十二月十二日，宋朝派遣常参官在麟州、府州开设榷场，和市军粮②，所以可以想象在这两州及周边的党项蕃马，以及河东所产粮草的买卖兴盛一时。

《宋会要辑稿》食货市易中的记载了乾德四年的情况，但直接跳到景德二年，中间则没有任何记载，景德时期榷场交易的盛况可见一斑。景德二年二日宋朝下诏，沿边州民应在已经开设的雄州、霸州、安肃军三处榷场互市，不得在其他地方进

---

① 《西夏书事校证》卷9，景德四年秋七月，甘肃文化出版社1995年版，第104页。
② 《宋会要辑稿》食货三九之七条载："十二月十二日，遣常参官于麟、府州置场，和市军粮。"第5492页。——译者。

行交易。同年三月，又命令不可在雄州榷场交易锦、绮、绫、帛等①，继而咸平六年五月取消雄州榷场，其后不久又重开，直至景德二年，这些记录都显示出当时河北、陕西的榷场开设停废之频繁。

尽管有各种禁令，在这些榷场也有边民交易禁物的情况。《续资治通鉴长编》卷64，景德二年九月戊午记载："诏选使臣二员为长城口巡检，各给兵百人，分道巡逻。以边民多赍禁物及盗贩北界马故也。"② 其中提到边民携禁物盗取北界马匹，所以两名使臣率兵分道巡逻。但是同书卷62景德三年夏四月乙酉条中记载，于雄州设河北缘边安抚使副使都监，监察榷场的异物流通。此外还提及玉带、妇人首饰也可在榷场购得，李允则提出这些对于宋来说是无用之物③。同书卷64景德三年九月壬子条记载："壬子，诏，民以书籍赴缘边榷场博易者，自非九经书疏悉禁之。违者案罪，其书没官。"可见连书籍都在榷场出售。

综上可见，景德年间在河北雄州、霸州、安肃军三处榷场，横山山麓的保安军、延州、府州、麟州、镇戎军等处，马匹、奢侈品等物品的交易兴盛。这说明榷场的开设对诸货物流通的人文景观有重要作用。有关这一考察，即探明横山地区的物资流通状况，对于横山地区地域结构的考察，尤为重要，而榷场对这一流通状况有重要影响，物资是以榷场所设之地为中

---

① 《宋会要辑稿》食货三八之二七载："诏沿边州军：朝廷已令于雄、霸州、安肃军三处置榷场，与北界互市，虑其或就他处回易，即逐牒报云：已於三处置榷场，辇致物货。告告谕商旅居民诣其处交易。兼谕以朝旨，云他处不置货币，盖虑民人商旅往来多歧，难于约束，或致增减物价，亏损邻邦民庶之意。报讫，飞驿以闻。先是，北界累移牒缘边州军，云逐处已开榷场，请许南、北商人往来交易，故有是诏。""令雄州勿得以锦绮、绫帛等付榷场贸易。"第5480页。——译者。

② 《续资治通鉴长编》卷64，景德二年九月戊午，第1426页。

③ 《宋史》卷324《李允则传》中载："初，禁榷场通异物，而逻者得所易珉玉带。允则曰：此以我无用易彼有用也，纵不治。"第10480页。——译者。

心集散、流通的。

《续资治通鉴长编》卷65，景德四年三月壬寅记载："诏北面缘边趋境外，径路，自非榷场所历，并令转运使因案部规度断绝之。"① 诏令赴北方境外须自榷场通行，其余除转运使根据法令准许者外，禁止通行。这里的榷场不只是交易、流通之所，在交通景观方面也发挥着重要的作用。总之，根据这一诏书，当时横山山麓的交通，只能通过保安军、镇戎军、延州、府州、麟州等处，方能到达北方边境以外。此外，同书景德四年五月壬寅记载："诏自今缘边城池，依誓约止行修葺外，自余移徙寨栅，开复河道，无大小悉禁止之。"② 宋朝禁止了缘边地域的河道交通，这一国境交通规定是极为严格的。

鄜州和延州一样，自宋初就是交易之所。《续资治通鉴长编》卷128，康定元年秋七月癸亥所载鄜延钤辖张亢的上疏："陕西民差配之苦，数倍常岁，止如鄜州买骆驼、驴骡、牛羊、红花紫草、桥瓦、秋筈、箭翎、白毡三事、子羊皮裘、牛皮筋角弓胎之类，宜一切权罢，仍令安抚司与逐州长吏减省他役。"③ 从中可以得知，康定元年在鄜州所购的如上物品几乎全部来自西夏，显然是和西夏有着交易活动。

大中祥符年间，尽管榷场中的犯禁行为和宋的相关禁令依然存在，但是榷场的国际化交易功能获得了充分的发挥。在大中祥符元年西夏陷于饥荒之时，宋也留意不去禁止西夏人到榷场购买粮食④。大中祥符三年十二月，契丹于朔州之南

---

① 《续资治通鉴长编》卷65，景德四年三月壬寅，第1447页。
② 《续资治通鉴长编》卷65，景德四年五月壬寅，第1455页。
③ 《续资治通鉴长编》卷128，康定元年秋七月癸亥，第3028页。
④ 《续资治通鉴长编》卷68，大中祥符元年春正月壬申载："朕知其旱歉，已令榷场勿禁西蕃市粒食者。盖抚御戎夷，务当含容，不然，须至杀伐，害及生灵矣。"第1520页。——译者。

重置榷场①。大中祥符五年春正月、秋七月、闰十月，能够看到的主要是禁止契丹和边民的私市交易以及禁止榷场贩易禁物的诏令。这些都说明大中祥符年间也和景德四年一样，榷场以外之地禁止交易，加强榷场对交易物品的管理，表现出了宋对贸易的强硬态度。② 大中祥符六年九月，河北榷务入中的数量较大，其中多数用于博籴，所以除北界互市依旧外，其余均令废止③，大中祥符八年八月又令禁止巡守河北榷场的本州军人同契丹人以互市之名见面。④

大中祥符八年冬十一月，麟州（文献指"石州"——译者）设榷场，除了历来有的马匹交易、军粮和市外，各种物资均可贩易。《西夏书事校证》卷10，大中祥符八年冬十一月记载："冬十一月，筑堡石州，建榷场。初，延、庆二州熟户，其亲族在西界，辄私致音问，潜相贸易，夏人因以为利，中国察其奸，不许。德明乃于石州之浊轮谷筑堡建榷场，以诱致商

---

① 《续资治通鉴长编》卷74，大中祥符三年十二月癸酉载："河东缘边安抚司言，契丹于朔州南再置榷场，诏以旧降条约谕之。"第1698页。——译者。

② 《续资治通鉴长编》卷77，大中祥符五年春正月己卯载："如闻保州遣兵袭贼，私越北境。疆场之事，尤务畀谧，其令本州按罪痛绳之。"第1750页；《续资治通鉴长编》卷78，大中祥符五年秋七月壬申载："诏河北商人与北境私相贸鬻，有所逋负，致被移牒辨理者，宜令缘边安抚司趣使偿之，自今仍禁其市易。"第1775页；《续资治通鉴长编》卷78，大中祥符五年秋七月丁丑载："边臣言北境移牒，'商旅违大朝禁法，买卢甘石至涿州，已依法行遣。'"第1775页。——译者。

③ 《续资治通鉴长编》卷81，大中祥符六年九月丁未载："诏：'河北榷务入中布，其数甚多，用为博籴，亦所未便。自今除北界互市仍旧外，悉罢之。'"第1848页。——译者。

④ 《宋会要辑稿》食货三八之二八载"令沿边榷场巡守军健并须用驻泊兵士，不得差本州军人。"第5480页。——译者。

旅。真宗诏缘边安抚使禁止之。"① 可以看出，由于真宗的诏书使得李德明吸引商旅的策略落空。当时，李德明和进奉人的贸易活动频繁。《宋会要辑稿》食货三八互市大中祥符八年十一月有如下记载："帝曰：'臣僚，赵德明进奉人使中卖甘草、苁蓉甚多。人数比常年亦倍，乞行止约，及告示不买。'王旦等曰：'斯皆无用之物。陛下以其远来嗜利，早年令有司多与收买。若似此全无限量，纵其无厌。亦恐其虽为止约，至如牵马及诸色随行之人多边臣，从初亦合晓谕，勿令大段放过。'帝谓王钦若曰：'可令鄜延路钤辖体量裁损之。又谓旦等曰，此时且须与买。随行人已到者，恐喧隘，即分擘安处之，勿令失所'。"②

从中可知，李德明的进奉人带来交易的甘草、苁蓉超出过去数倍，宋面对如此大量的交易不满，想要加以限制，但正值西凉府（凉州）陷没于西夏之时，其时甘州回鹘正想要经由青唐族（宗哥族）和宋交易。如前所述，西夏希望于麟州设榷场的同时，大中祥符末年，又突然控制了河西东南部，其想要积极进行贸易的意图也是可以理解的。

从元祐元年开始宋朝禁止延州民众和西夏牙将互市禁物这一点上可以得知大中祥符末年，兴盛的西夏贸易舞台之一便是延州。《宋会要辑稿》食货三八，互市天禧元年三月记载："天禧元年三月，禁延州民与夏州牙将互市违禁物者，先是，言事者鬻马于延州，所得价直悉市物归。蕃商多违禁者，请载行條制故也。"③ 西夏人于延州卖马，以所得购买物品后返回。

如前所述，西夏的朝贡使主要自夏州出发，于横山东部南

---

① 《西夏书事校证》卷10，大中祥符八年冬十一月，甘肃文化出版社1995年版，第115页。

② 《宋会要辑稿》食货三八之二八—二九，第5480—5481页。

③ 《宋会要辑稿》食货三八之二九，第5481页。

下到达延州,从这一点来看,可以充分理解延州、保安军的榷场交易盛行之故。

图 7-3 穿越今白于山的道路

(三) 保安军的榷场

大中祥符元年,很多李德明的使者到来,所以保安军方面增加了公费。《续资治通鉴长编》卷 68,大中祥符元年夏四月甲寅记载:"增给保安军公用钱。是军最极边,以赵德明纳款置榷场。使人继至,而所费不充故也。"① 因李德明遣来的使者不断,贸易兴盛,保安军的公用费用不足,为此而增补。大中祥符五年,宋朝诏令保安军广屯田。《宋会要辑稿》食货四屯田杂录中记载:"五年正月,令保安军稻田务旬具垦殖功状

---

① 《续资治通鉴长编》卷 68,大中祥符元年夏四月甲寅,第 1535 页。

以闻。是军地接蕃境，屡诏修广屯田，自高尹莅军，事罕以闻奏，故督责之。"①

据《宋史》卷11记载，庆历四年保安军和镇戎军设榷场，保安军榷场可能在庆历四年前就已中断。庆历七年保安军榷场迁至北方40里处的顺宁寨，但据记载并没有蕃商来此。② 当时，横山榷场中最为重要的交易场所就是保安军榷场，蕃马也集中于此。《宋史》卷485《夏国传上》中有如下记载："置榷场于保安军及高平砦，第不通青盐。然宋每遣使往，馆于宥州，终不复至兴、灵。"③ 保安军和高平寨设榷场，除青盐外都可交易。此外我们还可得知，当时宋使不赴兴、灵二州，只到宥州。从中我们可以查知，庆历年间保安军在蕃汉交通交易方面的重要性。《宋会要辑稿》食货三六榷易记载："庆历五年七月十六日，知延州梁适言，保安军榷场虑本军洎诸处官货于场内博买物色，乞并以违制科罪，从之。"④ 其中提道，保安军官员博买各色货物。据次年庆历六年十二月四日榷三司使张方平之言，决定在保安军和镇戎军榷场每年博买羊一万只，牛一百头。⑤

与延州、府州相比，保安军榷场的位置更为近边，所以物价较高。这和熙宁年间王韶的西边拓境的情形相似，物价高达

---

① 《宋会要辑稿》食货四之二，第4847页。
② 《西夏书事校证》卷18载庆历七年九月条载"九月，徙榷场于顺宁寨。曩霄因保安榷场僻陋，羊、马无放牧地，请徙顺宁，然蕃商卒不至。"甘肃文化出版社1995年版。——译者。
③ 《宋史》卷485《夏国传上》，第13999页。
④ 《宋会要辑稿》食货三六之二八，第5445页。
⑤ 《宋会要辑稿》食货三六之二八—二九载"六年十二月四日，权三司使张方平言：定夺保安、镇戎军两榷场，每年各博买羊一万口、牛百头。从之。"第5445—5446页。——译者。

内地普通州县的数倍,可以说正因如此,极边地贸易的利润巨大①。综前所述,保安军和延州榷场在宋夏贸易方面尤为重要。

(四) 北宋末年的边境私市

嘉祐以降,尽管有宋朝禁令,但在横山山麓一带西夏人和宋边民的私市交易仍为盛行。嘉祐二年二月,宋朝诏令陕西四路禁止与西人私下交易,② 其后直至北宋末,屡屡颁布禁令。据治平四年八月河东经略司之言,尽管有宋朝禁令,但沿边与西夏的私市交易依然存在。《宋会要辑稿》食货市易治平四年八月二十四日记载当时诏令中提到私市自旧时有之。熙宁二年七月也有同样的禁令发布。如前所述,直至北宋末反复颁布禁令,换言之,也表明了榷场以外的私市贸易盛行。如《续资治通鉴长编》卷210,熙宁三年夏四月壬午记载:"诏,累戒河东、陕西诸路经略司,禁止边民与西戎交市,颇闻禁令不行。自今有违者,经略司并于官吏劾罪重断,能告捕者厚赏之,委转运司觉察。"③

熙宁四年冬十月的私市禁绝诏令在同书卷227,熙宁四年冬十月庚午也有记录。《宋会要辑稿》食货三八互市之条的记载更为详细:"熙宁四年十月十九日诏,近虽令陕西、河东诸路止绝蕃汉百姓不得与西贼交易,访闻止是去冬及今春出兵之际略能断绝.自后肆意往来,所在无复禁止。昨于三月中,有

---

① 《范文正公集·政府奏议下》"奏乞免关中支移二税却乞于次边入中斛斗"。

② 《宋会要辑稿》食货三八之三十一—三一条载:"嘉祐二年二月,知并州庞籍言:西人侵耕屈野河地,本元藏讹庞之谋,若非禁绝市易,窃恐内侵不已。请权停陕西沿边和市,使其国归罪讹庞,则年岁间可以定议。诏禁陕西四路私与西人货易者。"第5481—5482页。——译者。

③ 《续资治通鉴长编》卷210,熙宁三年夏四月壬午,第5108页。

大顺城管下蕃部数持生绢、白布、杂色罗锦被褥、腽、茶等物至西界辣浪和市，复于地名黑山岭与首领岁美泥咩、匕悖讹等交易，博过青盐、乳香、羊货不少。况近方令回货使，议立和市。苟私贩不决，必无成就之理，及未通和之间。使贼有以窥测我意。深为不便。可申明累降指挥，再下诸路经略司遵守施行。"① 从中可以得知与西夏私自交易的禁令松懈，庆州附近的蕃部带生绢、白布、杂色、罗锦、被褥、腽、茶等货物赴西夏境内的辣浪、黑山岭交易，以换取西夏的青盐、乳香、羊等物。

元丰六年十二月和元祐元年春正月，宋朝颁布了禁止陕西、河东边民私市的诏令②。元祐初年，宋朝内部关于禁止西北边境私市交易的议论沸腾，其中以司马光为代表主张严紧论。从他的意见中可以得知禁止边境私市交易之艰难。尽管在不同时期宋朝的官禁表现出紧弛变化，但是横山地区一直存在西夏人和宋边民的私市贸易。

《续资治通鉴长编》卷365，元祐元年二月壬戌记载："然边民与西人交易，为日积久，习玩为常，一旦禁之，其事甚难。何则？若以常法治之，则有司泥文，动循绳墨，追问证佐，逮捕传送之人，停匿之家，奏裁待报，动涉半年。如此则徒使边民丽刑者觿，狱犴盈溢，而私市终不能禁也。夫三尺之限，空车不能登，峭峻故也；百仞之山，重载陟其上，陵夷故

---

① 《宋会要辑稿》食货三八之三一，第5482页。
② 《续资治通鉴长编》卷341，元丰六年十二月壬辰载："枢密院言：'夏国尚未以时入贡，虑缘边不能禁止边人私与西界交易。'诏陕西、河东经略司申饬法令，毋得私纵。"第8214页。《续资治通鉴长编》卷364，元祐元年春正月辛亥条载："累降指挥下陕西、河东逐路经略司，禁止边人不得与夏国私相交易，访闻私易无所畏惮。诏将官及城寨使臣，告谕地分蕃部首领及弓箭手人员、把边将校等觉察，违者治之。"第8725页。——译者。

也。今必欲严禁边民与西人私市，须权时别立重法：犯者必死无赦，本地分吏卒应巡逻者，不觉透漏，官员冲替，兵士降配；仍许人告，捉获赏钱若干，当日内以官钱支给，更不以犯事人家财充。如此则沿边六路各行得一两人，则庶几可以耸动人耳目，令行禁止，人不敢犯矣。然人存政举，此事全在边帅得人。昔庞籍为河东经略使，下令禁边民与西人私市，有熟户犯禁，籍斩于他处，妻孥皆送淮南编管，一境凛然，无敢犯者。其后施昌言为环庆路经略使，亦禁私市，西人发兵压境，昌言遣使问其所以来之故，西人言无他事，只为交易不通。使者惧其兵威，辄私许之，法遂复坏。若边帅未能尽得其人，则此法恐未易可行，不若前策道大体正，万全无失也。"①

司马光指出，边民和西夏的私市交易由来已久，禁止不易，只有边帅用人得当，绝对禁止，严惩犯法者，才可以禁止私市。在《续资治通鉴长编》之外的史书、文集等文献中可散见元祐初年司马光对禁绝私市的意见。当时他主张以严厉态度一举禁绝私市，且不可采取半途而废，不够彻底的做法。② 元祐初年，在边境榷场内外，宋朝官民和西夏人的私市交易盛行，官禁也无济于事。《宋会要辑稿》食货三八互市元祐元年正月二十二日记载："元祐元年正月二十二日，左正言朱光庭言：'累降指挥陕西、河东路经略司，禁止边人不得与夏国交易，访闻私易无所畏惮。'诏将官及城寨使觉察，违者治之。"③ 从中可知私市盛行的状况。

---

① 《续资治通鉴长编》卷365，元祐元年二月壬戌，第8753—8754页。

② 《续资治通鉴长编》卷365，元祐元年二月辛未载："司马光言：'臣于今月三日上言，以西人未服，中国不得无忧，而备边不敢少弛，不自揆其狂妄，献二策：上策欲因天子继统，旷然赦之，归其侵地，与之更始；下策欲严私市，俟其屈服，然后赦之。'"第8771页。——译者。

③ 《宋会要辑稿》食货三八之三三，第5438页。

以上对横山地区的榷场交易进行了考察，简单总结如下。

第一，在北边国境地带开设的榷场中，和横山地区相比，与契丹交易的河北北边的榷场更受重视。横山地区的榷场是为与西夏及边境蕃部的交易而设置的，设置时间比镇、易、雄、霸、沧等河北北边诸州的榷场晚。

第二，在与西夏的贸易场所中，保安军、镇戎军、延州、鄜州、麟州等处为要地。在已明确的榷场中，保安军和延州最受瞩目，尤其是保安军榷场位于西夏边境附近的极边之地，西夏的畜产、来自西域方面流入西夏境内的各种物资均聚集于此，再流往各地。在宋夏之间，保安军不仅在军事政治方面有重要的意义，在贸易方面的作用也不可忽视。

第三，景德年间榷场的贸易越发活跃，同时也出现了犯禁的交易，对此宋频发禁令。其中阻断除经由榷场外的对外交通乃至河道交通，成为影响国境交通景观的重要因素。这是从榷场对人文景观的影响方面考察得出的结论。也就是说，宋对榷场的相关法令越严格，横山东部地区经由保安军、延州等和西夏的交通在横山交通贸易景观中越受瞩目。在这一点上，横山西部以镇戎军为中心的交通贸易亦受关注。

第四，榷场以外的私市交易自宋初就存在，但在元祐初年盛行。尽管有官禁，宋边民和西夏人的私市交易仍在进行，并难以禁绝。在私市交易盛行时期，榷场对交通贸易景观的影响没有景德时期那么明显的严格管制。景德、大中祥符年间榷场对交通贸易景观的影响较大。

三　横山东部地区的物资流通

如前所述，西夏朝贡使们沿途进行私市交易，且他们多往来于延州、夏州间。蕃汉民众中的贸易者往来于横山地区，多经由横山东部地区，尤其是沿无定河道路，保安军一带。夏州和延州间有道路纵穿横山，其中利用较多的是沿无定河道路，所以这里出现了尤为繁荣的交通贸易景象。此外，在以榷场为中心集散的物资流通和蕃汉民众交通中，府、麟、延、鄜州、保安军、镇戎军等地占据重要地位，其中保安军和延州更是集散重地，以此可以看出为何称夏州为"宋朝西北方大门"了。因为物资集散流通、人马往来的保安军和延州位于夏州之南，且如前所述有道路通往夏州。

从榷场的角度考察横山地区的物资流通、人马交通的话，可以发现集中于横山东部地区。这一点和前文提及的横山地区南北纵断道路集中于东部地区的情况有密切关系。

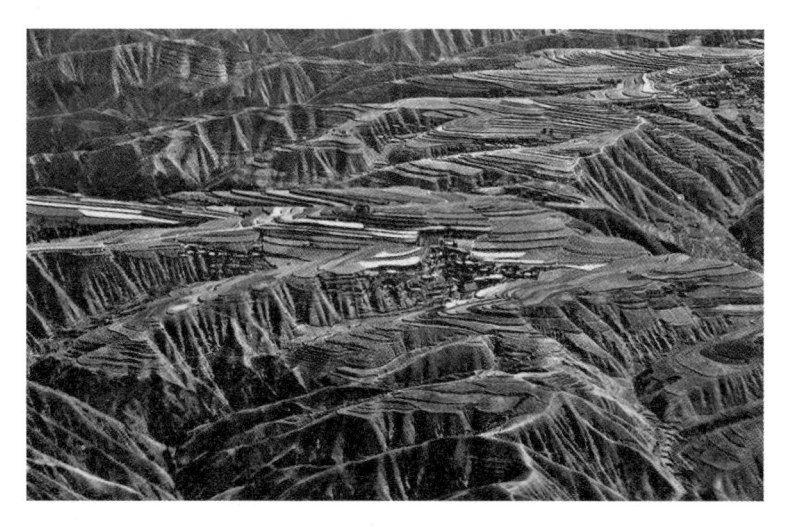

图 7-4　黄土高原

第八章　结语

关于北宋时代的横山,最详细地记载其地理和地域性的史料为《宋会要辑稿》方域一九请城山界。虽然略占篇幅,但我想在此摘录这一重要史料①。

元丰五年五月二十六日,鄜延路经略使沈括、副使种谔言:"准朝旨,条具制贼方略,仍画一具所乞城山界事。今者泾原方议进讨,贼未必敢舍巢穴而出山界,本路正当可为之时,今具大意。臣等历观前世戎狄与中国限隔者,利害全在沙幕。若彼率众度幕入寇,则彼先困;我度幕往攻,则我先困。然而西戎常能为边患者,以幕南有山界之粟可食,有山界之民可使,有山界之水草险固可守。我师度幕而北,则须赢粮载水,野次穷幕,力疲粮窘,利於速战。不幸坚城未拔,大河未渡,食尽而退,必为所乘,此势之必然也。所以兴、灵之民常宴然高枕,而我沿边城寨未尝解严者,地利使然也。今若能使幕南无粟可食,无民可使,无水草险固可守,彼若赢粮疲师,绝幕而南,顿兵沙碛,仰攻山界之坚城,此自可以开关延敌,以逸待劳,去则追击,来则惜力,治约之势在我,而委敌以空野坚城之不利。又山界既归于我,则所出之粟可以养精兵数万,得房之牧地可以蕃息战马,盐池可以来四方之商旅,铁冶可以益兵器,置钱监以省山南之漕运。彼之所亡者如此,我之

---

① 《续资治通鉴长编》卷326,元丰五年五月丙午也有几乎同样的记载。

所得者如此，而又绝和市，罢岁赐，驱河南之民聚食于河外，彼将何以自赡？更使之赂契丹，结董毡，乃所以交困之也。山界既城，则下瞰灵武，不过数程，纵使坚守，必有时而懈。沿边修战备，积军食，明斥堠，待其弛备，发洮河之舟以塞大河，下横山之卒捣其不意，此一举可覆也。兼梁氏与萌讹首为悖乱，使一国之民肝脑涂地，彼宁不猜怨？独以兵威劫束，势不得动耳。急之则并力，缓之则自相图，此曹操所以破袁绍也。"

又言："昨条具制贼方略，非谓展拓边面而已，盖欲穷困贼势，窥其腹心，须当尽据山界。若占据山界不尽，则边面之患犹在，沙幕尚为彼用。若占尽山界，则幕南更无点集之地，彼若入寇，须自幕北成军而来，非大军不可。如此，当先择险要之地，立坚城，宿重兵，以为永计。今按视寨北古乌延城正据山界北垠，旧依山作垒，可屯士马，东望夏州且八十里，西望宥州不过四十里，下瞰平夏，最当要冲，土地膏腴，依山为城，形势险固。欲乞移宥州於此。旧宥州地平难守，兼在沙碛，土无所出。先於华池、油平筑堡，以接兵势，川路稍宽，可通车运，聚积粮草器具，事事有备，并力乌延。先补山城，山城毕，乃筑平城。此地膏美，去盐池不远，其北即是牧地，他日当为一都会，镇压山界，屏蔽鄜延。其银、夏州亦可置盐监、铁冶、钱监、马牧，因巇控扼，候乌延功毕，渐次计置。仍乞将塞门寨以北石堡、背水、油平、罗帏、盐池一带为中路，隶宥州；米脂、浮图、葭芦、义合、吴堡、银州一带为东路，隶绥德；以金汤、长城岭、德靖、顺宁寨一带为西路，隶保安军。除本路九将外，更增置四将，以新招土兵分隶沿边八将，驻劄边面，次边三将驻於金明、青涧城、延州，近里两将在鄜州、河中府。其沿边八州榷货客盐，自卖交钞，本为禁止青白盐立法，将来青、白盐池既归我，八州军自可不食解盐。

乞以盐州隶本路，就收盐课应副沿边，兼籴买粮草。除新克复州军各系创增课额外，旧来八州亦减得地里，增饶钱贯万数不少。所有合计备事，除本路及转运司可以那移外，乞朝廷应副钱万缗、厢军万五千人、工匠千人、递马百匹，乞於近里州军应副生熟铁五万筋、牛马皮万张、车二十乘，本司及转运司备义勇、保甲万人应副，以代禁军有事役者。"

又言："朝廷若定议城守山界，即乞趁泾原兵马牵制及本路屡捷之後，乘势兴修。若迟留月日，即恐西贼有谋，费力平荡。"又称："将来兴修乌延毕，当复夏州，则东西相望，控扼山口，其中路以东城寨，尽在腹内，来则制其冲，去则断其後。"诏："沈括所奏，乞尽城横山，占据地利，北瞰平夏，使虏不得绝碛为患，朝廷以举动计大，未知利害之详，遣给事中徐禧、内侍省押班李舜举往鄜延路审议，可深讲经久所以保据利害以闻。"①

这段文字大意总结如下：

第一，鄂尔多斯沙漠自古就是中国和西戎②的分界点。

第二，西戎常常成为边患是因为山界（横山）有粟可食，有民可用，地势险固，且有水草。

第三，宋军穿越鄂尔多斯沙漠征战时，常因粮草不足而处弱势，所以兴灵之民可高枕无忧。相反西戎穿沙碛来犯时，如果横山界没有可食之粟、可用之民，险固之地没有水草，宋军就可以以逸待劳，处于有利地位。

第四，如山界归宋，可获得诸多利益，首先得山界之粟可养精兵数万，可得胡虏牧地、战马，此外盐池可以招来四方商旅，铁冶可以益兵器、置钱监，省去山南漕运之累。

---

① 《宋会要辑稿》方域一九之四八—四九，第 7649—7650 页。

② 这里的西戎不应指春秋战国时期的西戎，根据上下文推测应该是北方少数民族的意思，前氏用"西戎"一词的意蕴何在，不得而知。——译者。

第五，如在山界筑城，可在数日内到达灵武。

第六，如想使西夏势穷，必须占据全部山界，并筑城于山界，如不完全占据，边患就不会绝。

第七，古乌延城处山界北垠，在夏州与宥州之间，土地丰腴，位于守护府州、延州，可辖山界的要冲之地。

总之，山界（横山）有粟、水草、盐、铁等物产，因为蕃部居住于此，对于宋和西夏都是必争之地。前面的长文主要是从军事角度做了论述。沿鄂尔多斯沙漠南缘描绘出完美弧线的横山对宋夏两阵营在军事、政治、经济方面都有着重要的意义，我们必须认识到这一点。

横山北接鄂尔多斯沙漠，南邻南山山麓，就像连接西部的塔里木盆地和中国内地之间的河西走廊那样，横山是位于贺兰山山脉东部黄河大弯曲部的沙漠和中国农耕地带北端之间的过渡地域，向东则连接了河北平原与内蒙古边界上绵延东西的阴山山脉，应该可以说横山构成了盘亘于东亚北部的广大沙漠和中国农耕地域间的屏障的一部分。

北宋时期尤其是宋夏之争激烈化之后，横山作为宋对西夏战争中的必争之地出现在了北宋历史上，在主要以军事为主的有关横山的记录中，我们可以获知横山当时的地形、交通、聚落、居民等情况。通过对宋夏间的政治相关记录，北宋一方的榷场、边境互市、朝贡贸易等经济相关记录以及横山物产等方面的考察，我们可以对横山地区的物资流通状况窥见一二。

首先，我在开篇时阐述了横山的自然地理状况，依据自然地理条件北宋时代横山的大致范围假定为东起无定河，西到六盘山北麓、长岭，北到鄂尔多斯沙漠南缘。又换视角讨论了当时横山的地域概念，提出存在广狭二义，进而在史料的基础上论述了横山各地的自然景观、聚落、居民等情况，尤其是从住民分布、聚落景观等更正了前文中仅依据自然地理条件假定的横山的地域范围，得出了横山东部含麟、府二州，西部包含当时三大羌族居住的环、原二州间地带的判断。

宋初时蕃商聚集于麟州，雍熙端拱时期设有买马场，很多蕃部为卖马集散于此。还成为契丹、青唐族（宗哥族）、西夏间的交通要地。麟州位于横山东北部，并在屈野河西面有耕地，在李继迁势力兴起后此处便成为宋夏势力的相接地。如前所述，庆历初年，宋朝廷内针对放弃还是死守麟州展开激烈讨论，最终做出了自河东方面运送军粮死守麟州的决定。综上所述，麟州体现出城寨都市、军事都市的景观特点，这也清晰地体现出蕃汉人杂居的横山一带聚落的一些普遍地域特色。

关于横山西界，虽不清晰，但根据当时的自然地形，人文地理景观形成了大致范围。究其原因在于横山东部给人以强烈的横山印象，相反西部的横山印象较模糊。这让我想起曾讨论过的宋初秦州，由于错综复杂的地形，以及分布范围延伸至青藏高原的吐蕃诸族帐，秦州的西境隐没于其西方的广阔山地，不太分明。①

因地处沙漠附近，所以聚落的分布和水密切相关，横山的聚落基本都分布在有水泉之地或河流附近，横山北麓的宥、夏、银、绥等州都沿无定河流域而建，延、府等州位于河岸，保安军是依河流、泉水而建的。麟州的存在离开了屈野河也是无法想象的。

保安军以西直至环州，没有较大的泉水，也没有绿地，只绵延着寸草不生的土山。横山西部不如东部聚落密集就是因为这一原因。横山东部有大小多条河流，沿着这些河流道路发达，也集中了南北交通道路，沿横山北麓的东西交通道路有三

---

① ［日］前田正名：《〈续资治通鉴长编〉中记载的宋初秦州》，载《史学杂志》67之6。

条自夏州通往延州，也有道路通往丰州方向，在麟州和来自府州、河东方向的道路汇合，再通往北方的丰州方向。经上述考察可得知，横山地区的交通要道集中于东部。西夏朝贡使往返时，主要是沿无定河，或通过延、夏两州间的道路。因此回赐品、贡品的私市也在这一地域进行。宋初时马匹交易多是在设置了买马场的麟、府、银、夏、绥、延、环、原等州进行，由此察知马匹集散，及其与之相伴的人马物资流通主要是在无定河流域、保安军附近进行的。从前述大中祥符年间于麟州设榷场，景德年间于保安军设榷场，此前延州也有榷场开设的情况考虑，即使考虑到镇戎军和环州等处，整个横山地区的物资流通也是集中于东部的。

农产物、牧草自然是产于大小河流集中的横山东部，在无定河流域，铁也产于东部，所以虽有青白盐产自盐州，但东部的流通经济比西部繁荣这一点是不难理解的，即产于横山的铁、农产物、牧草、马等畜产物，西夏朝贡使的贡品、回赐品等，在榷场交易的各种物资（包括盐州产的青白盐）在横山东部频繁流通。从"横山地区的物资流通"来讲，保安军也和无定河流域同样盛况空前。

越近沙漠的聚落越具城寨特色。夏州、麟州、古乌延都是典型的平城或山城。蕃汉人杂居，市场上有蕃汉人进行交易，且有交通道路，诸如这些城寨景观都有表现，这也是当时横山地区聚落的普遍特色。从军事、政治的角度来看，麟州、夏州的这种地域特色尤为鲜明，后来随着西夏势力的壮大，大里河又展现出了国境景观。

总之，从交通、流通经济的角度分析，横山的东部地区，尤其是无定河流域在历史上展现了重要的作用。横山成为连亘于鄂尔多斯沙漠和陕北盆地农耕地间分界线，如前所述，有纵断横山南北的道路连接夏、延两州，其中主要是沿无定河的道路。由此，无定河流域最为明显地表现出了横山的地域性，成为横山的核心地带。在横山地域，无定河流域应该就是人文地理学中所说的"核心区域"①。

夏州历来被称为宋朝的西北门户，但在前文中分析横山的地域结构后，才理解了这一说法。即夏州位于横山核心区域——无定河流域上游，有三条道路通往延州，与横山南方的农耕地域有着紧密联系。

---

① 某一地区的地域性表现最为显著的地方被称为该地区的核心区域，如果将横山的核心区域定义为无定河流域的话，就将保安军一带排除在外了，因此还是定义为"横山东部地区"更为准确。当然无定河流域也在横山东部地区。

参考文献

（宋）宋欧阳修：《新唐书》。
（宋）薛居正：《旧五代史》。
（元）元脱脱：《宋史》。
（元）脱脱：《辽史》。
（宋）司马光：《资治通鉴》。
（宋）叶隆礼：《契丹国志》。
（宋）范仲淹：《范文正公集·政府奏议》。
（宋）韩琦：《安阳集》。
（宋）李焘：《续资治通鉴长编》。
（宋）彭百川：《太平治迹统类》。
（宋）乐史：《太平寰宇记》。
（宋）沈括：《梦溪笔谈》。
（宋）钱若水：《太宗皇帝实录》。
（清）徐松：《宋会要辑稿》。
（清）顾祖禹：《读史方舆纪要》。
（清）吴广成：《西夏书事》。
（清）穆彰阿、潘锡恩：《大清一统志》。
（清）杨守敬：《宋地理志图》。
《支那省别全志》卷6《陕西省》。
东亚同文会支那省别全志刊行会：《支那省别全志》第6卷陕西省，1943年。

《最新中国分省地图》，大中书局。

中华地理志编辑部：《华北区自然地理资料》，科学出版社1957年版。

［俄］索普著：《支那土壤地理学》，伊藤隆吉等译，岩波书店1940年版。

［日］石田龙次郎：《世界地理》，河出书房1942年版。

［俄］普热瓦尔斯基：《蒙古和青海》，田村、高桥共译，生活社1940年版。

［法］古伯察著：《鞑靼西藏支那旅行记》，后藤富男译，生活社1939年版。

臧励龢：《中国古今地名大辞典》，商务印书馆1931年版。

［日］冈崎精郎：《唐代党项的发展》。

熊毅、文启孝：《如何改良西北的土壤》，载《科学通报》1953年10月号。

［日］前田正名：《北宋初期灵州的地域构造》，载《东洋史历史地理研究》1。

［日］前田正名《〈续资治通鉴长编〉中记载的宋初秦州》，载《史学杂志》67之6。

［日］前田正名：《临泾和葫芦河》，载《东洋史学论集》3。

［日］前田正名：《长安的陷落和吐蕃侵寇军的据点》，载《史学杂志》63之12。

［日］前田正名：《五代及宋初时期六谷的地理构造考察——以居民构成为中心》，载《东洋学报》41之4。

［日］前田正名：《北魏官营贸易考察》，载《东洋史研究》6（13）。

［日］宫崎市定：《水经注二题》，载《史学杂志》45之7。

［日］宫崎市定：《西夏的兴起与青白盐问题》，载《东亚经济研究》卷18第2号。

［日］田村实造：《辽和西夏的关系》，载《东亚学》第九辑。

［日］前田正名：《自七世纪到十一世纪河西的历史地理学研究》第六章《十一世纪的河西》。

［日］和田清：《关于丰州天德军的位置》，载《史林》16之2。

［日］中岛敏：《西夏铜铁钱的铸造》，载《东方学报》7。

附录：区域研究的若干启示
——兼评前田正名《陕西横山历史地理学研究》

杨 蕤

众所周知，在研究某一问题之前要尽可能地将学界关于此问题的讨论收集殆尽，然后在此基础上发前人所未发，起到将学术前移的作用；然而这一看似简单的常识操作起来则不太容易，因为做到这一点要受到许多条件的制约，如研究者本身的素养（外文状况等）、获取信息的渠道、所处的学术环境等等。由于受国内环境的影响，学术界一度很难与国外同行进行很好的交流，不能及时看到国外研究的最新成果。例如20世纪80年代初，国内某著名大学的学报曾经发表了一篇关于中国历史上"丁"的讨论，提出清代史料中的"丁"不等于"口"。当时有人认为这是一项重要的新发现。殊不知，早在1959年，美国的何炳棣先生就已经提出了"丁"为赋税单位的论断。[①]国内的西夏学研究也有类似的命运，20世纪六七十年代国外出版的西夏学著作不能及时地反馈到国内，直到80年代以后才陆续见到国外的相关成果，但也有不少成果至今尚未介绍进来，也鲜有学者对这些资料的引用和介绍。例如，本文所讨论

---

① 何炳棣：《明初以降人口及其相关问题（1368—1953）》，葛剑雄译，生活·读书·新知三联书店2000年版，第405页。

的日本学者前田正名《陕西横山历史地理学研究》一书早在1962年就出版了，均早于香港林旅芝的《西夏史》，国内吴天墀的《西夏史稿》等著作，该书无论在西夏学还是历史地理学方面均具有一定的学术史地位，然而时至今日很难看到国内提及此书。① 拙文就《陕西横山历史地理学研究》及其研究方法作一些介绍和讨论。

一

《陕西横山历史地理学研究》的副标题为《10—11世纪毛乌素沙漠南缘白于山周边地区的历史地理学研究》。该书由教育书籍社在1962年出版，为"东洋历史地理研究"的系列著作之一。不知道为何缘故，该书出版时为油印本，印刷、装订较为粗糙，但翻阅内容尚有一些新意。便于了解此书内容，兹将目录翻译如下：

一　导论
二　横山自然地理状况以及范围的设定
三　北宋时期横山地域概念之检讨
1. 广义的横山：麟府二州到六盘山一带山地
2. 狭义的横山：白于山东部山地
四　北宋时期横山各地的自然景观、聚落和居民状况
1. 概观
2. 延州、鄜州北缘地带
3. 绥州地区
4. 延州西缘

---

① 吴天墀先生在《西夏史稿》"西夏史文献目录续补"中收录前田正名《陕西横山的历史地理》一书，即为本文讨论的《陕西横山历史地理学研究》。吴天墀：《西夏史稿》，四川人民出版社1983年版，第385页。

5. 环州

6. 盐州

7. 宥州

8. 夏州

9. 银州

10. 乌素沙漠散布的藏才族等部族

11. 麟州

12. 横山蕃部

五　北宋时期横山缘边居民状况之探讨

六　横山地区物产

1. 铁

2. 盐

3. 马

4. 农产品

七　横山地区的交通路线

1. 南北交通：延州北缘；保安军、顺宁寨与宥州之间的交通；纵穿横山西缘的交通道路

2. 横山北麓的东西交通——毛乌素沙漠南缘的交通路线

3. 鄜州麟州与河东之间的交通状况：宝元以前；元昊大肆侵宋时期；熙宁以后；麟州在交通上的地位

4. 夏州

5. 小结

八　横山地区的贸易景观

1. 西夏的贡使贸易：西夏的朝贡路线；西夏朝贡贸易活动；西夏朝贡贸易的物品

2. 横山地区所设立的榷场：咸平以前；景德年间以及景德以降设立的榷场；保安军的榷场

3. 横山东部地区的贸易流通状况

九 结语

在该书中，前氏首先讨论了横山地区地理范围的设定，提出了广义的横山和狭义的横山。前者是指从北宋麟府地区到镇戎军一线的宋夏沿边地区；后者则指今陕北白于山缘边地带。从文中涉及的内容看出，前氏主要讨论了狭义横山地区的历史地理状况，也就是今陕北宋夏沿边地区。前氏将这一地区置于中国北方畜牧地区与中原农耕区过渡地带这一大的地理背景之下予以考察。两个因素决定了历史时期这一地区的经济格局和生态景观：一是自然地理的状况，二是居民结构。实际上前氏也敏锐地觉察到这一点，分析了横山地区的植被、土壤等状况对农牧格局的影响，然后就开始讨论这里的居民结构，资可作为讨论交通以及贸易状况的基础。因此，表面上看《陕西横山历史地理学研究》是一本专题性质的研究，实际上有其内在的逻辑关系。

二

从时空设定上可以看出，该书实际上是一本西夏学著作，而且偏重于西夏经济史或经济地理方面的内容。早在20世纪60年代，国内西夏史研究还相当薄弱，前田正名就开始解决西夏史研究中的一些具体问题，这在同时代出版的西夏学论著相比具有一定的前沿性。直至西夏史研究取得斐然成绩的今天，前田正名的一些论述尚有新意。例如，前田正名将陕北地区的宋夏沿边地区为研究区域，这一选择较为独到。因为笔者在学习西夏史的过程中也深深感到，虽然在地理区划上，宋夏沿边并不能作为一块独立的地理单元，但其在宋夏历史上居有的非同寻常的地位，完全有理由将其作为独立的区域进行考察。因为：

第一，它（宋夏沿边）是一条重要的军事防御线，许多重大的战事和历史事件都发生在这一地区，在一定程度上讲，西夏与宋金的对抗就表现在这条军事防御线的南推或北移。

第二，它也是一条重要的经济带。这里不仅是西夏的重要农牧区，而且也是宋（金）夏间商品交换场所。西夏在此设立的権场、和市满足了畜牧和农耕民族对对方物品的需求，同时还存在着大量的民间贸易和走私活动，极大地促进了双方经济交流。

第三，它又是一条文化交融带。这里聚居的大量蕃汉民众、北宋的戍边将士、边贸商人使得这里成为蕃汉文化的频繁接触地带。蕃汉文化在这里相互交融、相互影响、相互渗透。[①]

第四，从自然地理的角度看，这里又属于生态分界带。这一地区是北部沙土区向南部黄土区的过渡地带，生态景观不仅具有明显的过渡性，而且具有一定的敏感度。正因为如此，历史时期这一区域的生态状况较北部地区有较大的变化。

《陕西横山历史地理学研究》资可看作西夏地理或西夏经济史较早的学术著作，具有开拓性意义。当然，今天重读此书，发现其存在不少稚嫩或不成熟的地方，大致表现在以下三方面。

第一，对问题讨论的局限。如前所述，前田正名在此书中主要讨论了横山缘边的居民结构、贸易和交通，缘于具体的学术环境等原因，一些问题的讨论尚不够深入。例如，对西夏时期横山地区自然地理的分析主要基于这一区域现代自然地理的状况。实际上，一些诸如植被等自然要素已经发生了较大的变化，笔者初步推测当时横山地区呈现的是疏林—草原—耕地相

[①] 《宋史·李师中传》载："尝出乡亭，见戎杂耕，皆兵兴时入中国，人藉其力，往往为婚姻，久而不归。"宋夏沿边麇集了大量党项民众，据笔者粗略统计，仅北宋初期就有四十多万党项人附于宋。这些党项民众通过婚姻等方式融入宋夏沿边社会，到明以后则不见于史籍记载。

间的自然景观，与现在的状况尚有一定距离。因此，应该在当时自然地理状况的基础来讨论居民与经济状况，恐怕更接近于历史的真实。又如，前氏虽然敏锐地觉察到横山地区居民状况的复杂性及其对交通与贸易状况的影响，但可惜的是，对居民结构只作了静态的观察，尚未发现10—11世纪正是横山地区人口剧烈变动时期，尚未作动态的考察。笔者初步推测，仅北宋初期，从横山北缘南附于北宋的党项民众就有四十万之多。类似问题在书中还有不少，限于篇幅，恕不——列举。

第二，对资料运用的局限。检视《陕西横山历史地理学研究》一书，发现其基本资料仰仗于《宋史》《续资治通鉴长编》，尤其是《续资治通鉴长编》中有大量宋夏沿边的信息，至今仍然是治西夏史最重要的汉文文献。不过经调查获得的第一手田野资料亦可弥补资料的不足或者丰富研究资料；北宋的人文笔记小说相对丰富，也有关于宋夏沿边零零散散的记载；前氏对这些资料的运用尚显薄弱，而且还重复地使用了一些史料。当然，前田正名恐怕无法看到国外所藏的黑水城文献，这一点就不必苛刻了。

第三，对一些地理名词的运用尚须斟酌，某些技术性问题亦需要改进。不知因何缘故，《陕西横山历史地理学研究》一书在现代地理学方面存在着一些问题。例如文中所利用的地理学名词较为少见。前氏把所研究的白于山缘边地区称为"陕北盆地"。白于山北缘属于鄂尔多斯盆地，而陕北地区具有多山、沟壑的地貌特点，学界多称以"陕北高原"。书中还出现了"山西高原""陕甘高原"等名词，这在现在地理学界也不常使用。此外，前田正名使用的是台湾版的地图，图中的一些标示也略有不同。例如，今天的榆溪河标示为清水河；无定河上游支流纳林河标示为那泥河等。由于原书为油印本，文中地图的绘制亦较为简略。

三

笔者以为，今天我们不必苛求前田正名在具体内容上的完备。事实上，《陕西横山历史地理学研究》在学术史方面的贡献已经超出了本身的内容。首先它在西夏学史上的地位，该书出版于1962年，属于一本具有拓荒性质的著作，恕不赘言。这里所要指出的，它为历史地理学研究提供了一种较好的范式，尤其是利用了区域的方法。

区域是地理学中的重要概念，一般是指地球表面的地域单元，它具有可度量性、系统性和不可重复性等特点。在地理学研究中，区域的方法并非什么稀奇的事情，然而在历史学研究中区域的方法还并不普及。历史学家往往注重"断代"而忽视"断地"，即重视对历史作纵向的考察而缺乏对历史中地理要素的精确认识。不过有不少学者已经意识到这一点，学术的区域化和细致化必将是今后历史研究的一个重要趋势了。同时看到，区域研究与具体历史问题的研究有所不同，前者是将历史放置在一定的时空框架下予以考察，要求研究者必须具有综合性的学术背景与素养，因此笔者窃以为一部优秀的区域研究著作恐怕比某一专题研究困难得多。

利用区域的方法来研究历史一则可以发挥地理学的综合性强的功能，另外也可以更好地揭示某一地区的特征，即通过研究小区域的所有地理特征——构造、气候、土壤、植被、农业、工矿资源、交通网络以及人口分布，应当能揭示出它的某种独特性，即使不一定是整体同一性。[①] 中国幅员广袤，区域

[①] Freeman, T. W. 1961: *A hundred years of geography*. London: Gerald Duckworth. p. 85.

差异甚大。因此，要真正理解中国历史的演进，恐怕需要从区域的历史入手。因为历史盛衰变化的"长波"在大区域之间经常是不同步的。区域发展周期不仅关系到经济的繁荣与萧条，也关系到人口的增长与停滞、社会的发展与倒退、组织的扩展与收缩以及社会秩序的和平与混乱。[①] 实际上，这一点除了在日本汉学界有所体现外（如本文讨论的前田正名的著作），在欧美等汉学界也有尝试，例如施坚雅（G. William Skinner）先生主编的《中华帝国晚期的城市》，柯文《在中国发现历史》等研究即如此。由于前氏考察了多个地理要素，并力图翔实展现10—11世纪横山缘边地区的自然—人文景观，这比单个复原某项地理要素的效果要好。因为历史时期某一地区的自然、人文因素本来就是相互影响、相互制约的关系，将其综合考察不仅可以揭示出它们之间的关系，而且也能达到历史地理学的复原与解释的目的，具有一举两得之功效。

从前田正名个人的学术经历看，《陕西横山历史地理学研究》具有"范本"的作用。前氏于1964年发表《河西地理学研究》，1979年发表《平城历史地理学研究》，这两本著作实际上奠定了前氏在历史地理领域的地位。对照上述三本著作，不难发现后两本的写作风格和思路完全沿袭了《陕西横山地理地理学研究》一书，即在自然地理的基础上，通过对某一区域居民结构、贸易、交通等因素的考察，尽可能展现自然—人文景观。因此，《陕西横山历史地理学研究》是前氏区域历史地理学研究的"祖型"。前氏只剖了横山地区这只"小麻雀"，事实上，西夏时期整个宋夏沿边地区、鄂尔多斯、河西走廊、河湟等地区均可以作为独立的区域进行考察。笔者在学习西夏

---

① G. William Skinner. 1985：*The Structure of Chinese history*, see Journal of Asian Study, p. 44.

历史的过程中也深深体会到，西夏内部的文化、经济面貌也存在着相当大的区别。例如西夏时期大致以今天的六盘山为界，东西两地的人口结构与经济状况甚至民风民情恐有所不同，至于河西走廊与陕北地区的区别则更为明显，后者几乎可以划分为汉文化圈（中原文化）的范畴了。此外在经济方式、宗教信仰等诸多方面恐怕也存在着类似的现象。如何最大可能地还原这些历史现象的本来面貌，区域研究的方法无疑是有效的手段之一。笔者由此想到在考古学上利用划分探方的办法来确定遗迹遗物的位置，与区域研究的方法具有异曲同工之妙。就像在金秋季节收割苞谷一样，在一层层皮被剥落之后露出的是黄灿灿的果实！前田正名的著作在表面上看起来似乎"零敲碎打"，但其最终的意图是尽力向读者展现一幅鲜活的人文——自然景观，这也许就是其著作能够产生较大影响、具有较强生命力的原因。

（原载李范文主编《西夏研究·第二届西夏学国际学术讨论会论文集》，中国社会科学出版社2007年版。略有删减。）

地名索引

A

阿拉善 1，161，176，179，82

B

白于山 3，4，5，6，9，10，12，13，14，15，16，38，39，45，46，48，65，66，69，74，81，123，129，130，131，132，149，150，155，157，199

保安军 10，28，39，41，43，44，45，48，64，69，105，106，131，132，144，145，150，156，157，158，159，160，180，193，194，195，196，199，200，201，204，205，207，210，211，212

白家河 4，45

白豹 29，43，44，46，48，49，55，126，127，131

保德军 113，144，169，171，173

C

长泽县 64，65，70，72，73

D

定边 7，42，43，44，45，46，47，48，49，53，54，60，61，63，107，150

大理河 4，23，28，32，37，120，131，132，148，149，150

东河 4，7，44，46，47，48，49，131

磴口 7

帝原水，19

雕阴山 22，23

德靖寨，40，43，45

大横水 105，107，108，109

地斤泽 18，69，164

E

鄂尔多斯 1，3，4，5，6，7，9，17，19，52，60，64，65，69，75，76，77，79，80，81，82，83，84，87，91，92，93，95，96，97，98，100，110，111，120，122，124，125，128，129，130，132，133，142，146，148，149，150，152，155，161，163，164，166，171，175，176，177，178，180，208，209，211

F

府州 9，10，11，12，90，91，92，94，95，96，98，99，101，102，104，109，110，111，112，113，114，115，117，118，119，120，121，122，124，127，129，130，142，144，145，146，147，148，149，150，156，163，164，165，166，168，169，170，171，172，173，175，180，193，194，195，196，200，209，211
府谷 7
汾河 1，6
丰州 91，92，93，94，95，96，97，110，112，113，114，115，119，120，121，123，142，145，146，148，149，172，173，174，180，193，211
伏龙山 19，20
凤凰山 19，20
延福县 29，30，34
抚宁县 29，30，31，84，85，87，90，137
浮图 37，207
鄜延路 20，80，119，159，160，186，198，206，208

G

甘泉县 22，23，27

H

黄河 1，3，4，5，6，7，12，17，22，87，92，96，98，99，103，114，121，124，130，136，137，138，146，147，148，149，161，164，166，168，169，170，

171, 173, 174, 175, 176, 177, 179, 180, 209

横山 1, 4, 8, 9, 10, 11, 12, 13, 14, 15, 16, 17, 18, 19, 20, 26, 28, 34, 35, 36, 37, 38, 40, 43, 44, 47, 48, 49, 50, 53, 58, 59, 60, 62, 63, 64, 65, 67, 71, 73, 74, 75, 80, 81, 84, 90, 91, 92, 93, 95, 96, 97, 98, 110, 120, 121, 122, 123, 124, 125, 126, 127, 128, 129, 130, 131, 132, 133, 134, 135, 136, 137, 138, 139, 141, 142, 143, 144, 145, 146, 147, 148, 149, 150, 151, 152, 155, 156, 160, 161, 163, 164, 166, 167, 168, 175, 176, 177, 179, 180, 181, 182, 183, 184, 185, 188, 190, 191, 192, 195, 196, 198, 200, 201, 202, 204, 205, 206, 207, 208, 209, 210, 211, 212

环州 10, 12, 18, 38, 46, 47, 48, 49, 50, 51, 52, 53, 54, 55, 56, 58, 59, 60, 63, 81, 92, 93, 130, 131, 142, 144, 145, 150, 161, 162, 166, 167, 168, 180, 182, 183, 190, 192, 193, 210, 211

河西走廊 1, 128, 161, 176, 178, 189, 190, 209

黄土高原 1, 2, 3, 131, 205

红柳河 4

槐理河 4

环江 51, 53, 58

后桥 29, 55

怀宁 35, 37

环庆路 47, 49, 54, 55, 56, 203

葫芦泉 53, 55, 56, 57, 149

海流兔河 71

黑水 71, 94

贺兰山 1, 6, 82, 92, 93, 122, 124, 140, 161, 164, 209

J

靖边 12, 65, 67, 68, 72, 153, 155, 157

金积县 4

积石岭 4, 9, 52, 93, 130, 161, 162
泾河 2, 4, 7, 18, 38, 43, 46, 50, 53, 54, 55, 58, 95, 131, 142, 150
金明寨 28, 69, 131, 132, 152, 153, 154
金汤 29, 43, 44, 45, 46, 48, 55, 126, 127, 157, 207
尖山 46, 47
泾原路 42, 57, 126

K

宽州 20, 22, 28
开光 84, 86, 87

L

麟州 9, 10, 38, 60, 73, 76, 78, 81, 87, 92, 98, 99, 101, 102, 104, 105, 107, 108, 109, 110, 111, 112, 113, 114, 115, 117, 118, 119, 120, 121, 124, 125, 127, 129, 130, 131, 132, 145, 146, 147, 148, 149, 156, 163, 164, 165, 166, 168, 169, 170, 171, 172, 173, 174, 175, 177, 180, 192, 194, 195, 196, 197, 198, 204, 210, 211
六盘山 2, 3, 4, 5, 7, 8, 9, 10, 12, 15, 17, 18, 19, 44, 52, 56, 82, 91, 92, 93, 95, 96, 110, 122, 124, 130, 143, 149, 163, 178, 209
吕梁山 1, 4
洛河 4, 6, 22, 26, 38, 39, 40, 44, 45, 46, 48, 150
啰兀城 29, 31, 84
龙泉县 30, 31, 32, 34, 84, 137
芦子关 67, 68, 69, 152, 153, 154
芦关 68, 69, 151, 152, 153
凉州 82, 83, 92, 143, 146, 149, 159, 161, 178, 198
连谷 98, 99, 103, 112
灵武 9, 48, 82, 92, 116, 117, 122, 134, 149, 161, 162, 163, 168, 207, 209
灵州 12, 17, 18, 51, 52,

57，60，61，62，63，64，66，73，79，82，91，92，93，122，124，128，130，132，140，146，148，149，156，161，162，163，166，167，168，169，175，178，179，180，181，182，183，185，190，193

M

米脂 31，37，65，84，87，88，89，90，111，131，137，138，174，207
木波镇 50，51，55
明堂川 88，89
弥陀洞 79，137，138

N

纳林河 67，71
南山 1，17，18，58，69，83，123，209

P

蒲河 54，55，56，57
平夏 12，17，33，67，81，82，83，84，122，123，127，151，152，183，207，208

Q

屈野河 6，98，99，103，104，105，106，107，108，109，110，118，120，129，130，132，173，174，201，210，
祁连山 1
青藏高原 1，210
秦岭 1，3，4，
清涧河 4，6，7，22，24，25，129，131
清涧 20，21，22，23，24，33，36
庆州 10，12，23，29，38，41，44，45，46，47，49，50，55，56，58，60，61，63，81，83，92，94，118，122，123，131，142，156，166，167，183，193，202
清远镇 18，51，52，150，161，162，167，180，182，183，190
青眉山 24
青冈峡 51，52，58，93，130，161，167，180，183，190
清水河 55，57，150，164

R

柔远河 4，7，44，46，47，48，131

儒林 84，85，86，87

S

绥州 12，14，22，23，24，25，29，30，31，32，33，34，35，36，37，38，77，83，84，87，92，126，127，130，131，132，136，137，150，151，152，153，158，164，175，180，182，184，189，194

绥德 4，7，22，24，30，31，32，33，34，37，80，84，86，90，98，99，136，137，207

顺宁寨 39，40，45，64，69，156，157，158，159，160，180，200，207

山水河 4，6，52，57，93，161，162，163，167，178，179，180，182，183，184，190

神木 98，99，102，103，106，166

石涝河 45

绥平 12，14，22，23，24，25，29，30，31，32，33，34，35，36，37，38，77，83，84，87，92，126，127，130，131，132，136，137，150，151，152，153，158，164，175，180，182，184，189，194

顺安 37

嗣武城 31

神堆驿 73，74

松州 83

石州 87，88，117，164，174，197

塞门寨 67，68，152，153，154，156，207

T

太行山 1

吐延水 22，24

天都山 42，43

天德军 91，92

统万城 71，74，75

秃尾河 86，87，91

W

无定河 4，6，8，14，15，

29, 30, 31, 32, 33, 35, 37, 38, 65, 66, 71, 72, 73, 74, 75, 76, 77, 80, 82, 83, 84, 85, 87, 88, 89, 90, 91, 129, 130, 131, 132, 137, 138, 148, 149, 150, 152, 153, 155, 156, 164, 179, 182, 184, 189, 190, 193, 205, 209, 210, 211, 212

渭水 1

渭州 10, 11, 55, 59, 95, 127, 131, 156

乌延城 12, 66, 67, 69, 81, 132, 152, 153, 207, 209

五龙山 19

嵬名山 14, 34, 35, 36, 37

五原 60, 61, 62, 140

乌白池 82, 140, 167

X

夏州 12, 13, 14, 17, 18, 23, 24, 25, 29, 33, 35, 60, 62, 63, 64, 65, 66, 67, 68, 69, 70, 71, 72, 73, 74, 75, 76, 77, 78, 79, 80, 81, 82, 83, 84, 85, 87, 88, 90, 91, 92, 104, 110, 111, 122, 123, 124, 125, 130, 131, 132, 137, 138, 144, 146, 148, 150, 151, 152, 153, 155, 156, 161, 163, 164, 165, 166, 167, 177, 178, 179, 180, 182, 183, 184, 185, 186, 189, 193, 194, 198, 204, 205, 207, 208, 209, 210, 211, 212

西域 79, 155, 156, 161, 168, 177, 178, 179, 180, 181, 189, 190, 204

小理河 4

兴平城 46, 131

细腰城 53, 54

兴州 34, 73, 159

新秦 98, 102, 103, 110, 112

西凉府 83, 92, 143, 148, 149, 161, 177, 178, 198

Y

延州 10, 18, 19, 20, 21, 22, 23, 24, 25, 26, 27, 28, 29, 31, 34, 37, 38, 50, 55, 60, 68, 69, 76,

81，88，105，120，123，124，131，132，135，136，137，144，150，151，152，153，154，155，156，158，159，166，167，168，179，180，182，183，184，186，189，192，193，194，195，196，198，199，200，201，204，205，207，209，211，212

宥州 12，13，15，21，40，43，60，62，64，65，66，67，69，70，72，73，74，76，78，81，82，110，126，127，132，134，146，148，150，151，152，153，155，156，157，158，159，160，163，164，166，180，192，193，200，207，209

盐州 14，60，61，62，63，64，76，78，81，82，84，110，132，135，140，141，142，148，150，163，166，167，180，182，183，207，211

银州 12，13，14，17，29，30，31，34，35，60，63，66，73，76，77，78，82，84，85，86，87，88，89，90，91，104，110，111，130，132，137，148，150，153，163，164，165，166，175，180，193，207

榆林 7，13，65，67，71，72，73，74，79，84，85，86，87，88，89，90，91，94，96，98，99，102，136，138，152，164，175

延河 28，153

原州 10，28，53，54，55，56，58，60，91，95，127，130，142，149

义合 37，88，136，137，207

玉女河 85，87

永乐城 87，88，89，90，156

阴山 1，6，91，92，96，97，164，174，176，209

银城 84，98，99，103，105，106，107，108，112，115，130，174

Z

周河 39

镇戎军 39，40，50，54，

56，91，92，124，131，144，146，156，157，193，195，196，200，204，205，211

藏底河 40，41，42，43

后　记

　　在梅雨初晴、神清气爽、清风吹拂在武藏野①的时节，我坐在新居里终于盼来了多年夙愿的实现，关于横山的历史地理学研究作为《东洋历史地理学》3 得以编辑出版。

　　关于横山的拙论，从历史地理学角度对 10 世纪、11 世纪时鄂尔多斯沙漠南缘东西连亘于陕北盆地农耕地区和沙漠间，几乎草木不生的"土山"进行了论述。本书中没有采用传统的论述方式，即以交通道路、州境范围等地理位置的考证为主要目标，我以探究横山的地域性、地域结构为目标，以史料为依据，论述了当时横山的自然景观、聚落景观、住民分布，分析了横山的物产、交通道路，并尝试通过贸易现象对流通经济进行了考察。最终得出如下结论，横山的地域特色表现最为突出的地方，也就是横山的核心区域在今天的白于山主峰东南斜面，尤其是无定河流域。关于横山的边界，没有仅以自然地理条件为依据决定其范围，提出东端部包括府州、麟州，西南端部包括原州和环州间的三大羌族居住地。此外，还得知在横山北麓，沿鄂尔多斯沙漠南缘的道路和连接鄂尔多斯沙漠与陕北盆地农耕地域的交通道路在夏州汇合，由此我们可以理解夏州历来被称为宋朝西北方门户的原因。我论述的目标是从人文地

---

　　① 武藏野：指武藏野台地，位于日本关东平原西部的荒川和多摩川之间，面积约 700 平方千米。其范围包括东京都的西半部、立川市、福生市、青梅市东南部等市的一部分，还有所泽市等所在的琦玉县入间地区、志木市所在的新座地区。

理学的角度探究横山的地域性，及其地域结构。为了这一目标，分析史料、从史料中进行考证。

自大学毕业以来，我一直从事河西的研究。在搜寻稀缺的10、11世纪的河西相关史料的过程中，开始在军事地理方面对宋与西夏意义重大的横山产生了浓厚兴趣。因为横山位于河西东部，与河西共同形成了北方沙漠的南缘。有意思的是我一直进行的是西夏时代的河西史研究，收集到的横山相关资料却比河西的还要多。

幸好昭和三十六年，我获得了文部省的科学研究经费支持，才得以整理出压箱底的史料摘录，并进行考察论述。不过遗憾的是，因本人字迹拙劣，尽管耗费了许多时间和精力，也没能写出字迹工整的作品，尤其是中途变更行数更非出于本意。但是，即便不能以完美的形式呈现出来，我最终决定不再顾虑，并以这样的方式完成本书，因为这是最易实现的方式，还可以减少经济负担。第一辑、第二辑出版后获得了不少宝贵的意见，在第三辑中做出了一些改善，我一方面从内心期待能够获得的评价意见，另一方面也暗暗担忧会从前辈们、老师们那里收到批评。

在出版发行的过程中，教育书籍出版社的中市良平先生给予了我很大的帮助，在此深表感谢。中市先生为我省去了像第一辑、第二辑那样的印刷、制本之烦。

此外还想感谢我的同学，在研究中帮助我的后藤胜表示感谢。最后希望自己能够在诸位前辈、学友的批评指正下，有所进步。就此搁笔。

前田正名
昭和三十七年七月十六日
埼玉县北足立郡新座町野火止 20-10

译后记

我第一次系统阅读前田正名先生的《陕西横山历史地理学研究》是在复旦大学攻读博士学位的时候。当时确定了以"西夏地理"为博士学位论文选题，而这本书是必读的著作，加之我是陕西横山人，因此特别想知道这本书到底和家乡有什么关系，但在复旦大学图书馆里找不到这本日文著作，最后只能向业师葛剑雄先生求助。不久，业师便通知我到办公室来取《陕西横山历史地理学研究》的复印件，记得当时葛先生还半开玩笑地对我讲："你是陕西横山人，以后有机会把这本书翻译出来。"后来我才知道，葛先生是委托正在日本学习的朱海滨老师复印的。博士毕业以后，我一直没有忘记翻译此书的事情。今天，《陕西横山历史地理学研究》译本能够顺利出版，虽然时间晚了一些，但还是一件令人欣慰的事情。

事实上，中国学术界对前田正名先生的《平城历史地理学研究》和《河西历史地理学研究》两部著作较为熟悉，两书的中译本分别在1994年和1993年就出版了；而《陕西横山历史地理学研究》虽然成书于1962年，但直到20世纪90年代以后才为中国学界们所利用，这大概与西夏学的发展有一定关系。因为从内容上看，《陕西横山历史地理学研究》可以看作是一本早期的西夏历史研究著作。据我所知目前西夏学界流传着好几个《陕西横山历史地理学》"复印版版本"，但愿此书的出版能给相关研究领域的学人们提供一些学术讯息和帮助。

在翻译过程中，我们得到不少学术前辈、同仁以及前田正名先生家人的热忱帮助。首先感谢业师葛剑雄先生对我的关心和帮助。博士毕业后我回到塞上小城银川工作，虽然与先生会面的机会较少，但每次邮件联系时总能得到先生的真诚鼓励。2014年有机会和先生一道去统万城遗址考察，一路聆听了先生的教诲，至今思来感动不已；也十分感谢朱海滨老师从日本带回本书的复印件，使我有了阅读"原版"的机会；有了翻译此书的意向后，我们立即与前田正名先生的儿子前田正史取得联系，他积极支持翻译其父亲的著作，并且与其弟前田泰一道为译本撰写了序言；在联系前田正名先生家人的过程中，我与李凭先生几次通信，先生每次回信并提供十分有价值的信息；此外，宁夏大学的杨浣教授、陕西师范大学环发中心的大海博士热心提供了不同版本的复印件以供核对文字材料；宁夏大学资环学院的马彩虹博士为译本绘制了地图；我的研究生军凯同学帮助核对了不少译本的史料；在众多好心人的关心、帮助下，本书才得以顺利翻译、出版，在此一并表示真挚的感谢！当然也感谢与小尹老师的愉快合作！

最后还有两点说明：

一是原书虽然是正式出版物，但为原书油印本，较为简陋。因此，我们在翻译时重新梳理了史料、绘制了地图以及补充了注释。为了保持原貌，对原书论述性的文字没有作任何改变，对一些需要说明的问题以注释的形式列于页下。

二是本书名曰《陕西横山历史地理学研究》，其中的"横山"与今天陕西省榆林市横山区是两个概念，但有一些关联。后者原为陕西省怀远县，民国三年为有别于安徽省怀远县而改为横山县，因横山山脉横亘其境而得名。2016年撤县设区，现成为陕西省榆林市的一个区。

本书由尹燕燕老师翻译初稿，由我进行了校正统稿以及所有的后期加工整理工作。当然，书中可能还有一些不妥甚至错误的地方，我自然难辞其咎。欢迎学界同仁能够多多关注过去和现在的横山，并对此书提出宝贵意见。最后要说明的是：由于本书中引用的部分图片无法查找作者，未能取得联系，敬请各位有著作权的作者尽快与本书译者联系，以便支付稿酬。谨致谢忱！译者邮箱：fdldyr88@163.com.

杨蕤

2018年元旦于贺兰山下